贵州省高校乡村振兴研究系列成果丛书。

本书系贵州省高校乡村振兴研究中心和贵州省高校人文社会科学研究基地项目（23GZGXRWJD272）成果。获得贵州乡村振兴2011协同创新中心（黔教合协同创新字〔2021〕02号）、贵州省高校人文社会科学重点研究基地、贵州省哲学社会科学2021年度十大创新团队、贵州省人文社科示范基地相关项目资助。

农业转移人口社会融合研究

韦云波 著

光明日报出版社

图书在版编目（CIP）数据

农业转移人口社会融合研究 / 韦云波著． -- 北京：
光明日报出版社，2025.1. -- ISBN 978 - 7 - 5194 - 8403 - 3

Ⅰ．D632.1

中国国家版本馆 CIP 数据核字第 2025TL1195 号

农业转移人口社会融合研究
NONGYE ZHUANYI RENKOU SHEHUI RONGHE YANJIU

著　者：韦云波			
责任编辑：李　倩		责任校对：李壬杰　李学敏	
封面设计：中联华文		责任印制：曹　净	

出版发行：光明日报出版社

地　　址：北京市西城区永安路 106 号，100050

电　　话：010-63169890（咨询），010-63131930（邮购）

传　　真：010-63131930

网　　址：http://book.gmw.cn

E - mail：gmrbcbs@ gmw. cn

法律顾问：北京市兰台律师事务所龚柳方律师

印　　刷：三河市华东印刷有限公司

装　　订：三河市华东印刷有限公司

本书如有破损、缺页、装订错误，请与本社联系调换，电话：010-63131930

开　　本：170mm×240mm			
字　　数：266 千字		印　　张：14.5	
版　　次：2025 年 1 月第 1 版		印　　次：2025 年 1 月第 1 次印刷	
书　　号：ISBN 978 - 7 - 5194 - 8403 - 3			

定　　价：89.00 元

总　序

　　乡村振兴战略是党中央针对我国农业农村发展面临的新形势、新问题，着眼于实现全体人民共同富裕、全面建成小康社会做出的重大战略决策。实施乡村振兴战略是解决新时代我国社会主要矛盾、实现"两个一百年"奋斗目标和中华民族伟大复兴的中国梦的必然要求，具有重大现实意义和深远历史意义。

　　推出本套"乡村振兴"丛书，旨在主动承担助力当代乡村发展的高校责任。面对世界百年未有之大变局，休戚与共的人类命运共同体需要中国方案，中国需要高校担当。通过本套丛书，我们将深入探讨乡村振兴的内涵、外延和实施路径，梳理国内外乡村振兴的典型案例和实践经验，分析乡村振兴中面临的困难和挑战，提出针对性的政策建议和发展路径。

　　研究乡村产业，比较小国农业与大国农业、内陆国家与海洋国家、传统发达国家与发展中国家农业产业发展路径差异，研究城乡产业发展趋势与再布局、城乡一体化与县域综合发展、乡村旅游与康养产业，开展乡村产业发展调查，探索推广生态种养殖创新模式，从全产业链视角研究乡村产业发展的路径，助力农业良性发展、农民产业增收与农村产业升级，夯实乡村振兴基础。

　　研究乡村生态，面向国家乡村振兴战略实施过程中的乡村生态环境保护等重大战略需求，开展乡村生态、环境与健康、乡村环境治理等方面的理论研究、技术研发、系统集成和工程示范。研究喀斯特地貌生态与石漠化治理，研究土壤污染防治，研究西南高原山地生态修复，践行"绿水青山就是金山银山"的发展理念，将生态建设置于优先位置，使生态保护成为乡村振兴的共同价值与行为准则。

　　研究乡风文明，关注乡村精神面貌与文化生活、民风民俗传承、新"乡贤"与优良家风家训家教，我们必须抓住中国城市特有的乡村根脉——乡愁。"无乡愁，不中国。"鉴于当代中国城市的乡村根脉，传统国人的"彼处"羁绊与家国皈依，我们希望建立一种"在城有家""在乡有族"的城乡联系，在优秀传统文化融入现代文明的过程中实现城市"狂想曲"与乡村"田园诗"的二重奏。

研究乡村治理，聚焦乡村自治、乡村法治、乡村德治，通过研究基层党建与基层政权建设、传统乡村自治的地方经验、当代乡村聚落的现实困境、"城市病"语境下的农村问题、乡村生态治理与污染防治、农村"空心化"与"留守"现象等，丰富新时代乡村治理理论，服务乡村善治理想的实现。

中国现代化脱胎于传统农业社会，当代中国及世界城市化发展之路为我们反思现代性，反省城乡关系，重新认知乡村价值，推动城乡和谐发展提供了契机。实现中国协调发展，必须厚植乡村发展根基，在城乡关系中重塑中国人的生活秩序与精神状态。要实现中国式现代化，必须正视中国自身的历史与国情，厚植乡村发展根基，重塑城乡关系，建构新时代城乡共同发展秩序、价值与伦理，将现代性反思与传统中国的人文根脉相结合并融入国民日常的生活秩序与精神状态。

总之，本丛书将围绕乡村产业、乡村生态、乡村文化与乡村治理等诸方面展开深入研究和探讨。不仅注重理论探讨，还将结合实践案例，将理论与实践紧密结合。我们希望通过本丛书，能够为广大读者提供一种新的视角和思路，推动乡村振兴战略的实施和发展。

陈方帅

2023 年 9 月 15 日

目 录
CONTENTS

第一章

导　论

第一节　研究背景和意义

一、研究背景

改革开放以来，亿万农业转移人口①背井离乡不仅为中国经济发展做出重要贡献，也加快了我国城镇化的进程。然而，进入城市的广大农业转移人口面临着"经济接纳、社会排斥"的窘境，不能与城市居民享受同等的公共服务，难以在城市安家乐业，由此形成城市内部新的二元结构。党的二十大报告提出，"推进以人为核心的新型城镇化，加快农业转移人口市民化"。促进农业转移人口社会融合，以人口高质量发展支撑中国式现代化已成为强国建设、民族复兴新征程的重要议题。

近年来，中央和地方政府持续深化户籍制度改革，放开放宽农业转移人口城镇落户条件。然而，农业转移人口城镇落户意愿却与国家战略导向有一定偏差，存在大城市落户偏好与中小城市落户优先的矛盾。2020年第七次全国人口普查（以下简称"七普"）数据显示，我国城镇常住人口9.02亿，常住人口城镇化率63.89%，户籍人口城镇化率45.4%，两者相差约18.5个百分点，这意味着我国当前城镇人口中有28.95%属于非本地户籍的外来人口，这里面绝大多数属于农业转移人口。从绝对数来看，我国城镇人口中尚有2.61亿非城镇户口的常住人口。如此庞大的人群生活在城镇，却得不到与城

---

① "农业转移人口""流动人口""农民工"三个概念研究对象存在差异，关注内容存在诸多共性，本书第二章有关概念辨析将进一步阐述。为了忠实于原文，在文献综述与成果借鉴上，本书不加以严格区分。

镇市民同等的待遇，由此在城市内部便形成了"新二元结构"，这严重影响了我国新型城镇化高质量发展，而这仅仅是从目前的存量来看。事实上，城乡人口迁移作为城镇化水平提高的重要动因还在持续。按照发达国家平均 80% 左右的人口城市化率预测，中国城市化水平还有较大的上升空间。在新型城镇化战略的推进中，未来还要新增大量的城镇人口。如此庞大的"城市农民"且数量还在增加，他们在城镇，尤其在大城市面临"看得见，进不去"的"玻璃门"障碍，这种障碍不仅不利于农业转移人口市民化进程①，更阻碍了农业转移人口城镇的社会融合。这是受长期以来以户籍制度为基础建立起来的二元社会体制的影响，导致城镇化呈现出"双轨制"的特点②。鉴此，国家"十四五"规划提出"加快推动农业转移人口全面融入城市"的目标。农业转移人口能否适应和全面融入城市社会成为未来国家新型城镇化建设的重要挑战。

目前，农业转移人口城镇融入进程中还出现了"较强生活适应与较弱的归属感并生共存"的矛盾。根据《2021 年农民工监测调查报告》数据显示，进城农民工对本地生活的适应程度自评情况，有 83% 的进城农民工表示对本地生活"非常适应"和"比较适应"，人群的适应程度超过八成，达到了较高的水平，而农业转移人口城镇身份认同的比例却只达到适应性评价的一半，仅有 41.5% 的进城农民工认为自己是所居住城市的"本地人"，尽管这一比例每年以 1% 左右的速度在增长，但与适应程度的评价差距还很远。说明现在的农业转移人口在城市有较强的适应能力，但在城市的归属感还比较低，且城市规模越大，农民工对所在城市的归属感越低。"归属感"是人类福祉的重要组成部分，表示人们在所处的环境或者系统中感受到自己是这一环境或系统的一部分③，意味着一个人感觉到被初级或者次级群组成员接纳，并获得一定的安全感④。在经典的社会学概念中，归属感长期以来被定义为某一群体或实体的"成员"。就目前的状况来看，农业转移人口"外地人"身份认同仍然较为普遍。如果农业转移人口没有"归属感"，就无法想象其社会融合和参

---

① 史桂芬，沈淘淘. 新型城镇化背景下农业转移人口社会融合路径 [J]. 东北师大学报（哲学社会科学版），2021，311（3）：103-114.

② 王桂新. 中国人口流动与城镇化新动向的考察——基于第七次人口普查公布数据的初步解读 [J]. 人口与经济，2021，248（5）：36-55.

③ HAGERTY B M, LYNCH-SAUER J, PATUSKY KL, et al. Sense of belonging: A vital mental health concept [J]. Archives of psychiatric nursing, 1992, 6（3）：172-177.

④ THOITS P A. Mechanisms linking social ties and support to physical and mental health [J]. Journal of health and social behavior, 2011, 52（2）：145-161.

与。因此，关注农业转移人口的社会融合，提升他们对流入地的归属感和安全感，"让现代化建设成果更多更公平惠及全体人民"，这是"坚持以人民为中心"，增进民生福祉的时代要求。

贵州地处我国西南山区，由于其特殊的地理位置和复杂的历史文化因素，限制了部分人群的生产与生活方式的变革，有些地方甚至出现了"一方水土养不了一方人"的情况。因此，实施易地搬迁，把连片的不易开展生产生活地区的群众搬迁出来，是"挪穷窝""拔穷根"的治本之举。2016 年以来，贵州省实施易地扶贫搬迁 192 万人，累计建成 949 个集中安置点，建成安置住房 46.5 万套，直接带动城镇化水平增长 5 个百分点。① 贵州的易地扶贫搬迁改善了一部分地区、一部分人及村落的生产生活条件，书写了易地扶贫搬迁的"贵州奇迹"。易地扶贫搬迁使部分农村人口离开了原先村落，到"中心集镇"和"县城"安置点生活，这部分群众就成为农业转移人口。从这个视角来讲，农业转移人口的社会融合，其对象事实上还包括易地扶贫搬迁群众。搬迁群众迁入城镇的公寓与社区，部分人群必然会出现自我身份归属的不适性，可能不能很快很好地适应新的环境。此外，易地搬迁对于一些原有村寨，特别是颇具特色的少数民族村寨，由于发生了空间易位，也会引发一些文化层面的问题。因此，以贵州省为例，研究农业转移人口的社会融合，有助于进一步巩固搬迁脱贫成效，有利于实现搬迁群众的安家乐业和社会的可持续发展。

贵州还是一个多民族共居的省份，世居民族多达 18 个。七普数据显示，贵州省少数民族人口 1405.03 万人，占全省总人口的 36.44%，少数民族人口总数仅次于广西和云南，位居全国第三位。2020 年，贵州省常住人口城镇化率达 53.15%，而户籍人口城镇化率仅为 41.68%，户籍人口城镇化率明显滞后。人户分离人口达到 1169.48 万人，占全省常住人口的比重为 30.33%。根据段成荣等人②对普查数据的分析，2020 年少数民族流动人口激增，占到了全国流动人口 9% 的比重，已超过了少数民族人口在全国人口中所占的比重。贵州省少数民族比例大，流动人口中也必然存在大量的少数民族人口。对于社会融合，少数民族农业转移人口不仅需要跨越汉族农业转移人口遇到的人

---

① 中华人民共和国国家发展和改革委员会. 贵州省国民经济和社会发展第十四个五年规划和 2035 年远景目标纲要战略和规划 [BE/OL]. (2021—05—08) [2023—03—13]. https://www.ndrc.gov.cn/fggz/fzzlgh/dffzgh/202105/t20210508_1279407.html

② 段成荣，邱玉鼎，黄凡，等. 从 657 万到 3.76 亿：四论中国人口迁移转变 [J]. 人口研究，2022，46 (6)：41-58.

力资本、社会资本和政策制度障碍，而且还要克服自身民族习惯以适应现代城镇生活需要。从这个意义上来说，少数民族农业转移人口在城市的社会融合将面临更多的困难和挑战，而其社会融合水平一定程度上决定了整体农业转移人口的社会融合进程和城镇化质量。因此，测度贵州农业转移人口社会融合水平及其影响，据此探索出具有针对性的政策举措，将有助于促进少数民族农业转移人口社会融合水平，推进民族地区以人为本的新型城镇化发展，这也是新时期做好民族工作，铸牢中华民族共同体意识，维护我国社会的长治久安和各民族大团结，全面推进民族团结进步事业的重要环节。

改革开放40多年来，党和政府一直高度重视农业转移人口社会融合工作。改革开放初期，随着农村商品生产和交换的迅速发展，乡镇工商业蓬勃兴起，越来越多的农民转向集镇务工、经商，迫切需要迁入集镇并解决落户问题。因此，1984年年初中共中央颁发《关于一九八四年农村工作的通知》，明确各省、自治区、直辖市可选若干集镇进行试点，允许务工、经商、办服务业的农民自理口粮到集镇落户。同年10月，国务院出台《关于农民进入集镇落户问题的通知》，进一步提出"凡申请到集镇务工、经商、办服务业的农民和家属，在集镇有固定住所，有经营能力，或在乡镇企事业单位长期务工的，公安部门应准予落常住户口，及时办理入户手续，发给《自理口粮户口簿》，统计为非农业人口"。至此，我国严格的城乡户籍壁垒开始松动，为农村剩余劳动力的合法转移提供了制度上的保证。[①]

到了20世纪90年代后，为了促进农村剩余劳动力就近、有序地向小城镇转移，促进小城镇和农村的全面发展，1997年5月国务院批转《公安部小城镇户籍管理制度改革试点方案》和《关于完善农村户籍管理制度意见的通知》，允许已经在小城镇就业、居住并符合一定条件的农村人口在小城镇办理城镇常住户口。1998年6月，公安部发布《关于解决当前户口管理工作中几个突出问题的意见》，对随迁落户政策做了一些新的规定，并允许合理放开，扩大到中等城市。

进入21世纪，国家统筹城乡发展，促进农业转移劳动力的就业、保障农民工合法权益的政策相继出台。2000年6月，中共中央、国务院颁发的《中共中央　国务院关于促进小城镇健康发展的若干意见》强调，把加快农业富余劳动力的转移作为发展小城镇，提高农业劳动生产率和综合经济效益的重

---

① 谭崇台，马绵远. 农民工市民化：历史、难点与对策 [J]. 江西财经大学学报，2016 (3)：72-80.

要途径。2001 年 3 月，国务院批转公安部《关于推进小城镇户籍管理制度改革的意见》中要求，统筹考虑农村人口转移与就业安置、社会保障等问题，切实保障在小城镇落户人员的合法权利。2002 年，党的十六大报告提出了"农村富余劳动力向非农产业和城镇转移，是工业化和现代化的必然趋势"的重要论述，并要求"消除不利于城镇化发展的体制和政策障碍，引导农村劳动力合理有序流动"。2004 年 1 月，中共中央、国务院颁发的《中共中央 国务院关于促进农民增加收入若干政策意见》中指出，"进城就业的农民工已经成为产业工人的重要组成部分"，要求地方政府"把对进城农民工的职业培训、子女教育、劳动保障及其他服务和管理经费，纳入正常的财政预算"。这是政府首次明确农民工的工人阶级属性并将其享受的公共服务纳入地方财政预算。到 2006 年 1 月，国务院发布了《国务院关于解决农民工问题的若干意见》，将农民工问题上升到事关全国经济和社会发展全局的高度。这一时期，我国的城镇化得到快速发展，城镇化率年均提高 1.02 个百分点。但是，城镇化快速发展也带来一些必须高度重视及亟须解决的突出矛盾和问题，尤其是大量农业转移人口难以融入城市社会，市民化进程滞后。受城乡分割的户籍制度影响，农业转移人口未能在教育、就业、医疗、养老、保障性住房等方面享受城镇居民的基本公共服务，产城融合不紧密，城镇内部出现新的二元矛盾，给经济社会发展带来诸多风险隐患。

为了解决城镇化快速发展存在的突出矛盾与问题，尤其是解决农业转移人口不能完全融入城市而出现的"半城镇化"问题①，城镇化必须进入以提升质量为主的转型发展新阶段，因此国家实施"以人为核心"的新型城镇化战略，出台了一系列相关政策文件，以消除各种制度性障碍，促进农业转移人口更好地融入城市社会。十八届三中全会通过的《中共中央关于全面深化改革若干重大问题的决定》提出："坚持走中国特色新型城镇化道路，推进以人为核心的城镇化。"这是首次正式将"人"确立为城镇化的核心②，同时要求"推进农业转移人口市民化，逐步把符合条件的农业转移人口转为城镇居民"。2013 年 12 月，中央城镇化工作会议把"推进农业转移人口市民化"作为推进城镇化发展的六大任务之首。2014 年 3 月，中共中央、国务院发布《国家新型城镇化规划（2014—2020 年）》，提出"以人的城镇化为核心，有

① 刘秉镰，孙鹏博. 新发展格局下中国城市高质量发展的重大问题展望［J］. 西安交通大学学报（社会科学版），2021，41（3）：1-8.
② 解安，林进龙. 新型城镇化：十年总结与远景展望［J］. 河北学刊，2023，43（1）：115-126.

序推进农业转移人口市民化",并制定了"实现1亿左右农业转移人口和其他常住人口在城镇落户"的发展目标,还明确了共享公共服务以及成本分担的任务。2014年4月,习近平总书记在中共中央政治局第二十二次集体学习时强调:"要加快推进户籍制度改革,完善城乡劳动者平等就业制度,逐步让农业转移人口在城镇进得来、住得下、融得进、能就业、可创业,维护好农民工合法权益,保障城乡劳动者平等就业权利。"① 为新时代农业转移人口社会融合制度安排和政策框架的顶层设计指明了方向。同年7月,国务院颁布《国务院关于进一步推进户籍制度改革的意见》,提出统一城乡户口登记制度,全面实施居住证制度,推进义务教育、就业服务、基本养老、基本医疗卫生、住房保障等城镇基本公共服务覆盖全部常住人口。2016年2月,国务院印发了《国务院关于深入推进新型城镇化建设的若干意见》,从"加快落实户籍制度改革政策""全面实行居住证制度""推进城镇基本公共服务常住人口全覆盖"和"加快建立农业转移人口市民化激励机制"四方面提出具体的要求,积极推进农业转移人口市民化。同年3月,国务院发布的《中华人民共和国国民经济和社会发展第十三个五年规划纲要》指出,"健全财政转移支付同农业转移人口市民化挂钩机制,建立城镇建设用地增加规模同吸纳农业转移人口落户数量挂钩机制,建立财政性建设资金对城市基础设施补贴数额与城市吸纳农业转移人口落户数量挂钩机制"等"人地钱挂钩"配套政策。党的十九大报告强调"实施区域协调发展战略",将"以城市群为主体构建大中小城市和小城镇协调发展的城镇格局,加快农业转移人口市民化"作为区域发展战略的重要方面。

党的十八大以来,以习近平同志为核心的党中央高度重视新型城镇化工作,明确提出以人为核心、以高质量发展为导向的新型城镇化战略,推动我国城镇化进入提质增效新阶段,城镇化水平稳步提高,城市发展质量稳步提升。2021年,常住人口城镇化率达到64.72%,比上一年提高0.83个百分点,户籍人口城镇化率提高到46.7%,比上一年提高了1.3个百分点,户籍人口城镇化率提高幅度已经大于常住人口城镇化率,这是"十三五"以来两个城镇化率首次缩小差距。农业转移人口市民化取得了显著的成效,户籍制度改革也取得历史性突破,1亿农业转移人口和其他常住人口在城镇落户目标顺利实现,居住证制度也全面实施,基本公共服务覆盖范围和均等化水平也显著

---

① 习近平. 健全城乡发展一体化体制机制 让广大农民共享改革发展成果 [EB/OL].
(2015-05-01). http://www.xinhuanet.com/politics/2015-05-01/c_1115153876.htm.

提高。进入"十四五"时期，我国城镇化发展面临的问题挑战和机遇动力并存，主要表现为：一是城镇化质量有待进一步提升，户籍制度改革及其配套政策尚未全面落实，城镇基本公共服务尚未覆盖全部常住人口；二是城市化水平在30%到70%，仍处在城镇化快速发展时期，城镇化动力依然较强。为了有效解决农业转移人口存量和增量的问题，促进农村转移人口更好地融入城市，2022年6月，国家发改委发布《"十四五"新型城镇化实施方案》，强调"坚持把推进农业转移人口市民化作为新型城镇化的首要任务"，并提出未来五年"农业转移人口市民化质量显著提升，城镇基本公共服务覆盖全部未落户常住人口"的目标。党的二十大报告把"促进区域协调发展"放在重要位置，从区域协调的高度来深入实施新型城镇化，并进一步要求"推进以人为核心的新型城镇化，加快农业转移人口市民化""以城市群、都市圈为依托构建大中小城市协调发展格局，推进以县城为重要载体的城镇化建设"。这些重要部署，为新发展阶段推进新型城镇化建设工作明确了目标任务，提供了重要的遵循。

社会融合问题不仅得到党和政府的高度重视，同时也引起学界的广泛关注。已有研究重点集中在社会融合概念的界定和理论建构、融合维度辨识与融合水平测量及影响因素研究。农业转移人口社会融合概念与理论主要源于西方社会融合流派中较为有影响的"融合论""多元文化论""区隔融合论"[1][2]，国内学者结合我国国情，提出了自己的理论主张。在社会融合概念的界定上，讨论得不多，但也有学者明确给出了定义。如任远和邬民乐[3]将社会融合定义为个体之间、群体之间、文化之间互相配合、互相适应的过程。这一定义具有一定的普适性，但有学者指出此概念过于宽泛，缺乏针对性，对农民工社会融合的实践操作化指导性不强[4]。童星和马西恒[5]认为，社会融合是指农民工"在居住、就业、价值观念等城市生活的各个方面融入城市社

---

① 杨菊华. 从隔离、选择融入到融合：流动人口社会融入问题的理论思考［J］. 人口研究，2009，33（1）：17-29.

② 邢祖哥，黄耿志，薛德升. 中国城市流动人口社会融合的空间格局与影响机制［J］. 地理学报，2022，77（10）：2474-2493.

③ 任远，邬民乐. 城市流动人口的社会融合：文献述评［J］. 人口研究，2006，30（3）：87-94.

④ 悦中山，李树茁，费尔德曼. 农民工社会融合的概念建构与实证分析［J］. 当代经济科学，2012，34（1）：1-11.

⑤ 童星，马西恒."敦睦他者"与"化整为零"：城市新移民的社区融合［J］. 社会科学研究，2008（1）：77-83.

会、向城市居民转变的过程"。有关社会融合概念的界定，我们将在后面章节进行进一步梳理与分析，就现有研究来看，社会融合是一个复杂的过程，目前还没有一个统一被认可的定义。

国内学者在社会融合维度构建中提出了以下理论主张。例如，田凯①的"再社会化说"，通过经济、社会、心理和文化融合四维度来测量社会融合，认为农民工的城市适应过程实际上是一个"继续社会化过程"。朱力②提出"融合递进说"，其也把经济、社会和心理作为社会融合维度，同时认为这三个层面维度是依次递进的关系。张文宏和雷开春③对上海城市新移民的社会融合调查评估使用的是经济和心理维度，同时拓展到文化与身份维度，结果支持"融合递进说"。杨菊华④提出经济、文化、社会、身份的"融入互动说"，其⑤后来又从经济整合、社会适应、文化习得和心理认同几方面测量了2013年流动人口社会融合，结果发现流动人口社会融合存在差异性、分层性和互动性。周皓⑥的经济、文化、社会、结构、身份五维度说，认为流动人口的社会融合总是处在从适应到区隔融合，再到融合这三个阶段中的某一点上。马西恒和童星⑦通过对上海市 Y 社区的个案调查发现，新移民与城市社区的"二元关系"正在发生变化，即从相互隔离、排斥和对立转向一种理性、兼容、合作的"新二元关系"，他们还认为新移民与城市社会融合可能依次经历"二元社区""敦睦他者"和"同质认同"三个阶段。尽管我国学者对农业转移人口社会融合的测量维度存在差别，在指标的选择上也存在较大的分歧，但对从经济、文化和心理三方面来衡量社会融合比较认可。在构成指标上，对经济融合使用收入水平与居住状况指标，文化融合使用行为举止与风俗习惯指标，心理融合使用身份认同与接纳的指标也较为一致。同时，学界也较为一致地认为社会融合是从经济融合到社会文化融合，再到心理融合的渐进

---

① 田凯．关于农民工的城市适应性的调查分析与思考 [J]．社会科学研究，1995 (5)：90-95.

② 朱力．论农民工阶层的城市适应 [J]．江海学刊，2002 (6)：82-88, 206.

③ 张文宏，雷开春．城市新移民社会融合的结构、现状与影响因素分析 [J]．社会学研究，2008, 23 (5)：117-141, 244.

④ 杨菊华．从隔离、选择性融入到融合：流动人口社会融入问题的理论思考 [J]．人口研究，2009, 33 (1)：17-29.

⑤ 杨菊华．中国流动人口的社会融入研究 [J]．中国社会科学，2015 (1)：61-79.

⑥ 周皓．流动人口社会融合的测量及理论思考 [J]．人口研究，2012, 36 (3)：27-37.

⑦ 马西恒，童星．敦睦他者：城市新移民的社会融合之路——对上海市 Y 社区的个案考察 [J]．学海，2008 (2)：15-22.

式过程，且文化和心理融合更加深入。这些研究为本研究提供了重要的理论基础。

关于社会融合影响因素的研究，基本已达成共识的是农业转移人口的社会融合受个体特征因素和流入地环境因素共同影响。也有学者把影响因素归纳成三类，即宏观（城市）、中观（社区）和微观（个体家庭）层面。对于个体方面影响，融合理论指出个体间禀赋差异导致社会融合异质性，但个人的社会和经济资本积累有利于社会融合。邢祖哥等人[①]对全国流动人口的调查数据证明，年龄结构偏大、女性人口比例较高、受教育程度较高、城镇户口比例较高、居留意愿较强等因素的确有助于流动人口社会融合水平的提高。杨菊华和张娇娇[②]也认为提升流动人口流入前的人力资本，强化流动后的工作经验积累，对于流动人口的全面融入至关重要。任远和陶力[③]指出，本地化社会资本的积累，有助于促进流动人口融入城市。对于流入地方面的影响，区隔融合理论认为流入地的差异使得农业转移人口的社会融合水平存在差距，流入地的经济发展水平对农业转移人口的社会融合产生正向作用。经济发展水平越高，农业转移人口就越容易找到合适的工作，越容易获得更高的经济收入，从而提高社会融合水平。但是，户籍制度导致的公共服务的差异化分配，使得流动人口感知到的社会排斥也更显著[④]。而流入地比较低的住房支出、相对较小的人口规模、较强的公共服务供给能力等因素有利于农业转移人口的社会融合。近年来，国家卫计委组织的农民工监测调查也发现，进城农民工在不同规模城市生活的归属感存在差异，城市规模越小，农民工对所在城市的归属感越强。

现有的研究成果为本研究的理论建构和实证研究提供了重要的参考依据。具体说，我国已有研究成果形成了分析农业转移人口社会融合的稳定框架，并通过调查数据对农业转移人口的社会融合水平进行了测度，同时构建了各种统计模型分析了社会融合水平的影响因素。相关研究还指出了农业转移人口社会融合亟待解决的一系列重要问题，并提出了许多具有建设性的建议。

① 邢祖哥，黄耿志，薛德升. 中国城市流动人口社会融合的空间格局与影响机制［J］. 地理学报，2022，77（10）：2474-2493.

② 杨菊华，张娇娇. 人力资本与流动人口的社会融入［J］. 人口研究，2016，40（4）：3-20.

③ 任远，陶力. 本地化的社会资本与促进流动人口的社会融合［J］. 人口研究，2012，36（5）：47-57.

④ 余运江，孙斌栋，孙旭. 基于 ESDA 的城市外来人口社会融合水平空间差异研究——以上海为例［J］. 人文地理，2014，29（2）：123-128.

但是，笔者认为当前农业转移人口社会融合仍然有几个问题需要进一步探讨和拓展。一是现有研究社会融合测量维度鲜有涵盖公共服务融合的。多年来，国家层面一直要求推进义务教育、就业服务、基本养老、基本医疗卫生、住房保障等城镇基本公共服务覆盖全部常住人口。近几年新型城镇化和城乡融合发展重点任务也明确要求推进城镇基本公共服务均等化，提高农业转移人口融入城市水平。由此可见，公共服务的均衡性和可及性对农业转移人口的社会融合十分重要，但已有研究鲜有把公共服务作为一个独立的维度来测量社会融合的。二是已有研究的政治融合探讨较少。随着我国以人为核心城镇化战略的推进，农业转移人口政治融合的外部政策环境发生了巨大的改变，政治融合将成为农民工社会融合不可或缺的重要维度，从共建共治共享的社会治理来看，将政治融合纳入农民工社会融合研究中，有助于提升社会治理效能。三是针对欠发达区域研究不足。至今为止，有关城乡移民社会融合的实证研究，大多利用全国流动人口数据，或者针对东部沿海城市进行调查，很少研究内地发展相对落后的地区。随着新型城镇化与城乡融合发展的深入发展，我国劳动力跨区域大规模转移时代已然终结，取而代之的是省内劳动力的频繁流动。随着"一带一路"倡议和"西部大开发"战略的推进，中西部地区的安徽、湖北、贵州、四川等省份，主要是其省会城市，已成为潜在人口迁入中心和区域经济中心，带动所在区域的经济发展①。因此，在全面建成社会主义现代化国家新征程上，有必要更多地关注西部省份的农业转移人口社会融合状况。

基于此，本研究在借鉴现有成果的基础上，以贵州省农业转移人口的调查数据为样本，在分析贵州省农业转移人口基本特点的基础上，通过政治参与、经济融合、社会互动、文化适应、心理认同和公共服务六个维度，构建贵州省农业转移人口社会融合测量指标体系，并客观评价其社会融合水平，运用统计分析模型分析社会融合的影响因素。同时，构建主观幸福感的测量指标体系，进一步运用统计模型分析当前贵州农业转移人口社会融合程度对其幸福感的影响作用。最后，综合贵州农业转移人口社会融合研究及其对幸福感的影响分析结果，提出相应的政策建议。这一研究不仅在研究对象上有别于以往文献，而且还将社会融合延伸到主观幸福感，这无疑是现有研究文献一个有益的补充和拓展。

---

① 王桂新. 中国省际人口迁移变化特征——基于第七次全国人口普查数据的分析 [J]. 中国人口科学，2022（3）：2-16，126.

二、研究意义

在全面建成社会主义现代化强国，实现第二个百年奋斗目标，以中国式现代化全面推进中华民族伟大复兴开局起步的关键时期，研究农业转移人口的社会融合，逐步实现常住人口公共服务均等化，不断提高中等收入群体比重，缩小收入差距，增进民生福祉，着力解决好发展不平衡不充分问题，更好地满足人民日益增长的美好生活需要，更好地促进人的全面发展和推动实现共同富裕具有重要的意义。

（一）理论价值

我国城乡迁移流动人口的社会融合研究从人口学、社会学拓展至经济学和地理学，从关注群体人口学特征、定居意愿、身份认同等个体因素的作用扩展到对流入地政府、社会和市场环境因素的重视，目前已积累了较为丰富的研究成果。但是，农业转移人口的社会融合是一个渐进的、长期的过程，而依据有关调查的断面数据得出的结论具有一定的时效性，因而随着流动人口流向的变化，需要不断跟进研究。如随着东西部地区协同发展的深入实施，流动人口的分布在 2020 年以后也变得更加均衡。而现有成果鲜有关注西部城市农业转移人口的社会融合的。此外，已有研究还存在一些不足和有待拓展之处。本研究在研究区域、测量维度、研究视野等方面对现有研究进一步进行拓展，丰富了社会融合研究成果，具有一定的理论意义。

一是本研究关注的农业转移人口流入地为西部贵州省，区别以往城乡迁移研究的视角在地域上集中在中部和东部发达地区。近年来，随着新一轮西部大开发、新型城镇化等一系列发展战略和措施的实施，西部地区城镇逐渐成为吸纳农业转移人口的新高地，但由于历史和地理环境的影响，城镇公共服务的基础较弱，农业转移人口社会融合具有一定的特殊性。因此，关注农业转移人口社会融合的"西部特征"，将是对现有农业转移人口社会融合研究广度的拓宽。

二是本研究对社会融合的测量在已有研究较多使用的经济、文化、行为和心理四个维度的基础上，新增了政治参与和公共服务融合两个维度，这既是为了满足农业转移人口依法享有民主政治权利和平等享受公共服务的时代要求，同时也是为满足构建"共建共治共享"的社会治理理论的要求，丰富了社会融合理论研究的视角。

三是本研究将农业转移人口社会融合与主观幸福感相结合，进一步考察社会融合对主观幸福感的影响，并坚持以人民为中心的研究导向。从主观幸福感的视角进一步分析社会融合及其维度的重要性，既可以丰富和充实农业转移人口社会融合的相关文献，也能够为后续相关研究提供一定的参考和借鉴。

（二）实践价值

第一，本研究为农业转移人口社会融合实践提供政策参考。根据近年的《农民工监测调查报告》结果可发现，当前我国农业转移人口对流入地产生了较强的定居意愿，而他们的落户意愿却不高。一部分农业转移人口融合能力难以支撑其真正实现城市社会融合，他们虽生活、工作在城镇，却难以真正融入城镇，这实际上是对"以人为核心"的新型城镇化的偏离。与此同时，随着农业转移人口公平公正意识和维权意识的增强，城市公共服务供给政策的调整，以及社会融合诉求的转变，城市公共服务成为农业转移人口社会融合的重要组成部分。因此，本研究有助于认清当前农业转移人口社会融合阶段及其特征，审视社会融合的政策效果，更好地提供政策参考。

第二，本研究为城乡融合发展提供有力支撑。农业转移人口社会融合过程，是对城镇与农村两个空间布局的再调整，是对城乡二元户籍制度及土地制度的再思考，是对公共品这一满足基本生活需要的再反思。以制度创新促进城乡要素合理双向流动，激发农业转移人口市民化带来的新型人口红利，建立健全"人地钱"挂钩政策和住房供应体系，以放松落户限制、实现同城同待遇、提高就业能力为切入点，增强城市对农业转移人口的包容性，实现城市劳动力人口的有效补充。从体制机制上破除城乡要素流动障碍，便利城乡交流，促进城乡融合。

第三，本研究回应农业转移人口社会融合的热点问题，为国家新型城镇化发展提供决策依据。农业转移人口能否实现共享平等市民权利和生存发展机会是城镇化发展质量的重要体现，其社会融合是落实我国共享发展理念、实现城镇化高质量发展的关键所在。本研究立足于农业转移人口社会融合，测量其水平，分析其影响因素，从落户意愿、主观幸福感等方面讨论了社会融合的后果，回应了中国经济社会发展中的现实和热点问题，研究成果为推进农业转移人口社会融合进程提供了一定的政策启示和决策依据，对推进以人为核心的新型城镇化、有效提升城镇化质量具有重要的现实意义。

总的来看，促进农业转移人口社会融合既是新型城镇化高质量发展的应有之义，也是构建以国内大循环为主体、国内国际双循环相互促进新发展格局的重要支撑，还是深化供给侧结构性改革和实施扩大内需战略的重要结合，不仅有利于优化经济发展空间格局，实现区域协调发展，也有助于全面推进乡村振兴，促进城乡融合发展，能更好地促进人的全面发展和实现共同富裕。

第二节 研究思路和设计

一、研究思路

（一）关于融合过程的思考

国外有关社会融合研究主要关注的是国际移民，其内涵与我国城乡移民的实践存在较大的差异，研究农业转移人口问题需要结合国内实际。目前国内有关研究达成的主要共识是社会融合，其是一个复杂的、长期的和动态的过程，但对于这个动态的过程却存在着"融入"与"融合"的讨论。持前一观点的学者认为农业转移人口社会融合是不断调整自己行为方式和思维观念的单向融入城市社会过程[①]；持后一观点的学者则将农业转移人口社会融合看作行动适应与结构变迁的双向融合过程[②]。无论是融入还是融合，均表明农业转移人口不断接近城镇市民。肖子华等人[③]将农业人口社会融合分成初级、中级和高级三个阶段。我们认为这三个阶段中每一个阶段社会融合各维度的发展程度不同。初级融合阶段以经济融合为主，各维度发展程度不同步。进一步来说，初级阶段以经济融合为主，这是农业转移人口在城市立足的前提与基础，没有经济融合，农业转移人口就难以真正在城市定居。这一阶段，其他方面的社会融合也在发展，且各维度融合发展的难易程度存在差异。流出地与流入地差异较小，心理融合在第一阶段融合的程度可能就大于经济融合。社会融合的中级阶段则以社会互动为主，同样存在社会融合各方面的维度发展不平衡的问题。高级阶段以文化心理为主，直至最后各维度发展水平接近本地居民。当农业转移人口能够与本地居民享有同等权利，获得必要的资源和机会，并能够通过获得的资源和机会全面参与经济、社会和文化生活，以

---

① 杨菊华. 从隔离、选择融入到融合：流动人口社会融入问题的理论思考 [J]. 人口研究，2009（1）：17-29.

② 江立华. 改革开放四十年来的人口流动与农业转移人口市民化 [J]. 社会发展研究，2018，5（2）：22-40，242-243.

③ 肖子华，徐水源，刘金伟. 流动人口蓝皮书 中国城市流动人口社会融合评估报告 NO.1 [M]. 北京：社会科学文献出版社，2018.

及公平享受正常的社会待遇，共享基本的社会福利，且心理上认同居住城市，价值观念上与居住城市文化融为一体，就成为真正的城市市民，也就实现了社会融合（见图1-1）。

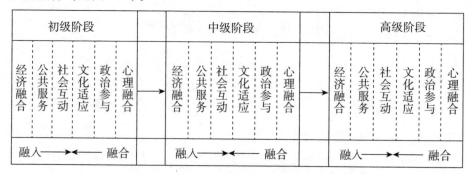

图1-1 贵州省农业转移人口社会融合模式

注：维度所占面积大小表示各维度融合主次，虚线表示维度相互交融渗透。

（二）关于社会融合度量的思考

关于社会融合的度量，已有研究达成的共识是社会融合，其是多维的，且普遍通过经济、社会和文化心理维度来测量。本研究参照已有研究成果，社会融合包含政治参与、经济融合、社会互动、文化适应、心理认同和公共服务融合六方面的维度。

现阶段，我国农业转移人口迁移目的仍然以经济迁移为主，经济融合是社会融合最重要的一个指标[1]，是社会融合的前提和基础。首先，经济融合的重要体现是农业转移人口的收入水平。因此，本研究将收入水平作为经济融合的测量指标。其次，农业转移从农村到城市，居住是面临的首要问题，农业转移人口能否在流入地拥有可负担的稳定住房对其城市融入意愿产生重要的影响[2]。拥有稳定产权的住宅或其他固定居所的农业转移人口更容易融入当地社区[3]。因此，我们把住房纳入经济维度来测量。

除了经济融合，一个人在一个地方工作生活，必然有社会交往。是否跟本地人有交往，是农业转移人口交往圈一个重要指标；与本地朋友交往，以及参

① ALBA R, NEE V. Rethinking assimilation theory for a new era of immigration [J]. International Migration Review, 1997, 31 (4): 826-874.

② ZHENG S Q, SONG Z D, SUN W Z. Do affordable housing programs facilitate migrants' social integration in Chinese cities? [J]. Cities, 2020, 96: 102449.

③ PHILLIPS D. Black minority ethnic concentration, segregation and dispersal in Britain [J]. Urban Studies, 1998, 35 (10): 1681-1702.

加本地社区各种娱乐活动的频率体现了移民社会互动的程度；是否被本地人看不起代表了社会歧视情况。本研究中这些指标均作为测量社会互动的指标。

为了适应新的生活环境和当地生活习惯，农业转移人口可能会逐渐向本地人靠拢，主动学习并运用当地语言，衣着、饮食生活、卫生习惯和社会观念也会逐渐与本地人趋同，不断适应当地文化。本地语言的使用情况与文化接近度体现了社会融合的程度。

本研究还增加了政治参与维度。以人为核心的新型城镇化，保障农业转移人口享有民主政治权利，这也是实现"共治"目标的必然要求。是否参与居（村）委会、是否参与民主管理和是否参加基层组织活动是农业转移人口最重要的政治融合。

此外，本研究把公共服务融合作为社会融合的一个独立维度来考察。党的十八大以来，各级政府高度重视农业转移人口市民化，不断提高农业转移人口融入城市水平，相关政策措施也围绕公共服务全覆盖常住人口来设计。国内有关社会融合研究成果虽也考虑到公共服务的重要性，但只是把相应的指标归并到其他维度加以考察，而没有单独作为一个维度加以考察，本研究弥补了这一研究的不足。

（三）关于社会融合影响因素的思考

哪些因素影响移民社会融合水平？这是关于移民与流入地关系问题研究需要回答的重要问题。对此，国内学者也做了大量的研究，产生了丰硕的成果。从现有文献来看，农业转移人口社会融合受到多方面、多层次因素的影响。归纳起来，主要是三方面的因素，即个体因素、流入地影响因素和流出地影响因素。

个体因素即个体人力资本，主要包括年龄、性别、受教育程度、职业、收入、个人禀赋及其社会经济和社会特征；流入地影响因素主要包括流入地经济实力、社会发展、住房支出、人口规模、城市级别和公共服务等；流出地影响因素主要包括移民与流出地的各种社会关系，以及流出地的固定资产等。目前已有移民社会融合影响因素研究涉及层次较多，但由于数据差异、研究视角不同、研究方法不一，结论存在差异，甚至相悖。

根据已有研究可发现，社会融合不同维度之间的内在关系研究鲜有涉及。事实上，厘清农业转移人口社会融合指标体系各个维度之间的关系对推动流动人口社会融合政策促进具有十分重要的意义。因此，本研究从两个视角对社会融合影响因素进行分析。一是从社会融合六个维度的相互影响出发，分别以其中一个维度为因变量，另外 5 个为自变量，逐一采用多元回归方法分析其相互影响。二是从个体因素、流入地因素分析社会融合影响机制。

（四）关于社会融合后果的思考

农业转移人口在流入地的社会融合会对其工作、生活各个方面产生较大的影响。经济融合的提高有助于农村转移人口在城市立足；文化融合能够促进农业转移人口更好地接受城市文化，进而在行为上发生转变，更好地适应城市生活；心理融合可以帮助农业转移人口缩小与城市生活之间的隔阂，提高城市生活满意度，进而增强定居意愿和落户意愿，并从心理上逐渐向城市人靠近。总的来看，社会融合各维度表现得越好，越有助于农业转移人口城市生活水平的提升，越能够促使农业转移人口融入城镇。

社会融合是一个交互过程，受到不同层级的因素影响，而且其本身也会作为影响因素对流动人口生活的各个方面产生影响。本研究关于社会融合的后果研究，重点关注农业转移人口的社会融合对落户意愿和主观幸福感的影响，这是对现实热点问题的回应。因此，我们将社会融合水平作为自变量，将个人因素、流入地影响因素作为控制变量，讨论社会融合水平对落户意愿和主观幸福感的"净"影响，回应当前农业转移人口热点问题。

二、研究设计

基于上述研究思路，本研究设计如下。

（一）问卷设计与维度指标

本研究以定量分析为主，辅之焦点小组讨论、个案访谈，使收集到的数据资料能够从不同层面、多个角度呈现贵州农业转移人口的社会融合现状、融合水平，同时深入分析其影响因素及对落户意愿和主观幸福感的影响。调查问卷主要分为四个部分，即农业转移人口的个人及家庭基本情况、社会融合、社会支持和主观幸福感（生活满意度）。其中，社会融合包括政治参与、经济融合、社会互动、文化适应、心理认同和公共服务六个维度27个指标。

问卷的第一部分是个人及家庭基本情况，主要包括调查对象的人口学特征、家庭结构、就业状况和流动特征。这些指标主要是在分析农业转移人口社会融合影响因素，采用多元回归分析的时候作为控制变量进行观察，从而分析主变量是如何影响社会融合的。这些内容和指标也为进一步探究未知影响因素提供了可能，拓展了研究内容和空间，为发现新因素、新问题创造了有利的条件。

问卷的第二部分是对社会融合的测量，包括政治参与、经济融合、社会互动、文化适应、心理认同和公共服务六个维度。其中，政治参与包括政治义务、民主管理和基层组织活动 3 个指标；经济融合包括收入状况、同工同酬、住房性质和居住条件 4 个指标；社会互动包括交往类型、交往频率、娱乐活动和社会歧视 4 个指标；文化适应包括本地语言使用和文化接近度两方面，包括本地语言掌握程度、饮食、衣着、卫生、习俗、人情交往和社会观念与流入地主流文化的趋同度，共 7 个指标；心理认同主要包括地方认同、地方关注、融入意愿和身份认同 4 个指标；公共服务包括义务教育、医疗卫生、职业介绍、技能培训和文化生活 5 个指标。总计 27 个指标，通过它们来测量社会融合程度。

问卷的第三部分是社会支持和政策支持。社会支持包括个体支持和社区支持；政策支持主要包括就业、社会保障、教育培训、医疗保险和公共服务等方面的支持。

问卷的第四部分是主观幸福感（生活满意度），包括工作、收入、身心健康、住房条件、本人或随迁子女教育、社会交往、生活环境、公共服务八方面的满意度指标，采用李克特量表进行测量。

（二）调查方式与样本分布

1. 调查方式

本研究在资料收集上主要采用问卷调查、焦点小组讨论和深度访谈相结合的方式。问卷调查考虑到可能遇到部分文化层次较低、难以自行完成填答的对象，调查员可以根据实际需要采取自填式和访问式来完成问卷调查。自填式问卷调查要求调查员把问卷交到被调查对象手里，由调查对象自己填写问卷，调查员当场收回问卷。访问式调查要求调查员按照问卷的结构向调查对象逐一提问，并根据受访者的回答如实填写调查问卷。

本次调查时间为 2021 年 7 月至 8 月和 2022 年 1 月，分两次进行。关于调查区域的选择，基于如下考虑：一是在流入地开展调查。选择的区域为农业转移人口较为集中的商业区、工业园区、城镇易地和扶贫集中安置点。在这些农业转移人口较为集中的片区，寻找企业管理者和熟悉当地情况的居民，对符合调查条件的对象发放调查问卷，待调查问卷填答结束后由专人统一收回。这种方法的优点是能提高调查的效率，但也容易产生样本的同质问题。因此，为尽可能减少样本同质问题，调查组规定每个企业调查的样本量尽量控制在企业人数的 10% 左右，且要考虑性别、年龄和岗位的分布。这种方法收回的有效问卷是 895 份。同时，在等待收回问卷的过程中，调查员还对具有典型意义的个案进行了深入访谈，收集个案详细信息资料，作为问卷调查方式的补充。此外，调查组选择一定的社区，召集 8~12 个受访者开展焦点小组讨论。这样做有助于对相关内容的细致剖析。二是在流出地开展调查。这种方法是利用农业转移人口春节回家过年的契机在流出地开展调查，这也是本次调查分两次开展的原因。其组织方式是发动在校大学生在寒假回老家度假期间，针对在贵州省内务工回家过年的农业转移人口进行面对面的问卷调查。为保证调查质量，调查组规定每个大学生调查的问卷数量一般不超过 3份。但受到疫情影响，这种方法实际完成的样本量较少，只收回有效调查问卷 342 份，不过这也较好地弥补了第一种方法的缺陷。

总的来说，本次抽样调查具有较好的代表性。前一种组织方法能够很好地抓住流动人口集中的城镇、企业、重点行业等，实现"点"的突破；后一种组织方法重点调查外出务工人口，并不考虑其流入地区和所处行业，使样本能够包括更多的城镇，实现了"面"的覆盖。这两种组织方法共收回有效样本 1237 份，各样本点面结合、互为补充，增加了代表性。

2. 样本分布

为了样本分布更加趋于合理，我们从三方面来选择调查区域。

一是考虑到地区之间发展不平衡，重点调查贵阳市和遵义市。由于经济发展水平存在较大差异，加上人口迁移流动空间分布不均衡，本次调查充分考虑贵州省内外流动人口在全省各市州分布的实际。贵阳市流动人口占全省流动人口的 28.44%（332.61 万人），遵义市流动人口占全省流动人口的 18.89%（220.55 万人），这两个经济实力相对较强的城市吸引了大量的流动人口，是贵州流动人口的主要常住区域。因此，我们重点调查了贵阳市和遵义市，在贵阳市收回有效调查问卷 361 份，问卷主要分布在金阳、南明、云岩、小河、花溪和开阳等地；遵义市收回有效问卷 196 份，问卷覆盖播州、红花岗、汇川、仁怀等中心区，也包括务川、赤水、正安和习水等县城或者重点镇。

二是考虑到贵州城镇化水平快速提升，离不开易地扶贫搬迁工作成效。过去十年，贵州省城镇人口增加 874.82 万人，城镇化率提高 19.34 个百分点。我们选择易地搬迁较为典型的毕节市和黔西南州重点调查。毕节市易地搬迁调查的重点是大方县，黔西南州重点是望谟和册亨等城镇。各调查点样本量大约为 50 份。

三是考虑到少数民族流动人口逐渐活跃，人口流动参与程度不断提高的实际，我们重点考虑了黔中的部分自治县和黔东南自治州的凯里市。凯里市的调查重点在庐山镇，样本量为 100 份。安顺调查重点在镇宁自治县，收回有效问卷 36 份。此外，为了使样本覆盖贵州省 9 个市（州），我们选择铜仁市、黔南州和六盘水市作为重点实施流出地调查方式。具体样本分布如表 1-1。

表1-1 有效样本基本情况统计（$n=1237$）

类别	组别	频率	百分比	缺失
性别	男	709	57.3	0
	女	528	42.7	
年龄	25岁以下	289	23.4	3
	25~45岁	818	66.3	
	46岁以上	127	10.3	
文化程度	小学及以下	165	13.3	0
	初中	283	22.9	
	高中/中职	308	24.9	
	大专/高职	232	18.8	
	大学本科及以上	249	20.1	
市（州）	贵阳市	361	29.2	0
	六盘水市	96	7.8	
	遵义市	196	15.8	
	安顺市	77	6.2	
	毕节市	117	9.5	
	铜仁市	110	8.9	
	黔西南州	103	8.3	
	黔东南州	94	7.6	
	黔南州	83	6.7	

第三节 研究内容和特色

一、主要内容

（一）社会融合水平和主观幸福感的度量

本研究从政治参与、经济融合、社会互动、文化适应、心理认同、公共服务六个维度27个指标来测量社会融合水平，特别是增加了"公共服务"社会融合这一维度，这也是对公共服务常住人口全覆盖的审视，也使得测量体系更加完整和系统。国内大多数社会融合研究都是基于流动人口动态监测调查数据（China Migrants Dynamic Survey，CMDS）来设计测量维度和指标，而不是事先设计测量指标再进行调查，这样测量指标就难免存在一些缺陷。本研究对主观幸福感的测量使用复合指标进行测量，包括工作、收入、健康、住房、本人及随迁子女教育、社会交往、生活环境和公共服务 8 个指标，较之现有研究采用单一指标测量更加全面。

（二）社会融合水平及其影响因素

本研究利用调查数据资料评估了贵州省农业转移人口的社会融合水平，并分析不同群体的农业转移人口社会融合水平及其维度的差异，在此基础上，建立多元线性回归模型分析农业转移人口社会融合各维度的相互影响关系和农业转移人口社会融合综合影响机制。本研究有助于重新审视农业转移人口社会融合政策举措，不仅能够为推动公共服务体系建设提供有益参考，更能够为探索如何更好地推进公共服务均等化，让农业转移人口深度融入城市提供决策依据。

（三）社会融合水平对落户意愿及主观幸福感的影响

本研究关注当前我国常住人口城镇化率与户籍人口城镇化率差距问题。通过农业转移人口社会融合水平对落户意愿的影响的分析，丰富对农业转移人口落户意愿的认识，为有针对性地推进农业转移人口落户城市、有序实现农业转移人口市民化提供决策参考。同时，本研究将社会融合进程与主观幸福感连接起来，利用调查数据构建统计分析模型，探索了农业转移人口的社会融合水平对其主观幸福感的影响，同时建议完善农业转移人口社会融合进程中的政策制度，提升他们的人力资本和社会资本，这样有助于提高农业转移人口的收入水平和生活满意度。

二、研究特色

（一）社会融合测量指标体系全面系统

本研究关于农业转移人口社会融合、主观幸福感都采用复合指标进行测量，比国内现有测量使用了更多指标。在测量维度上，增加了"公共服务"，且主观幸福感测量覆盖范围也更广。研究采用复合指标从不同方面反映农业转移人口的社会融合情况，使得指标测量更加完整和系统。此外，本研究测量方法主要将本地市民作为参照，采取主客观评价法，这更能反映农业转移人口社会融合现实和自身状况的真实想法，有助于社会融合政策制定者和执行者把握政策方向与尺度。

（二）将社会融合研究推进到主观幸福感研究领域

社会融合是一个复杂的动态过程，在政治参与、经济融合、社会互动、文化适应和公共服务逐渐接近本地居民的连续变化过程中，农业转移人口的主观幸福感也是一个不断增强的过程，当他们感受和体验到与原市民近似的主观幸福感时，他们也将实现社会融合。七普显示，贵州省城镇化水平为53.15%，正处于快速发展中期，未来还有更多的农业转移人口进入城镇，应高度关注区域内农业转移人口社会融合。同时，由于贵州的发展以及劳动密集型产业从东部沿海向中西部传统人口流出地转移必然产生人口回流。因此在此情况下，选择西部贵州省作为研究区域是契合当前实际的需要的。本研究的研究对象与以往研究有所不同，由于研究的范围在贵州省内，而其境内的农业转移人口以省内转移为主，人口结构、文化习俗等差异相对较小，是否有助于社会融合，进而提升主观幸福感还有待商榷。这可能与以往研究东部地区的结论有所差异，却是对现有文献的一个有益的扩充和拓展。

第二章

概念界定与文献综述

本章将在明确农业转移人口和社会融合等相关概念的基础上，界定本文研究对象，重点围绕农业转移人口社会融合这一研究主题，从社会融合理论、测量指标体系和影响因素等方面对相关文献进行梳理，以便为后续研究提供一定的理论基础。

第一节　概念界定

一、农业转移人口

"农业转移人口"概念出现较晚，首次见于 2009 年 12 月的中央经济工作会议，会议中强调"要把解决符合条件的农业转移人口逐步在城镇就业和落户作为推进城镇化的重要任务"。由于其词义较为中性，因而已被广泛使用。"农业转移人口"这一概念具有职业、身份和地域转换的含义。"农业转移人口"表面词义偏重职业转换，但实际上也包含了地域转移和身份转变过程，这是因为农业人口进入城镇本身就是一种地理空间转移（除了就地城镇化的人群），而身份转变则是由城乡户籍分隔造成的，对于希望长期在城镇生活的农民而言，只有转变为城镇户籍才能享受城镇相关福利待遇。

国外城镇化进程中，由于不存在城乡分割的户籍制度，文献中几乎没有使用"农业转移人口"一词，他们一般将跨越不同地域范围而生产和生活的迁移人员（migratory people）统称为"移民"，用单词"migrant"表示，包括国内移民和国际移民。外文相关文献中的"乡—城移民"（rural-urban migrants）一词最接近我国"农业转移人口"概念，但二者强调视角不同，国外的"乡—城移民"主要强调地域迁移，而我国"农业转移人口"一词更加偏重职业转换意义。国外的"乡—城移民"一般指居住在农村地区的人口迁移到城镇居住和生活，地域迁移常常伴随着职业转换，职业转换又伴随着身份的转换，可以实现职业转换、地域迁移和身份转变"三步同步"的转化，也就实现了非农化、城镇化和市民化"三位一体"共同推进，这主要是因为国外并不存在城乡分割的户籍制度对身份的严格限制。我国的"农业转移人口"同样要经历职业、地域和身份的转化过程，不同的是这一过程不是同步实现，而是分阶段推进。邹农俭①认为从农业演变为非农业，要经历一个嬗变的漫长过程，此过程以职业转移为起步，因为非农业的岗位大多集中于城镇，这就要求发生地域性的移动，随着居住条件的改善和制度环境的逐渐具备，最后完成市民化转变。文军②也认为这一过程表现为一种特有的时序模式，即先有非农化，再有城市化，最后才是市民化。此外，国外还有一个"劳务移民"（labor migrant）的术语，这个概念与中国的"农民工"较为相似，指的是为了从事生产劳动而迁徙的人员，同属于"就业人口"范畴，但这个概念与我国农民工有所不同。从迁移流向来看，国外劳务移民可以是从农村到城镇、从发展中国家向发达国家的迁移，也可以是相反的方向，多以前者为主。而中国的"农民工"概念则主要是指城乡移民，即从农村到城镇，从欠发达地区到发达地区，且含有从第一产业转向第二、三产业之义，相反的流动方向在我国就不在"农民工"范畴了。从现有文献来看，国外也没有专门针对农业转移人口进行的研究，但是对于移民的相关研究则有很长的历史，相关文献可以用"汗牛充栋"来形容。这是中国语境与国外语境在研究对象上的重要区别，下文的其他部分我们将针对以移民为研究对象的国外相关文献进行研究综述。

国内对于城乡迁移流动人口群体称谓较多，一些称谓之间具有时间先后顺序，这是社会发展与变迁的真实写照。按照时间的顺序，大体上有以下称谓，即"打工仔""打工妹""外来人口""外来流动人口""外来务工人口""流入人口""迁入人口""农民工""民工""流动人口""进城务工人员""农业转移人口""城市新移民"等，其中"农民工""流动人口""农业转移人口"三个词最为常用。

"农民工"这一称谓直接指向进城务工、经商人员的身份和职业，个别人

---

① 邹农俭. 论农民的非农民化 ［J］. 社会科学战线，2002（1）：1-7.
② 文军. 农民市民化：从农民到市民的角色转型 ［J］. 华东师范大学学报（哲学社会科学版），2004（3）：55-61，123.

认为带有一定的歧视色彩。郑功成等人①认为，农民工是指具有农村户口身份却在城镇或非农领域务工的劳动者，是中国传统户籍制度下的一种特殊身份标识，是中国工业化进程加快和传统户籍制度严重冲突所产生的客观结果。李培林和李炜②指出"农民工"这个概念主要指户籍身份还是农民，有承包土地，但主要从事非农产业工作，以工资为主要收入来源的劳动者。申兵③也认为农民工是指户籍在农村而主要在城镇从事非农产业，依靠工资收入生活的劳动者。这些对农民工界定的共同特征是户籍在农村，但主要从事非农产业。王春光④也对农民工概念进行定义：农民工虽从事非农职业，但户籍上仍为农业户口；虽有农民身份，但劳动关系上实际上是被雇用的工人群体；虽是农村人口，却居住在城镇地区。近年来，我国农民工监测调查和农民工市民化调查明确把农民工界定为"指户籍仍在农村，年内在本地从事非农产业或外出从业6个月及以上的劳动者"。

"流动人口"则着重强调人口在一定时间内的空间变化特征，时间是指离开流出地的时间或者到达流入地居住时间，空间是指流动跨越的行政区域，并无身份识别的含义。这一术语使用较早，伴随20世纪80年代大规模的人口流动，学术界也开始关注流动人口问题，不少学者给出了"流动人口"的定义。例如，杨秀石⑤把进入城市居住而不改变其户口和经常往返于城市与其居住地的人纳入流入人口范畴；张庆五⑥对这一概念强调了"跨越一定辖区范围"。吴瑞君⑦认为是跨越一定地界范围不改变常住户口（外籍人士不改变定居地）的各类移动人口。从早期研究成果来看，对流动人口定义比较宽泛，时间跨度和空间界限并不明确。随着研究的深入，段成荣等人⑧指出，流动人口的定义应该明确"时间"和"空间"标准，只有超过"一定"时间限度，同时又跨越"一定"空间范围的位置变动才能视为流动人口。随着人口普查

① 郑功成，黄黎若莲．中国农民工问题：理论判断与政策思路［J］．中国人民大学学报，2006（6）：2-13.
② 李培林，李炜．农民工在中国转型中的经济地位和社会态度［J］．社会学研究，2007（3）：1-17，242.
③ 申兵．我国农民工市民化的内涵、难点及对策［J］．中国软科学，2011（2）：1-7，15.
④ 王春光．农村流动人口的"半城市化"问题研究［J］．社会学研究，2006（5）：107-122，244.
⑤ 杨秀石．经济开放中的城市流动人口［J］．人口学刊，1985（6）：40-44.
⑥ 张庆五．关于人口迁移与流动人口概念问题［J］．人口研究，1988（3）：17-18.
⑦ 吴瑞君．关于流动人口涵义的探索［J］．人口与经济，1990（3）：53-55，27.
⑧ 段成荣，孙玉晶．我国流动人口统计口径的历史变动［J］．人口研究，2006（4）：70-76.

和抽样调查的开展，以及现代科学统计方法的使用，对流动人口的界定也不断完善和统一起来。根据七普的统计口径，流动人口是指人户分离人口中扣除市辖区内人户分离的人口。其中，人户分离人口是指居住地与户口登记地所在的乡镇街道不一致且离开户口登记地半年以上的人口。市辖区内人户分离人口是指一个直辖市或地级市所辖的区内和区与区之间，居住地和户口登记地不在同一乡镇街道的人口。我国大体从户籍、居住地、流动时间、经济活动和社会管理等角度对流动人口的内涵和外延进行了界定。"农业转移人口"是指户籍在农村，转移到城镇非农产业并持续从事非农产业，依靠工资收入生活，已经实现职业转变，不具有迁入城市户籍的劳动者及其随迁家属。[①] 农业转移人口关注的是农业人口从农村向城镇的转移，在城镇居住、生活和就业，逐步成为城市居民的过程。[②] 我国学者对"农业转移人口"内涵的理解和表述不尽相同，但基本上达成了共识，即由农村迁往城市工作和生活，但户籍依旧未发生改变的人群。[③] 钟晓敏和童幼雏[④]的界定更加细化，认为"农业转移人口是指在城镇工作、生活超过半年，从事非农产业，户籍性质依然为农业户口的劳动人口及其随迁家属"。总的来看，"农业转移人口"更加强调市民化的特征，"农民工"更加关注进城职业特点，而"流动人口"则更多强调地理空间变动特性。

从三个概念涵盖的人口群体来看，"农民工"仅指户籍在农村，进城务工的农村劳动力，不包括随迁家属。"流动人口"涵盖的人口范围最广，只要发生地理位置移动的人口均属于流动人口，不论年龄、职业、居住地情况。城乡之间、城城之间的人口流动均可称为流动人口。[⑤] "农业转移人口"介于"农民工"和"流动人口"人群覆盖，农业转移人口主要涵盖四类人群：农民工、随迁家属（非就业人员）、失地农民、就地就近城镇化人群[⑥]。农业转

① 国务院发展研究中心课题组. 中国新型城镇化道路、模式和政策［M］. 北京：中国发展出版社，2014.
② 江立华. 改革开放四十年来的人口流动与农业转移人口市民化［J］. 社会发展研究，2018，5（2）：22-40，242-243.
③ 王桂新，沈建法，刘建波. 中国城市农民工市民化研究——以上海为例［J］. 人口与发展，2008（1）：3-23.
④ 钟晓敏，童幼雏. 农业转移人口市民化成本分析：基于浙江省数据的估算［J］. 财经论丛，2019（12）：13-23.
⑤ 杨菊华. 流动人口（再）市民化：理论、现实与反思［J］. 吉林大学社会科学学报，2019，59（2）：100-110，221.
⑥ 杨菊华. 农业转移人口市民化的维度建构与模式探讨［J］. 江苏行政学院学报，2018（4）：71-80.

移人口在年龄上不仅包括适龄劳动人口，也包括非适龄劳动人口。① 从居住地上来看包含两类人群：一是从农村转移到城镇的群体，既包括进城务工、经商人员，也包括随迁家属，还包括失地进城的农民；二是居住地还在农村，但已从事非农产业的群体。② 综上，"转移"包含两层含义，既发生空间转移，也产生职业转换，以及二者兼而有之。由于"农业转移人口"常被理解为在城镇就业的农村户籍人口，这就极大地窄化了一个更具有包容性的概念范畴，不能覆盖它所想表达的全部内涵。杨菊华③也曾建议将"农业转移人口"替换为"农村转移人口"，其认为"农村"是个空间概念，而"农业"这个职业概念容易把非劳动力排除在外，"农村转移人口"可覆盖从"农村"这个场域里转移出来的所有人群，与概念所要表达的意涵更加契合。

本研究认为"农业转移人口"是指从农村第一产业转移进入城镇从事非农产业的人口及其随迁家属。我们研究的重点是农业转移人口社会融合水平及其影响因素，考察的对象是在城镇工作、生活的农业转移人口。因此，无论其户籍是否迁入流入地均包括在研究对象范畴，这是因为社会融合是一个复杂的过程，包含经济、社会、文化和心理等方面，即使户口已经转变为城镇户口，但其他方面，如社会适应、心理认同等可能与城镇原居民尚存在一定差距，仍然处于融合进程之中，且这种现象可能在刚获得城镇户籍的人口群体身上表现得更为明显。因此，本研究的受访者范围既涵盖杨菊华区分的四类人群，即农民工、随迁家属（非就业人员）、失地农民、就地就近城镇化人群，也包括齐红倩和席旭文④所说的"在城市出生的第二代农民工群体"，甚至包括少数刚获得城镇户籍的农业转移人口。这样我们的研究可以对比各类群体之间的社会融合水平差异，从而使研究进一步细化、深入。考虑到户籍制度是导致我国城乡二元身份差异的主要原因，对比是否拥有城镇户籍的两类农业转移人口社会融合水平差异，能够为我国的户籍制度及其附属配套制度的改革提供相应的政策参考。

---

① 吴先华. 农业转移人口市民化优先次序与标准体系 [J]. 山东师范大学学报（自然科学版），2018，33（4）：443-453.
② 江立华. 改革开放四十年来的人口流动与农业转移人口市民化 [J]. 社会发展研究，2018，5（2）：22-40，242-243.
③ 杨菊华. 农业转移人口市民化的维度建构与模式探讨 [J]. 江苏行政学院学报，2018（4）：71-80.
④ 齐红倩，席旭文. 分类市民化：破解农业转移人口市民化困境的关键 [J]. 经济学家，2016（6）：66-75.

二、社会融合

社会融合是因应社会分化现象而发展起来的研究领域。从历史发展视角来看，社会分化（分工）形成的"各司其职"是社会发展进步的原动力，每个人专注于各自擅长的领域，有助于提高整个社会的生产力。这是亚当·斯密早就提出的思想。但是，社会分化也会导致社会联结减弱，不利于社会互助，极有可能导致社会断裂，形成某些社会孤立，最终破坏社会团结，阻碍社会进步。社会融合的理论关怀由此产生。

在西方文献中，"社会融合"（social intcgration），或社会整合，词意与"社会同化"（social assimilation）、"社会适应"（social adaptation）、"归化"（naturalisation）、"并入"（incorporation）、"吸入"（inclusion）等概念类似。这几个概念中，"社会同化"和"社会融合"最为常用，"社会同化"是最早使用的概念，但最初定义似乎不明确。吉登斯（Giddens）曾将"社会同化"与"相互迁就"（reciprocal accommodation）等同起来。① 但是，金斯奇（B. Jentsch）却把同化界定为少数的移民族群对于东道国社会价值系统的单向度适应，或者说少数群体被吸纳入主体社会的价值系统。② 这种"社会同化"概念认为，随着在新社会停留时间的延长，移民会越来越多地、几乎是单向线性地融入当地社会。在同化过程的最后，移民与东道国人口变得难以区分。③ 也有学者不同意这一看法，帕克（Park）和伯格斯（Burgers）④ 将"社会同化"定义为"一个渗透和融合的过程中，获得个人和团体的记忆、情绪和其他个人或团体的态度，而且，通过分享他们的经验和历史，与他们合并在一个共同的文化生活"。这种定义更加接近"社会融合"概念。

"社会融合"最初也被理解为移民单向度融入东道国社会的过程。艾林森（Ellingsen）认为，移民的社会融合可以定义为个体或群体被包容进主流社会

---

① SIMONS S E. Social assimilation［J］American Journal of Sociology，1901，6（6）：790-822.

② BERGIT J. Migrant integration in rural and urban areas of new settlement countries：thematic introduction［J］. International journal on multicultural societies，2007，9（1）：1-12.

③ KAZEMIPUR A，NAKHAIE M R. The Economics of attachment：Making a case for a relational approach to immigrants' integration in Canada［J］. Journal of international Migration and Integration，2014，15（4）：609-632.

④ PARK R E. Introduction to the Science of Sociology［M］. Chicago：University of Chicago press，1924.

或各种社会领域的状态与过程。① 直到 20 世纪 70 年代早期，移民融合仍然被理解为一种单向的同化过程，强调移民对新家的适应。威廉·托马斯和弗洛里安·兹纳涅茨基的《身处欧美的波兰农民》、怀特的《街角社会》等都是西方早期研究移民融入问题比较经典的著作，但许多作者并不同意这一定义，如帕克和伯格森②认为"社会融合"是"相互渗透和融合的过程，在这个过程中，某个群体逐渐形成对其他群体的记忆、情感和态度，通过共享（不同群体的）经历和历史，最终融汇到共同的文化生活中"。在这种定义中，社会融合更多地强调移民与新社会之间的相互适应。

此外，有学者发现作为社会政策概念的社会融合起源于欧洲学者对社会排斥（social exclusion）的研究，之前的社会融合研究大多存在于理论文献。20 世纪 80 年代晚期，法国率先实施了第一个社会融合政策，即一个通过劳动和培训来支持接受者在法国社会获得一席之地的收入支持计划方案。紧接着，欧盟也推出一系列相关社会融合计划。作为社会政策概念的社会融合，在 2003 年被欧盟做如下界定：社会融合是这样的一个过程，它确保具有风险和社会排斥的群体能够获得必要的机会和资源，通过这些资源和机会，他们能够全面参与经济、社会、文化生活和享受正常的生活，以及在他们居住的社会认为应该享受的正常社会福利。社会融合要"确保他们有更大的参与关于他们生活和基本权利的获得方面的决策"③。这一定义强调了政策层面的可操作性意义。加拿大莱德劳基金会认为社会融合是一个符合社会规范的概念或者说具有价值取向的概念，是理解我们想在哪里以及怎样到达那里的一种方式，社会融合反映了一个积极的人类社会福利发展的方式，它不仅仅需要消除壁垒或风险，还需要对产生融合的环境进行投资和行动。④ 总之，社会融合是多层面的，既有全国范围的社会融合和城市范围的社会融合，又有跨国的

---

① Social integration of ethnic groups in Europe. How can concepts of place and territoriality help explain processes, policies and problems of socially integrating different ethnic groups in a European context? [R]. 2003. https://openaccess. nhh. no/nhh-xmlui/bitstream/handle/11250/162336/winfried%20ellingsen255. pdf? sequence=1&isAllowed=y.

② Kazemipur A, Nakhaie M R. The Economics of attachment: Making a case for a relational approach to immigrants' integration in Canada [J]. Journal of International Migration and Integration, 2014, 15 (4): 609-632.

③ 嘎日达，黄匡时. 西方社会融合概念探析及其启发 [J]. 国外社会科学，2009 (2): 20-25.

④ 肖子华，徐水源. 人口流动与社会融合理论、指标与方法 [M]. 北京：社会科学文献出版社，2018.

区域社会融合；既有宏观层面的社会融合和中观层面的社会融合，也有微观层面的社会融合。同时，社会融合也是多维度的，包括经济融合、政治融合、社会融合、制度融合、文化融合以及心理融合等方面。

在我国，与社会融合概念几乎同义的也不少，如社会融入、社会适应、社会同化、市民化等。其中，社会融入与社会融合最为相近，仅一字之差，但内涵却有所区别。杨菊华①认为，"融合"是双向的，表示流入地和流出地两种文化融汇在一起，互相渗透，形成一种在某种程度上具有新意的文化体系。相反，"融入"是单向的，指流动人口在经济、行为、文化和观念上都融入流入地的主流社会体系中。但她使用的是"融入"概念，暗含着一种不平等的文化和行为主从关系：流入地文化为主、流入者自身的传统为辅；流入地的文化占据优势，流入者的文化居于弱势。融合反映的却是一种平等的关系，以渗透、交融、互惠、互补为基本特征。鉴于中国流动人口的特点，本研究认为，"融合"比"融入"更好地体现城乡人口流动的原因、流动人口在流入地社会融入的过程及其对流入地经济、社会、文化的影响。

社会适应是一个更加关注个体对群体和环境的调适与应变能力的概念，指的是行动者通过继续社会化，调整其行为模式和心理状态，使之适合于新环境的过程。② 例如，朱力③指出"适应"概念的一般意义，认为"适应"主要是从接受社会化的个体角度而言，强调个体在社会生活中对周围的环境和社会化的过程的接受程度。李飞和钟涨宝④认为，社会适应就是个体与社会系统的整合过程，个体在习得社会规范的基础上，建构与其他社会群体或个体的制度化的角色关系，实现自己的权利，履行相应的义务。"社会适应"主要是指外来群体、人口较少群体接受并主动模仿主流人群，最后适应城市主流社会生活的过程。"市民化"是具有中国特色的术语，该术语的产生与中国二元户籍制密切相关，可以说二元户籍制度是"市民化"问题的根源。市民化过程也包括社会融合的过程，是一个更注重个体身份及其相关政策福利获得感的概念。

---

① 杨菊华. 从隔离、选择融入到融合——流动人口社会融合问题的理论思考 [J]. 人口研究，2009（1）：17-29.
② 郝玉章，风笑天. 三峡外迁移民的社会适应性及其影响因素研究——对江苏 227 户移民的调查 [J]. 市场与人口分析，2005（6）：62-67.
③ 朱力. 论农民工阶层的城市适应 [J]. 江海学刊，2002（6）：82-88.
④ 李飞，钟涨宝. 城市化进程中失地农民的社会适应研究 [J]. 青年研究，2010（2）：84-93.

　　"社会融合"是一个带有两种人口群体相互影响的概念，其要义是要反对社会排斥，使个体和个体之间、不同群体之间，或不同文化之间相互配合、互相适应的过程。① 马冬梅和李吉和②也认为，社会融合是一个双向的、动态的过程，既包括流动人口融入本地社会的过程，也包括本地居民对流动人口的接纳过程，并最终形成一个统一的整体。秦永超③认为，社会融入是一个动态的过程，是指个人为了适应城市主流社会生存环境，而在经济、社会、文化和法律等方面进行适应，使自己趋同城市主流社会的生活方式和价值观念，并且以此明确自己在城市主流社会中的位置，并做出相应调整，逐渐适应城市主流社会生活的过程。在实际使用中，社会适应和社会融合两个概念几乎同义，许多作者在使用中并未严格区分"社会适应"与"社会融合"的含义，大多数强调了外来人群对城市主流社会的顺应和调适。

　　总的来说，国内学者根据研究对象和层次的不同认为社会融合包含了社会融入、社会适应、文化适应和市民化等概念的研究范畴。目前，我国学界对移民社会融合并没有统一的定义，学者从不同的视角提出自己的主张，笔者现按时间顺序将部分定义梳理如下（表2-1）。

表2-1　国内学者对移民社会融合概念的定义

学者	时间	概念要义
任远、邬民乐	2006	个体、群体、文化之间的互相配合、互相适应的过程
王桂新	2006	各方面融入城市居民的社会程度
黄匡时	2008	认同与接纳
童星、马西恒	2008	居住、行业、价值观和生活方式融入城市，向城市居民转变
杨菊华	2009	移民自身文化弱化的过程
任远、乔楠	2010	相互适应、相互作用的过程
张广济	2010	融入主流社会，获取正常的经济、政治、公共服务的动态过程

① 任远，邬民乐. 城市流动人口的社会融合：文献述评 [J]. 人口研究，2006（3）：87-94.

② 马冬梅，李吉和. 城市少数民族流动人口社会融合的障碍与对策 [J]. 广西民族研究，2013（2）：15-21.

③ 秦永超. 城市流动人口社会融入的法律社会学思考 [J]. 甘肃政法学院学报，2013（5）：129-132.

续表

学者	时间	概念要义
杨聪敏	2010	相互渗透，形成新的文化体系
崔岩	2012	融入主流群体，同等获取经济社会资源，认知上去差异化的动态过程
李树苗、悦中山	2012	具有多个维度，文化、结构、婚姻、认同性、态度接纳、行为接纳、公共事务、经济和住房等融合
杨菊华	2015	经济、社会、文化、心理

本研究认为，社会融合是指两个或两个以上的个体或群体在长期交往中相互影响、相互促进，最后相互接纳的过程。受传统的城乡差异以及户籍制度的影响，农业转移人口虽然实现了地域上从农村到城市的迁移、职业上从农业到非农的转变，但是他们的身份上还是农民。因此，迁移人口的城市融合问题应该充分考虑身份转变问题。与此同时，在概念使用上，本研究使用"社会融合"，而不是"社会融入"，但在引用他人的研究成果时，沿用原作者的用语。当进城的农村人口数量较少时，使用"社会融入"一词可能比较合适，但当进城的农村人口数量达到一定规模以后，使用"社会融合"一词可能更为适合。因为进城的农村人口达到一定数量后，他们可以跟来自同一地方的人群进行交往，可能原有的农村生活习惯、交往规则和价值观念等也能够在城市生存，而不必更多地调整自身行为来适应城市本地人群。

第二节　文献综述

20世纪80年代，随着时代的发展，人类社会进入"移民时代"，过亿人口自愿或非自愿地生活在国外，移民能否适应新的生活以防止社会冲突、维护社会和谐，激发了学者进行社会整合研究的热情。[①] 因而，国际移民的社会融合问题受到了越来越多的关注，产生了许多关于国际移民社会融合的研究文献。在我国，随着社会经济发展，越来越多的农村人口涌入城镇工作和生活，农村人口与城镇人口的相互融合问题也越来越凸显，为此国内许多学者

---

① 吴晓林. 社会整合理论的起源与发展：国外研究的考察［J］. 国外理论动态，2013（2）：37-46.

开始关注这一研究领域，并取得了丰硕的研究成果。

一、国外社会融合问题研究综述

（一）关于移民社会融合模式的研究

涂尔干首先提出社会融合概念，但直到帕森斯才将社会融合提升为一种理论范式，即从宏观抽象视角来解释社会变迁问题。在帕森斯之后，有学者引入经验研究方法，通过数据统计、样本调查等形式对具体的问题进行微观研究，关注个体如何融入社会。许多西方发达国家的国际移民比例较高，移民如何跟东道国居民进行融合成为重要的研究领域。自1980年以来，许多文献探讨了国际移民对东道国带来的经济社会文化方面的影响，以及移民在东道国的融合过程和结果。在这一研究领域中，移民的社会融合模式具有重要的研究意义，因为它归纳总结了国际移民融入东道国的主要途径和方式。

美国历史上的移民"融合"理论主要有三种，分别为"盎格鲁归同论"（Anglo-conformity）、"熔炉论"（Melting-pot）和"多元文化主义"（Multiculturalism）。"盎格鲁归同论"强调外来移民无条件融入盎格鲁—撒克逊新教文化，也即所谓的"美国化"（Americanization），其进程既有强迫融合，也有自然融合的含义；"熔炉论"意为各族群在美国主流的基础上融为一个新的民族，其进程也包括强迫融合和自然融合；"多元文化主义"则是各族群在平等、正义、尊重和包容差异的基础上和谐共处，倡导文化多样性，其进程基本为自然融合。"盎格鲁归同论"和"熔炉论"均属于同化模式，只是同化的结果不同。同化模式最典型的论调如"熔炉论"，这一概念设想移民群体的文化将会完全被"熔化"进主流文化中，而不会留下其任何自己原有的文化痕迹。戈登①认为"单一熔炉论"（single melting pot）是一种天真的理想主义，应同时存在多个"熔炉"，包括其他学者提出的以新教、天主教和犹太教为核心的"三种熔炉"（triple melting pots）。这些熔炉虽在结构上彼此分离，但都促进了文化同化。"文化多元主义"（cultural pluralism）则强调各族裔群体保留自己的社会习俗和文化特性，与主流社会和平共处。在20世纪初，一些学者开始站出来反对强制同化运动，呼吁尊重和保护各少数族群的遗产与文化特色，以便各民族的文化能够和谐共处，各自为美利坚文化做出自己的

---

① Gordon MM. Assimilation in American life: The role of race, religion, and national origins [M]. New York: Oxford University Press, 1964.

贡献。关于这一主张的经典论述是美国犹太裔学者霍勒斯·卡伦。① 他于 20
世纪初提出了文化多元主义（cultural pluralism）的概念。1915 年，他发表了
《民主与熔炉》（*Democracy versus the Melting Pot*）一文。1924 年，他出版了
《美国的文化与民主》（*Culture and Democracy in the United States*）。

美国之外，西欧发达国家还存在其他融合模式，Paparusso② 总结了西方
文献中的四种融合模式，即排他性模式、同化主义模式、多元文化或多元主
义模式，以及"新"移民国家模式或南欧模式。排外主义融合模式（德国和
奥地利）主要认为移民是一种短期现象，是作为满足短期劳动力需求的一种
手段。符合这种模式的国家相当反对永久定居、家庭团聚和移民归化。同化
主义模式（法国和比利时）正好相反，它要求移民主要以个人身份融入东道
国，要求他们真诚地接受新居住国的文化和价值观。由于公民身份是与主流
社会平等的可识别标志（减少了差异），因此获得公民身份被视为新移民融入
的重要标志。多元文化主义（英国、荷兰和瑞典）的核心理念是，少数民族
的身份、文化、语言和宗教应该得到保护和加强。采取多元文化政策的国家
往往会促进种族特殊主义，而不是通过同化将其吸收到多数群体中。"新"移
民国家模式或南欧模式（意大利、希腊、葡萄牙和西班牙）的特点是移民历
史较短，采用这种模式的国家具有一些共同特征：缺乏有选择性的移民政策、
吸引无证件移民的大型地下经济、劳动力市场的大量细分以及使用事后文书
向移民提供法律地位，例如，合法化、配额制度和流动法令。

上述四种模式中，只有同化主义模式和多元文化主义模式这两种融合模
式曾经引起普遍关注，而且早就形成了重要的理论研究范式。从同化概念内
涵来看，移民被认为是有缺陷的，因此应该学习接受国的生活方式。同化是
基于这样一种普遍期望，即移民应该适应新文化，抛弃自己的传统和习惯，
使接收社会在移民过程中保持相对不变。随着多元文化主义作为一种与同化
对立的融合模式兴起之后，"融合"概念取代了"同化"概念。Shadid③ 将融
合定义为"少数民族和宗教群体，个别或群体地参与东道国社会的社会结构，
同时保留其文化和特征的独特方面"。融合的目的通常被描述为使移民在社会

① KALLEN H M. Democracy versus the melting-pot：A study of American nationality ［J］. Theo-
ries of ethnicity：A classical reader，1996，71：190-194.
② PAPARUSSO A. Immigrant citizenship status in Europe：The role of individual characteristics
and national policies ［J］. Genus，2019，75（1）：1-23.
③ SHADID W A. The integration of Muslim minorities in the Netherlands ［J］. International Mi-
gration Review，1991，25（2）：355-374.

中获得平等的机会。①② 多元文化主义并不鼓励移民放弃原有的独特生活传统，而是基于对少数民族和文化群体的承认，旨在使这些移民能够像大多数人一样参与社会。然而，在一些学者提出重新思考同化概念之后③④，多元文化主义在 21 世纪初遭到了强烈反对。⑤⑥ 批评的论点主要集中在多元文化主义鼓励自我隔离，阻碍移民融入主流社会。⑦⑧

因此，在经历了"同化回归"（return of assimilation）和"多元文化主义退却"（retreat of multiculturalism）过程之后，新的"同化"概念又悄悄取代了"融合"概念成为研究焦点。此时，新的同化概念的核心仍然是移民的适应，其目的是随着时间的推移，移民不断消除与大多数人口的差异，但较之旧的同化概念，新概念无论在内涵还是外延上均有所扩展。一方面，它的新化身已具有明显的经验性特征，被用来理解移民到达新国家后的生活变化，即变得更接近社会大多数的过程。⑨ 另一方面，同化也是规范性的，它被用来指明未来的正确道路。"是"逐渐变成"应当"。Kazemipur 等⑩观察到，塞缪

①　Brochman G. European Integration and Immigration from Third Countries［M］. Boston：Scandinavian University Press 1995.

②　ENTZINGER H. The lure of integration［J］. European Journal of International Affairs, 1990, 4：54-73.

③　ALBA R, NEE V. Rethinking Assimilation Theory for a New Era of Immigration［J］. The International Migration Review, 1997, 31（4）：826-874.

④　RUMBAUT R G. Assimilation and its discontents：Between rhetoric and reality［J］. International migration review, 1997, 31（4）：923-960.

⑤　BRUBAKER R. Changing Perspectives on Immigration and Its Sequels in France, Germany, and the United States［J］. Ethnic and Racial Studies, 2001, 24（4）：531-548.

⑥　JOPPKE C. The retreat of multiculturalism in the liberal state：theory and policy 1［J］. The British journal of sociology, 2004, 55（2）：237-257.

⑦　ERSANILLI E, KOOPMANS R. Rewarding integration？ Citizenship regulations and the sociocultural integration of immigrants in the Netherlands, France and Germany［M］//Migration and Citizenship Attribution. Routledge, 2013：61-79.

⑧　KOOPMANS R. Does assimilation work？ Sociocultural determinants of labour market participation of European Muslims［M］//Muslims in Europe. Routledge, 2018：21-40.

⑨　Lutz P. Two logics of policy intervention in immigrant integration：an institutionalist framework based on capabilities and aspirations［J］. Comparative migration studies, 2017, 5（1）：1-18.

⑩　KAZEMIPUR A, NAKHAIE M R. The Economics of attachment：Making a case for a relational approach to immigrants' integration in Canada［J］. Journal of international Migration and Integration, 2014, 15（4）：609-632.

尔·亨廷顿①对美国身份的讨论是同化概念新生命的一个典型例子。亨廷顿认为，"新"移民不再把移民视为单程旅行，不再把融入东道国社会视为唯一的选择；相当数量的新移民居住在其他移民或他们的同族附近，很少与主流人口接触。为此，新的同化概念又重新强化东道国文化的主体地位，要求移民弱化甚至放弃原文化，主动融入东道国社会，对多元文化主义的容忍越来越低。

两种方法的具体融合策略也不一样：同化强调移民适应主流社会的重要性，要求移民抛弃自己的传统和习惯，学习东道国的语言和文化，了解东道国的历史，愿意努力工作，参与新国家的公民生活②；多元文化主张移民在平等条件下的参与，同时保留他们的文化独特性。多元文化主义理论旨在通过创建"多民族国家"来容纳多样性和接纳少数民族，承认移民群体与大多数人口的差异，承认移民拥有独特生活方式的权利和自由，在不放弃移民自身传统的情况下融入接受国。③ 从同化角度来看，移民被认为是有缺陷的，应该学习接受国的生活方式，使接收社会在移民过程中保持相对不变。这种"种族中心主义"的观点面临着尖锐的批评，因为它是片面的，制造了一个同质社会的假象，忽视了结构性的不平等。基于这个原因，长期以来政策制定者和学者都在强调多元文化措施对促进移民融合的重要性，但21世纪初出现了对多元文化主义的强烈反对。反对的原因是，多元文化方法未能使移民融入东道国社会，鼓励自我隔离，阻碍移民融入主流社会。

与此同时，其他学者提出了相反的观点，强调实行多元文化政策的国家在移民融合的几个方面比没有这种政策的国家表现得更好。④⑤ 从实证研究结

---

① Huntington S P. Who are we?: The challenges to America's national identity [M]. New York: Simon and Schuster, 2004.

② KAZEMIPUR A, NAKHAIE M R. The Economics of attachment: Making a case for a relational approach to immigrants' integration in Canada [J]. Journal of international Migration and Integration, 2014, 15 (4): 609-632.

③ LUTZ P. Two logics of policy intervention in immigrant integration: an institutionalist framework based on capabilities and aspirations [J]. Comparative migration studies, 2017, 5 (1): 1-18.

④ BERRY J W, PHINNEY J S, SAM D L, et al. Immigrant youth: Acculturation, identity, and adaptation [J]. Applied psychology, 2006, 55 (3): 303-332.

⑤ WRIGHT M, BLOEMRAAD I. Is there a trade-off between multiculturalism and socio-political integration? Policy regimes and immigrant incorporation in comparative perspective [J]. Perspectives on Politics. 2012, 10 (1): 77-95.

果来看，虽然一些学者发现多元文化主义政策产生了良好的融合结果①，但也有学者认为同样的政策是融合失败的一个重要因素，并认为基于移民同化的政策更有效。② 可见，关于融合政策对融合结果影响的实证结果不仅是混合的，而且是完全矛盾的。为此，Lutz③建议，由于同化和多元文化主义关于融合过程有不同理解，因而针对不同融合模式的政策干预策略和目的也有所差异：同化是一项以激励为基础的政策，主要旨在提高移民的愿望；而多元文化主义是一项以机会为基础的政策，主要旨在提高移民的能力。同化政策认为缺乏动力是政策问题，政策干预旨在增加民众的期望；而多元文化主义政策则认为缺乏机会是政策问题，政策干预的目的是提高移民的能力。

（二）关于移民社会融合程度的研究

当研究视角从宏观转到微观，从理论走向实证的时候，社会融合如何测量，包括哪些维度内容等问题便凸显出来。实际上，在帕森斯以后，社会整合研究的一个很重要的特点就是理论意义的描述让位于实践经验的探索④，研究者从不同的研究立场出发，对社会整合的测量指标体系和维度指标进行深入探索。

戈登⑤在介绍其他学者对"同化"概念界定的基础之上，开创性地提出了分析族群同化的变量体系，包括文化或行为同化（又称"文化适应"，接受主流社会的文化模式）、结构同化（进入主流社会的社交圈子、组织机构活动和市民生活）、婚姻同化（族际通婚）、认同意识同化（符合主流社会的群体意识）、态度容纳同化（族群之间消除偏见）、行为容纳同化（族群之间消除歧视）、公民同化（族群之间消除价值与权力冲突）。只有这七方面的同化过程都完成了，才能算是一个族群被彻底同化。戈登认为同化的七个变量是依次层层递进的关系。利用这些变量，作者比较了非洲裔美国人、犹太裔美国

① Bloemraad I. Becoming a citizen: Incorporating immigrants and refugees in the United States and Canada [M]. Los Angeles: Univ of California Press, 2006.

② KOOPMANS R. Trade-offs between equality and difference: Immigrant integration, multiculturalism and the welfare state in cross-national perspective [J]. Journal of ethnic and migration studies. 2010, 36 (1): 1-26.

③ LUTZ P. Two logics of policy intervention in immigrant integration: an institutionalist framework based on capabilities and aspirations [J]. Comparative migration studies, 2017, 5 (1): 1-8.

④ 吴晓林. 社会整合理论的起源与发展：国外研究的考察 [J]. 国外理论动态, 2013 (2): 37-46.

⑤ Gordon MM. Assimilation in American life: The role of race, religion, and national origins [M]. New York: Oxford University Press, 1964.

人、天主教徒和波多黎各裔美国人的同化程度，认为这些群体在文化上实现了同化，但在其他变量上没有实现同化。这说明，文化同化是少数族群进入美国之后会首先完成的同化，它与其他方面的同化并不一定同步。但是，戈登指出，例外情况是，如果少数群体在空间上被孤立和隔离（如保留地上的印第安人），或者因受到严重歧视而被剥夺了平等的受教育机会和就业机会（如黑人），这种文化同化（文化适应）的过程会被无限期延迟。

自从戈登区分了测量社会融合的两方面——文化适应和结构性融合，并发展出七个维度进行测量之后，许多学者提出了多种测量方法。许多西方发达国家都是移民比较多的国家，他们很早就对移民同化或融合程度进行过相关测量，建立了相应指标体系。一般而言，移民的融合过程可以从宏观或微观两个视角来考察，从宏观的角度主要是分析各国具体背景下移民群体融入国内人口的整体结果。近期有代表性的是 Zubikova[1][2] 的两篇文章，她主要通过活动率、贫困风险、高等教育程度、过度拥挤率和健康状况等指标来考察欧洲各国的移民融合水平。从微观的角度来看，移民的融入与个体过程有关。移民有自己的目标，融入社会的决定是他们个人选择的结果。Waters 和 Tomás[3] 归纳总结了社会科学家用来衡量移民融合的核心标准，其中包括：①社会经济地位，即教育程度、职业专业化和收入均等；②空间集中度（居住隔离度），根据空间分布和郊区化的不同来界定；③语言同化，以英语语言能力和丧失母语为标准；④异族婚姻，由种族或血统定义，偶尔由种族和世代定义。他们认为这几个方面至今仍是理解移民社会融合的出发点。

社会整合既是一种过程又是一种状态。国外的研究大致从正、反两方面界定了社会整合的指标：团结/分裂、忠诚/敌对、适应/反常、认同/排斥。它们既可以从正面，也可以从反面来理解和构建相应的测量体系，但无论从正面还是反面，关于移民社会融合的内容仍存在许多争议。西方文献重点研究了移民融入东道国或迁入社会的具体融入内容（涉及经济、社会、文化等内容）、融入模式（排他性模式、同化主义模式、多元文化模式等）、融入过

① Zubikova A. Integration of immigrants in the EU_ 15: success or failure? ［C］//Proceedings of Economics and Finance Conferences. International Institute of Social and Economic Sciences, 2019（10112410）.

② Zubikova A. Assessment of the Immigrants Integration Level in the New Member States of the EU in 2009—2018 ［J］. Journal of International Migration and Integration, 2021, 22（2）: 635-652.

③ WATERS M C, Jiménez T R. Assessing immigrant assimilation: New empirical and theoretical challenges ［J］. Annu. Rev. Sociol, 2005, 31: 105-125.

程的影响因素（一般通过融入状态或结果进行分析）等几个方面。移民融入
一般分为几个具体内容，而经济同化或融合是最先被关注的一个方面。根据
移民经济学家的说法，当移民获得与拥有相同特征的本土居民同样工资的时
候，就实现了所谓的"经济融合"①。此后，大多数研究关注劳动力市场移民
的就业表现和工资收入②，很多经济文献也把重点放在了移民对本国工人工资
和就业的可能影响上③，而忽略了移民本身的经济融合问题，即移民与本地居
民的经济收入和机会平等问题。Dustmann④ 因为不满于此而又重新提出社会
同化（social assimilation）概念，对移民社会同化的决定因素进行了实证分
析。结果表明，个人特征、国籍和家庭背景等因素均对移民社会融入有影响，
而劳动力市场变量对移民融入的影响则不大，且经济同化和社会同化并不是
相互依存的，而是平行的过程。

（三）关于移民社会融合影响因素的研究

西方国家在国际移民社会融合的影响因素研究文献中，特别关注移民的
个人特征（如性别、教育、到达的年龄和迁移的原因）⑤、不同原籍国移民⑥、
定居意图⑦、目的地国家制度因素⑧等对移民融合的影响。无论哪一类别的影
响因素都没有形成定论，由此延伸出的相关政策特别是东道国移民政策对移
民融入的影响研究长期成为争论的焦点。什么样的政策制度能产生更有利的

---

① CHISWICK B R. The Effect of Americanization on the Earnings of Foreign-born Men ［J］. Journal of Political Economy，1978，86（5）：897-921.

② HATTON T J. The immigrant assimilation puzzle in late Nineteenth-Centuty America ［J］. The journal of economic history，1997，57（1）：34-62.

③ GROSSMAN J B. The substitutability of natives and immigrants in production ［J］. The review of economics and statistics，1982，1：596-603.

④ DUSTMANN C. The social assimilation of immigrants ［J］. Journal of population economics，1996，9（1）：37-54.

⑤ AMIT K. Determinants of life satisfaction among immigrants from Western countries and from the FSU in Israel ［J］. Social Indicators Research，2010，96：515-534.

⑥ SARKAR D，COLLIER T C. Does host-country education mitigate immigrant inefficiency？ Evidence from earnings of Australian university graduates ［J］. Empirical Economics，2019，56：81-106.

⑦ WATER G G，FLEISCHMANN F. Settlement Intentions and Immigrant Integration：The Case of Recently Arrived EU-Immigrants in the Netherlands ［J］. International Migration，2018，56（4）：154-171.

⑧ PETERS F，VINK M，SCHMEETS H. The ecology of immigrant naturalization：A life course approach in the context of institutional conditions ［J］. Journal of Ethnic and Migration Studies，2015，42（3）：359-381.

融合结果，在经验上仍存在争议，结果也没有结论性。

　　Martinovic 等①人还认为，社会融合涉及移民与当地人互动的程度以及移民参与东道国社会生活的程度。移民与东道国社会的融合程度取决于许多因素，Martinovic 等②人的一项纵向研究发现，种族间接触频率与居留意愿相关，决定永久留在德国的移民比临时移民发展了更多的种族关系。掌握东道国语言程度也是重要影响因素，对于移民来说，东道国的语言熟练程度对于他们在劳动力市场上的表现很重要③，对于他们与当地人建立联系也很重要。④ 有研究发现，更有可能留下来的移民对东道国语言的熟练程度更高。⑤⑥ 移民融合的另一个方面是移民对东道国媒体的消费⑦，通过媒体信息中反映的文化价值观和社会实践，可以增加移民对东道国社会的了解。⑧ 此外，获得新居住国国籍（公民身份）也被认为是整个融合过程的一个重要组成部分⑨⑩⑪，西方

①　MARTINOVIC B，TUBERGEN F V，MASS I. Changes in Immigrants' Social Integration during the Stay in the Host Country：The Case of Non-western Immigrants in the Netherlands [J]. Social Science Research，2009，38（4）：870-882.

②　MARTINOVIC B，TUBERGEN F V，MASS I. A Longitudinal Study of Interethnic Contacts in Germany：Estimates from a Multilevel Growth Curve Model [J]. Journal of Ethnic and Migration Studies，2015，41（1）：83-100.

③　CHISWICK B R，MILLER P W. Immigrant earnings：Language skills，linguistic concentrations and the business cycle [J]. Journal of population economics，2002，15：31-57.

④　MOON S J，PACK C Y. Media Effects on Acculturation and Biculturalism：A Case Study of Korean Immigrants in Los Angeles' Koreatown [J]. Mass Communication and Society，2007，10（3）：319-343.

⑤　CHISWICK B R，MILLER P W. Miller. English Language Fluency among Immigrants in the United States [J]. Research in Labor Economics，1998，17：151-200.

⑥　CHISWICK B R，MILLER P W. Miller. Immigrant Earnings：Language Skills，Linguistic Concentrations and the Business Cycle [J]. Journal of Population Economics，2002，15（4）：31-57.

⑦　LEE S K，SOBA J，FGILLO E A. Comparison of Models of Acculturation the Case of Korean Americans [J]. Journal of Cross-Cultural Psychology，2003，34（3）：282-296.

⑧　MOON S J，PACK C Y. Media Effects on Acculturation and Biculturalism：A Case Study of Korean Immigrants in Los Angeles' Koreatown [J]. Mass Communication and Society，2007，10（3）：319-343.

⑨　Bauböck R. Migration and citizenship：legal status，rights and political participation [M]. Amsterdam：Amsterdam University Press，2006.

⑩　FAVELL A. Integration nation：The nation state and research on immigrants in Western Europe [J]. Comparative Social Research，2003，22：13-42.

⑪　PETER F，VINK M，SCHMEETS H. The ecology of immigrant naturalization：A life course approach in the context of institutional conditions [J]. Journal of Ethnic and Migration Studies，2015，42（3）：359-381.

文献还常常将公民身份作为社会融合的客观指标①②，公民身份正式缩小了新公民和原居民之间的差距，创造了他们之间的平等，这是融合过程的主要目标之一。③

国外关于移民社会融合影响因素的研究文献较为丰富，他们一般专注于某一个或几个因素对移民融入东道国社会的影响。如 Carmon④ 研究了移民个体因素对融合水平的影响。他总结出以下因素的积极影响：城市规模、家庭成员较少、年龄较低、所谓的白领职业、靠近市中心的居住地以及居住时间的延长。根据他的研究，经济融合与社会和文化领域的融合没有关系。Dustmann⑤ 发现个人特征、国籍和家庭背景对移民融入有影响，而劳动力市场变量对移民融入的影响不大，再有迁移距离⑥、支持性的社会网络⑦、定居意愿⑧⑨，以及国家宏观背景因素⑩等，都对移民社会融入具有重要影响。大多数学者都承认，社会融合是一个多层面、多维度的概念，既有宏观层面的社会融合和中观层面的社会融合，也有微观层面的社会融合，同时也包括经济、

① PORTES A, CORTIS J W. Changing flags: Naturalization and its determinants among Mexican immigrants. [J] International Migration Review, 1987, 21 (2): 352-371.

② YANG P Q. Explaining immigrant naturalization [J]. International Migration Review, 1994, 28 (3): 449-477.

③ VINK M P. Immigrant integration and access to citizenship in the European Union: the role of origin countries [S]. Migration Policy Centre, 2013.

④ CARMON N. Economic integration of immigrants [J]. The American Journal of Economics and Sociology, 1981, 40 (1): 149-163.

⑤ DOSTMANN C. The social assimilation of immigrants [J]. Journal of Population Economics, 1996, 9 (2): 37-54.

⑥ BORJAS G J. Immigration Economics [M]. Cambridge: Harvard University, 2014.

⑦ AMIT K, RISS I. The role of social networks in the immigration decision-making process: The case of North American immigration to Israel [J]. Immigrants and Minorities, 2007, 30 (1): 290-313.

⑧ ANNISTE K, TAMMARU T. Ethnic differences in integration levels and return migration intentions: A study of Estonian migrants in Finland [J]. Demographic Research, 2014, 25 (3): 377-412.

⑨ WACHTER G G, FLEISCHMANN F. Settlement Intentions and Immigrant Integration: The Case of Recently Arrived EU - Immigrants in the Netherlands [J]. International Migration, 2018, 56 (4): 154-171.

⑩ HUDDIESTON T, NIESSEN J, TIADEN J D. Using EU indicators of immigrant integration. Final Report for Directorate-General for Home Affairs [J]. Brussels: OECD Publishing, 2013: 1-73.

政治、社会、制度、文化以及心理等多个维度。① Zubikova② 总结了移民社会融合的三组因素，即移民人口和个人因素、一般政策和国家背景，以及迁移与融合政策。最重要的是，包括 Zubikova 在内的几项研究都表明，接受东道国社会的新身份有助于加深融合。③④ 总的来看，国外关于移民社会融合影响因素的相关研究文献，形成了人力资本、社会资本和政策制度三个层面的分析框架，这与我国研究社会融合过程中特别强调户籍身份的重要性不谋而合。

二、国内社会融合问题研究综述

（一）关于农业转移人口社会融合模式的研究

社会融合模式的研究在我国存在"融入"和"融合"的争论。持前一观点的学者一般将农业转移人口社会融合视为一个以城市居民为参照对象，不断调整自己行为方式和思维观念的单向融入过程。持后一观点的学者则将农业转移人口社会融合看作行动适应与结构变迁的双向融合过程⑤。其实无论是融入模式还是融合模式，均表明农业转移人口与城镇市民无限接近直到完全相同的过程。这个过程可以有多种方式，比如，西方发达国家曾经一直主张的多元文化主义模式，它可能更多表现为两个群体在地理位置、心理距离等方面的无限接近或混合，而无法用同一种标准对其进行衡量。

社会融合模式可以根据融合过程和融合结果进行划分，当然许多情况很难进行绝对划分。从融合过程来看，杨菊华⑥参照流动人口在经济、文化、行为、身份等方面的适应程度，将流动人口在流入地的社会融入过程提炼为五种模式：隔离型、多元型、融入型、选择型、融合型。其中，隔离型是指流

① 嘎日达，黄匡时．西方社会融合概念探析及其启发［J］．国外社会科学，2009（2）：20-25．

② ZUBIKOVA A. Assessment of the Immigrants Integration Level in the New Member States of the EU in 2009-2018［J］. Journal of International Migration and Integration，2021，22（2）：635-652.

③ ALAN，MANNING，ROY，et al. Culture clash or culture club? National identity in Britain ［J］. The Economic Journal，2010，120（542）：72-100.

④ ZUBIKOVA A. Assessment of the Immigrants Integration Level in the New Member States of the EU in 2009-2018［J］. Journal of International Migration and Integration，2021，22（2）：635-652.

⑤ 江立华．改革开放四十年来的人口流动与农业转移人口市民化［J］．社会发展研究，2018（2）：22-40．

⑥ 杨菊华．从隔离、选择融入到融合——流动人口社会融合问题的理论思考［J］．人口研究，2009（1）：17-29．

动人口未能顺利融入城市主流社会中，成为一种边缘人的情况。

多元型是指流动人口在经济方面实现与流入地居民的整合，但在其他方面保持自己的特色与传统。多元文化论者赞成互相认同、欣赏对方的文化特色，流入者的语言、生活方式等文化多样性应受到保护。但是，这是一种理想的状态。事实上，如果流入者在某些文化和行为方面未能融入流入地主流社会的话，很难想象他们能融入主流的经济生活中。融入型是指流动人口在经济、文化、行为、身份认同等各个方面基本成功地融入目的地的主流社会。但遗憾的是，仅有少数人可能在某些方面（如找到一份稳定的工作、获得一份像样的收入）融入了主流社会。这种情况发生在第二代流动人口身上的可能性更高一些。因为对许多第一代流动人口来说，他们流动的主要目的之一是为第二代创造更好的融入条件。选择型是指流动人口在劳动就业、经济收入、社会福利等方面可能与当地人群并无明显二致，其行为举止也符合目的地的规范要求，但在文化方面却既接受流入地的文化，也保留自己的文化传统与特色，二者兼具，且在身份认同方面与自己的家乡更为亲近，保持着与流入地的心理距离。融合型则是指流动人口整合到流入地的主流经济体系中，在其他方面与流入地的人群相互接纳、相互渗透、彼此适应、共同生存，达到融合的境界。可以看出，这种划分基本上是根据流动人口社会融合的不同发展阶段或融合程度进行的，具有递进性特征，并且从其名称就基本可以看出社会融合所处的阶段，具有直观性的优点。

针对农业转移人口的社会融合状态或融合结果，国内一些学者借鉴国外相关理论和经验，结合中国实际情况，对流动人口的社会融合提出了多种融合模式假说。其一，再社会化说。[①] 该理论强调三个层面的社会融合，即经济、社会、心理或文化。它认为，流动人口适应城市生活的过程实际上是再社会化的过程，必须具备三个基本条件，即相对稳定的职业、像样的经济收入及社会地位。这些条件使流动人口与当地人的接触、交往、参与流入地的社会生活成为可能，并促进他们接受新的、与当地人相同的价值观。其二，新二元关系说。[②] 新移民与城市社区的"二元关系"从相互隔离、排斥和对立转向一种理性、兼容、合作的"新二元关系"，其间需要经历"二元社区""敦睦他者"和"同质认同"三个阶段。"敦睦他者"既是介于隔离与认同之

---

① 田凯. 关于农民工的城市适应性的调查分析与思考 [J]. 社会科学研究, 1995 (5): 90-95.

② 马西恒, 童星. 敦睦他者: 城市新移民的社会融合之路——对上海市 Y 社区的个案考察 [J]. 学海, 2008 (2): 15-22.

间的中间环节，也是新移民与城市社会融合的关键阶段。其三，融合递进说。①② 学者大多主张流动人口在流入地的社会融合包括多个层面，且各层面之间存在递进关系。然而，具体到谁先谁后问题时，学者的看法却极不一致，递进的方向甚至刚好相反。上述三种观点的共同之处在于，社会融入不是单维度的，而是多维度的，主要包括经济、社会和文化等多个层面。杨菊华③曾指出，我国学者对不同维度因素之间的互动关注不足或完全忽视，仅仅强调因素之间的递进关系、忽视其互动关系是不够的。

总的来看，国内对农业转移人口社会融合模式的研究文献相对较少，大多数义献主要关注社会融合的具体测量及其影响因素研究，对相关研究文献的概括和提炼还有待提高和升华，且相关理论研究也较为缺乏。

（二）关于农业转移人口社会融合程度的研究

不管是国内外，社会融合的层次内涵和程度测量都是重要的研究领域。层次内涵在实证研究中主要是维度指标，通过维度指标构建测量体系，进而对社会融合程度进行评估。在这方面，朱力④率先提出流动人口社会融合包括三个层面，即经济层面、社会层面、心理层面或文化层面。他认为这三个不同方面是依次递进的，经济层面的适应是城市立足的基础；社会层面是城市生活的进一步要求，反映的是融入城市生活的广度；心理层面的适应是属于精神上的，反映的是参与城市生活的深度，只有心理和文化的适应，才能表明流动人口完全地融入于城市社会。

在社会融合的过程中，如果存在融合程度不高、不彻底的痛点，就会出现王春光⑤所说的"半城市化"现象，"半城市化"是一种介于回归农村与彻底城市化之间的状态，它表现为各系统之间的不衔接、社会生活和行动层面的不协调，以及在社会认同上的"内卷化"。由于系统、社会生活和行动、社会心理三个层面的相互强化，农村流动人口的"半城市化"出现长期化的变迁趋向，影响了社会融合和社会变迁的趋向。王桂新等人⑥对此进行了实证研

① 张文宏，雷开春．城市新移民社会融合的结构、现状与影响因素分析［J］．社会学研究，2008（5）：117-141，244-245.
② 朱力．论农民工阶层的城市适应［J］．江海学刊，2002（6）：82-88.
③ 杨菊华．从隔离、选择融入到融合——流动人口社会融合问题的理论思考［J］．人口研究，2009（1）：17-29.
④ 朱力．论农民工阶层的城市适应［J］．江海学刊，2002（6）：82-88.
⑤ 王春光．农村流动人口的半城市化问题研究［J］．社会学研究，2006（5）：107-122.
⑥ 王桂新，沈建法，刘建波．中国城市农民工市民化研究——以上海为例［J］．人口与发展，2008（1）：3-23.

究，他们以 2006 年 9 月上海外来流动人口的调查数据为分析基础，从经济融合、政治融合、公共权益融合、社会关系融合入手，较为全面地反映了当前城市外来流动人口的社会融合现状。实证结果显示，目前中国城市农民工总体上已达到 54% 的市民化水平，尤其是其社会关系、心理认同等非物质维度的市民化已接近 60% 的较高水平。

这一时期，我国的移民融合研究仍属于探索阶段，还未形成稳定的分析框架和普适性较强的测量体系。杨菊华[①]抱怨道：由于流动人口社会融入的理论不足，且不同学者使用的数据、考察的对象范围、对象所处的环境及关注的重点等方面的差异，学者对融入概念的定义标准不同，对同一融入维度的衡量指标也见仁见智，这就使得各研究之间的可比性受到很大的局限。不同地区、不同身份的人群面临的社会融入的内涵、挑战、具体情况有差异，若使用某地的发现而得出全体的结论，难免有以偏概全之嫌。因此，构建普适性的流动人口社会融入的指标体系势在必行。在她看来，社会融入指标体系由三级因素构成。第一层：4 个维度，即经济整合（integration）、行为适应（adaptation）、文化接纳（acceptance）、身份认同（identity）。第二层：16 个指标，分别属于每个维度。第三层：具体变量。每个指标由若干变量组成，这些变量共同反映指标水平；每个维度也由若干指标构成，这些指标共同反映维度水平；最终，这些维度指标通过权重确定并加总后形成综合指数来反映出流动人口社会融入的总体状况。她还提出，虽然任何研究都难以穷尽这里列举的所有因素，但在问卷设计中需要尽可能地考虑多维度因素，收集有代表性的指标。

同样，杨菊华[②]认为经济整合、文化接纳、行为适应、身份认同等这些层面存在一定的层级关系和先后序次，但她也指出，这些维度是互相依存、互为因果的。经济整合可能发生在先，次为文化接纳，再次为行为适应，最后是身份认同，但后续的许多实证研究包括她自己也发现，文化适应、心理认同等的融合程度高于经济整合。这就证明了他们所判断的优先次序并不符合实际。例如，她通过对 2013 年流动人口社会融合个人数据和社区数据的分析得出以下结论。以经济整合、社会适应、文化习得和心理认同四个维度测量，发现流动人口的总体社会融入水平一般，且各维度的融入状况差别较大：制

---

① 杨菊华．流动人口在流入地社会融入的指标体系——基于社会融入理论的进一步研究[J]．人口与经济，2010（2）：64-70.

② 杨菊华．从隔离、选择融入到融合——流动人口社会融合问题的理论思考[J]．人口研究，2009（1）：17-29.

度约束和结构排斥使得经济和社会方面的融入进程严重滞后于文化和心理方面的融入①。

　　尽管学者对融合的理解存在分歧，但大多认为二者涵盖经济、社会、文化、心理等方面。有些学者还将"基本公共服务"这一维度也纳入测量指标体系中②。多数学者也基本认同这样的观点，即经济融合是起点和基础；社会适应是融合的广度；文化交融和心理认同是融合的进一步深化。在各个维度和指标采取何种方法确定权重上，大多数学者采用等值加总方法、因子分析或模糊数学方法等计算社会融合程度综合指标。辛宝英③采用专家赋权方式，对每个指标进行赋权，每个指标权重不一，从文化融合、经济地位、社会适应和心理认同四个维度来建构农业转移人口市民化程度测评指标体系。另外，一些学者构建了稍有不同的指标体系，但核心内容均包括经济、社会、文化、心理等几个维度。

　　目前，我国学者主要是从社会经济地位方面来衡量社会融合水平，对西方文献较为看重的另外三方面空间集中度、语言同化和异族通婚的关注相对较少。这是中西方研究对象不同所致，西方移民融合研究涉及不同国籍不同种族之间的关系，而我国农业转移人口社会融合研究不存在这种关系。

三、文献评述

　　通过对比上文国内外研究现状，我们发现：虽然国内外研究者在移民社会融合（社会同化）研究领域有较为深入的探讨，积累了大量文献，但一方面，国内与国外在研究对象和研究内容侧重方面均有一定差异，这点需要鉴别，不能简单套用国外理论。另一方面，国内研究现状还存在研究内容不够全面、研究对象范围比较狭窄、测量指标单一、调查样本代表性不足等情况。

　　在社会融合模式研究方面，国外研究比较成熟，国内研究文献较少，对不同融合模式导致的结果缺乏预见性，最终导致政策应对缺乏系统性，不同政策之间也缺乏相互照应。在社会融合的内容和程度研究方面，国内外存在一定差异，这种情况大多是由于国情不同引起的，发达国家以国际移民为主，而我国的国际移民比例相对较低，以国内移民为主，因而在具体研究中采用

---

① 杨菊华. 中国流动人口的社会融入研究［J］. 中国社会科学，2015（2）：61-79.
② 魏后凯，苏红键. 中国农业转移人口市民化进程研究［J］. 中国人口科学，2013（5）：21-29.
③ 辛宝英. 农业转移人口市民化程度测评指标体系研究［J］. 经济社会体制比较，2016（4）：156-165.

的测量体系和指标选择也会有所不同，这点需要注意。此外，国内不同地域、不同民族之间也存在一定差异，研究内容和测量指标也会存在一定差别。在社会融合程度的影响因素研究方面，国内外研究的分析框架基本一致，但产生影响的具体变量存在一定差异，这是由于移民在城镇的居住格局、职业地位、社会权利等不同引起的。国内不同地域、不同民族内部也会存在一定差别，这些方面需要注意鉴别。

本研究在参考和借鉴国内外相关研究文献的基础上，在以下两方面做了进一步拓展。

其一，将研究范围限定为贵州省，能够为社会融合研究领域提供一个欠发达地区的典型案例。不同地域空间、不同人口群体的社会融合有着不同的环境和背景，社会融合程度会存在一定差别。贵州是经济后发省份和多民族省份，许多民族都有自己的语言文字和风俗习惯，农业转移人口的城市社会融合问题可能与发达地区存在一定差别，但这种差别目前仍然较少被挖掘。这是本研究的基本价值所在。

其二，构建更完整的测量指标体系，对贵州农业转移人口社会融合程度进行全面测量。尽管户籍转换是社会融合的一个重要基础和前提，但社会融合内涵远比获得城镇户籍丰富得多。本研究从政治参与、经济地位、社会适应、文化适应、心理认同和公共服务六方面来建构社会融合测量维度，每个维度又包括三个以上的测量指标，这使得本研究对社会融合的测量相比现有研究更加系统和全面，而且由于本研究是针对农业转移人口的专门调查，因而也能够在分析模型中纳入更多影响因素，增加更多控制变量，使得模型分析结果更加准确。

第三章

贵州省农业转移人口基本特征

人口迁移作为一种社会经济现象，是在一定生产方式制约下有意识、有目的的行为。农业转移人口具有乡城转移人口、农民身份等共性特征，但个体的社会经济地位、职能和生理状态存在差异，这就决定了他们不可能拥有相同的迁移行为、适应迁移的能力，这也导致了农业转移人口的迁移具有鲜明的选择性特点。本章根据贵州境内农业转移人口的调查数据，描述分析农业转移人口结构特征、迁移特征、就业与收入特征，为进一步探讨农业转移人口社会融合现状特征提供基础信息。

根据国家发展和改革委员会颁布的《"十四五"新型城镇化实施方案》提出的"以县城为重要载体的城镇化建设取得重要进展"计划目标，我们把贵州境内农业转移人口发生的县内跨街道、乡镇流动距离的农业转移人口称为"本地转移人口"，他们是流入地原来的农村人口，也是流入地人口城镇化的"本地因子"，这一群体的社会融合过程没有户口障碍，其他的制度障碍也较小，主要面临的是生活转型和稳定就业的问题；同时，我们把市内跨县流动、省内跨市流动和跨省流入的农业转移人口称为"异地转移人口"，他们是参与流入地经济社会发展的劳动者和建设者，是城镇化的"外来因子"，这一群体在流入地工作生活，绝大多数已经是常住人口，但是并没有很好地融入城市，他们与本地居民空间同城、文化异质，是现代化国家新征程这一重要阶段做好社会融合的主要对象。

第一节　个体家庭特征

一、个体特征

（一）性别结构

目前，贵州省境内男性农业转移人口仍占优势。本次调查，贵州农业转移人口样本中，男性所占比重为57.3%，人口性别比为134.28，人口性别比远高于贵州常住人口性别比（1.04）。但是，与全国农民工比较，根据国家统计局发布的《2021年农民工监测调查报告》数据，全国农民工中男性占64.1%，女性占35.9%，男性占比比贵州农业转移人口高出近7个百分点，贵州省农业转移人口性别结构又相对均衡。从流动距离来看，异地转移人口男性比例为60.0%，比本地转移人口要高出5.5个百分点。显然，本地转移人口性别比例更加协调（表3-1）。

贵州省农业转移人口表现出男性偏好特点，说明这一阶段的农业转移人口迁移动机仍以经济性迁移为主。一般来说，人口迁移的性别选择表现为男性优势，这在经济性迁移、远距离迁移以及对新开发区的迁移中表现得尤为明显①。

表3-1 贵州省农业转移人口性别构成　　　　　　　　　　　单位:%

性别	总体	本地转移人口	异地转移人口
男	57.3	54.5	60.0
女	42.7	45.5	40.0
合计	100.0	100.0	100.0

（二）年龄结构

贵州省农业转移人口年龄结构集中趋势明显。本次调查，贵州省农业转移人口年龄结构分布主要集中在20～40岁，这一年龄段的农业转移人口所占比重高达75.9%。如果按照5岁一组，那么25～29岁这组的农业转移人口比重最大（22.5%）。农业转移人口平均年龄为31.91岁，年龄中位数30岁，比国家统计局公布的《2021年农民工监测调查报告》的农民工平均年龄41.7岁年轻近10岁，这可能是农业转移人口不仅涵盖农民工，且还包括农民工的随迁家属。近年来有关流动人口的实证研究也表明，迁移流动年龄平均仅为35岁。② 事实上，青壮年是人生可塑性最大的时期，其活力也是最充沛的，在人口迁移动因以经济动机为主要成分的农业转移人口中，其迁移率在人生所有年龄段中最高。

---

① 张善余．人口地理学［M］．上海：华东师范大学出版社，2004：400.
② 邢祖哥，黄耿志，薛德升．中国城市流动人口社会融合的空间格局与影响机制［J］．地理学报，2022，77（10）：2474-2493.

分性别来看，不同性别的农业转移人口，其年龄存在显著性差异（$t=$ 8.823，$p<0.001$）。男性平均年龄为 33.37 岁，比女性大 3.41 岁，女性的农业转移人口更为年轻。这可能是在两性迁移动因、生理原因和家庭分工等方面存在差异。一般认为，女性的婚前几年是迁移行为的"黄金时期"，而婚后主要承担着照顾家庭的责任，流动性相对减弱，这在欠发达地区表现得尤为明显。

从代际来看，1980 年后出生的新一代农业转移人口已超过了八成（82.8%），其中 1990 年后出生的人群所占比重已超过了一半（51.0%）。而 1980 年前出生的老一代占比仅为 17.2%。由此可见，新一代农业转移人口已在农业转移人口中占绝对优势。

从流动范围来看，异地转移人口比本地转移人口年轻一些，二者平均年龄的差异为 1 岁。两类人群年龄差异主要体现在 1980 年前出生的老一代和 1990 年后出生的新生代。本地转移人口中，1980 年前出生的老一代占比 21.7%，而这一比例在异地转移人口中占比仅为 12.9%；另外，本地转移人口中 1990 年后出生的新生代就比异地转移人口的比例小 5.6 个百分点（表 3-2）。总的来看，1980 年前出生的农业转移人口所占比重已经不大，而 1990 年后出生的农业转移人口已经成为主力军。1980 年前出生的农业转移人口占比不高，其原因可能是随着年龄的增加，该群体务工人数在不断减少，当然也可能有部分人已融入当地社会，实现了市民化的转变。

表 3-2 贵州省农业转移人口代际分布 单位:%

代际	总体	本地转移人口	异地转移人口
1980 年前出生	17.2	21.7	12.9
1980—1989 年出生	31.8	30.2	33.4
1990 年后出生	51.0	48.1	53.7
合计	100.0	100.0	100.0
平均年龄	31.91	32.48	31.39

（三）婚姻状况

贵州省农业转移人口在婚姻上已表现出"晚婚"的特点。调查数据显示，农业转移人口未婚比重为 27.4%，有配偶的比例为 68.2%。本次调查的结果与同期相关研究调查的流动人口婚姻状况呈现的特点基本一致，但与农民工群体的婚姻状况存在一定的差异。国家统计局发布的《2021 年农民工监测调查报告》数据显示，农民工中有配偶的占比为 80%，高于本次调查的农业转移人口 10 个百分点，这可能是农业转移人口与农民工的年龄结构存在差异所致。

从代际来看，贵州省农业转移人口的结婚年龄呈现后推特点。1990 年后出生的农业转移人口未婚比重高达 54.1%，而 1980—1989 年出生的农业转移人口未婚率仅为 13.3%（表 3-3），说明农业转移人口结婚年龄不断推迟，这与我国平均初婚年龄普遍推迟有关。青年人受教育年限的延长、社会竞争激烈、就业压力大和婚姻观念的改变等因素不断推高了初婚平均年龄。

表 3-3　贵州省农业转移人口婚姻状况　　　　　单位：%

婚姻	未婚	已婚	离异/丧偶	合计
1980 年前出生	2.8	89.6	7.6	100.0
1980—1989 年出生	13.3	81.6	5.1	100.0
1990 年后出生	54.1	43.2	2.7	100.0
总体	27.4	68.2	4.4	100.0

（四）受教育程度

贵州省农业转移人口受教育程度已经达到高中层次水平。从学历层次来看，高中（中职）层次学历比重最大，接近四分之一的比例；其次是初中学历层次，比重为 22.9%；排在第三的是大学本科及以上。农业转移人口的平均受教育年限为 11.52 年，这个数值也接近高中（中职）的受教育年限。相较于贵州省常住人口，根据七普公报，贵州省常住人口中，15 岁及以上人口的平均受教育年限为 8.75 年，低于本次调查的农业转移人口 3 年时间。可见，贵州省农业转移人口的平均受教育程度相对较高（表 3-4）。

从流动距离来看，异地转移人口受教育水平略高于本地转移人口。调查数据显示，两类人群的受教育年限仅相差 0.3 年，差距主要体现在高中和大专两个学历层次上，本地转移人口高中（中职）和大专（高职）比重分别低于异地转移人口约 4 个百分点。在其他教育层次上，本地转移人口小学及以下低学历层的要高出异地转移人口近 4 个百分点，但在本科及以上高学历层次却高于异地转移人口 3 个百分点（表 3-4）。因此，总体上两类人群表现在受教育年限上差异不大。

表3-4 贵州省农业转移人口受教育程度 单位:%

受教育程度	小学及以下	初中	高中（中职）	大专（高职）	本科及以上	合计	受教育年限①
本地转移人口	15.3	23.7	22.9	16.5	21.6	100.0	11.37
异地转移人口	11.5	22.1	26.8	20.9	18.7	100.0	11.66
总体	13.3	22.9	24.9	18.8	20.1	100.0	11.52

分代际来看，不同代际的农业转移人口受教育程度存在显著差异，出生时间越往后，受教育水平越高。1980年前出生的人群，本科层次学历仅占6.1%，1980—1989年出生人群这一比例提高到7.9%，而到1990年后出生的人群这一比例已高达32.4%（表3-5）。这可能与本次调查样本年龄偏小有一定关系，但1990年后出生人群受教育程度大幅提高是不争的事实。而在低学历层次上，受教育程度的变化方向正好相反。1980年前出生人群小学及以下比重高达34.4%，到1980—1989年出生的人群，这一比例直接降到15.0%，而1990年后出生的这一代，比重仅为5.2%。发生这样大的转变，自然离不开贵州省基础教育的发展。2006年，贵州全省88个县（市、区）实现了"两基"（基本实施九年义务教育、基本除青壮年文盲）攻坚目标，"两基"人口覆盖率达到100%。1990年后出生的人群在2006年年龄最大的也就是16岁，更多的仍处在义务教育阶段，是实施"两基"政策的直接受益者。此外，由于高等教育招生规模的扩大、国家对职业教育的重视、就业竞争大，以及更多家庭意愿加大教育成本的投资等因素综合作用下，1990年后出生的劳动就业人口受教育水平已有了大幅的提高。

表3-5 分代际的农业转移人口受教育程度 单位:%

代际	小学及以下	初中	高中（中职）	大专（高职）	本科及以上	合计	受教育年限
1980年前	34.4	26.9	22.2	10.4	6.1	100.0	8.99
1980—1989年	15.0	31.8	31.6	13.7	7.9	100.0	10.61
1990年后	5.2	16.1	21.8	24.5	32.4	100.0	12.92

---

① 本研究平均受教育年限是将各种受教育程度折算成受教育年限计算平均数得出的，具体的折算标准是：文盲半文盲＝1年，小学＝6年，初中＝9年，高中/中职＝12年，大专/高职＝14年，大学本科＝16年，研究生＝19年。

续表

代际	小学及以下	初中	高中（中职）	大专（高职）	本科及以上	合计	受教育年限
总体	13.4	22.9	25.0	18.6	20.1	100.0	11.51

分性别来看，女性农业转移人口受教育水平明显高于男性。本次调查，女性的高学历层次比重明显高于男性，尤其是女性农业转移人口大学本科及以上学历比重远高于男性，女性这一比例为29.4%，而男性仅为13.3%。相反，女性农业转移人口在初中和高中（中职）却明显低于男性。从平均受教育年限来看，女性要比男性多1年（表3-6）。贵州省农业转移人口的受教育程度呈现女性优势，可能是人口的迁移流动存在筛选机制，接受更多教育的女性比同等水平的男性更倾向迁移①，但女性迁移行为更容易受家庭因素影响②。低学历的女性结婚以后，更多地承担了照顾小孩和老人的任务而退出了外出务工。而较高的学历，让女大学生更容易在大城市中留下来，因而高学历层次的农业转移人口中女性相对较多。

表3-6 分性别的农业转移人口受教育程度　　　　单位:%

性别	小学及以下	初中	高中（中职）	大专（高职）	本科及以上	合计	受教育年限
男	13.0	27.6	28.6	17.5	13.3	100.0	11.12
女	13.8	16.4	19.9	20.5	29.4	100.0	12.05
总体	13.3	22.9	24.9	18.8	20.1	100.0	11.52

（五）民族构成

贵州省少数民族农业转移人口比汉族更具迁移活性。调查数据显示，本次调查的贵州省农业转移人口样本中，汉族占47.5%，少数民族占52.5%。而从贵州省常住人口来看，汉族占63.6%，少数民族占36.4%（图3-1）。贵州省常住人口中，尽管少数民族所占比重不少，但汉族还是占到绝对优势，

---

① REED H E, ANDRZEJEWSKI C S, WHITE M J. Men's and women's migration in coastal Ghana: An event history analysis [J]. Demographic research, 2010, 22.

② STECKLOV G, CARLETTO C, AZZARRI C, et al. Gender and migration from Albania [J]. Demography, 2010, 47 (4): 935-961.

而农业转移人口中少数民族所占比重要大于汉族，这可能与本次调查流出地样本有关，流出地调查是选择春节回乡农业转移人口入户调查，采用在校大学生作为调查员，调查本村寨或者自己熟悉村寨的农业转移人口。本部分样本多为农村，而农村的少数民族样本相对较高。但不可否认，现阶段少数民族人口具有较高的迁移活性也是不争的事实。

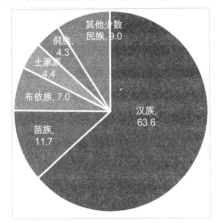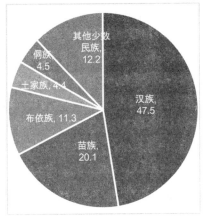

贵州省常住人口民族构成　　　　贵州省农业转移人口民族构成

图 3-1　贵州省常住人口与农业转移人口民族构成对比（单位：%）

本次调查，少数民族农业转移人口样本中人数排在前面四位的是苗族、布依族、土家族和侗族，这与人口普查贵州世居少数民族人口数量是一致的。但是，进一步分析发现，某些少数民族人口比重与其在农业转移人口中的比重存在较大的差异。例如，苗族农业转移人口在总体农业转移人口的比重与在常住人口的比重不同。苗族是贵州省少数民族人口最多的民族，根据七普数据，苗族占常住人口的11.7%。但是，在贵州省农业转移人口中，苗族农业转移人口的比重却高达20.1，两者相差近10个百分点。这表明苗族人口迁移流动的强度相对较高。布依族在贵州少数民族中排第二，占全省常住人口的7%，在本次调查农业转移人口中的比重为11.3%，同样也具有较高的迁移强度。而土家族和侗族在农业转移人口的比重与在全省常住人口的比重几乎一致。有研究指出，2020年我国少数民族人口流动参与度历史性地超过了汉族人口流动参与度[①]，这意味着现阶段少数民族人口在参与流动方面更为积极。少数民族农业转移人口迁移流动参与度大幅提高，有利于促进各民族交

---

① 段成荣，邱玉鼎，黄凡，等．从657万到3.76亿：四论中国人口迁移转变［J］．人口研究，2022，46（6）：41-58.

往交流交融，铸牢中华民族共同体意识。

二、家庭特征

（一）迁移模式

贵州省农业转移人口家庭化迁移已占主导，尤其是本地转移人口。本次调查，贵州省农业转移人口家庭化迁移的比重为63.7%（图3-2），而单身迁移仅为36.3%。分流动距离来看，本地转移人口家庭化迁移达到72.2%，明显高于异地转移人口（55.3%）。异地转移人口迁移流动跨越了县（市）行政范围，而目前的公共服务主要还是由县（市）统筹，发生异地转移限制了许多公共服务的享有。尽管目前户籍制度取消了很多限制，但是户籍制度所附加的各种社会福利性政策，使得尚未获得迁入地户籍的流动人口无法在迁入地享受应有的公民权利，从而进一步提高了家庭迁移的成本，户籍排斥对家庭化迁移形成抑制。虽然目前已经出现了家庭化迁移的趋势，但仍然有一部分迁移流动人口并未携带子女迁移，从而导致家庭两地分居的情况出现，这就需要社会福利政策与户籍制度逐步脱钩，进一步提升家庭化迁移。

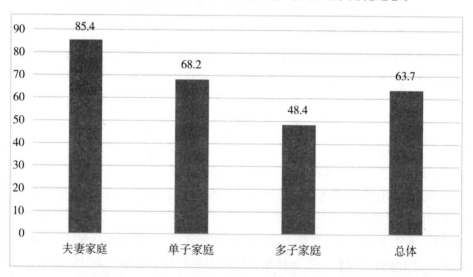

图3-2　不同家庭子女数量的贵州省农业转移人口家庭化迁移比重（单位：%）

根据家庭中子女数量，我们将贵州省农业转移人口家庭划分为夫妻家庭、单子女家庭与多子女家庭三类。其中，夫妻家庭中实现家庭化迁移的比重最高，为85.4%；单子女家庭的家庭化迁移比重为68.2%；多子女家庭完成家庭化迁移的比重仅有48.4%。可见，子女数量越多，家庭完成家庭化迁移的比重相应降低。人口迁移的决定并不是由独立的个人做出的，而是由相关的更大单位，特别是家族或家庭来共同做出的，这样不仅可以使个人的预期收入最大化，而且也可以使家庭风险最小化。因此，家庭规模越小，越有利于家庭化迁移。

（二）随迁子女数量

贵州省农业转移人口家庭子女随迁较为普遍。数据显示，总体上贵州省农业转移人口有子女的家庭比重高，占到92.3%，平均每个家庭子女数量为1.6个小孩，"一孩""二孩"家庭比例大，分别占到40%以上，"三孩及以上"家庭比例为11.0%。进一步分析发现，本地转移人口家庭子女数量比异地转移人口多。本地转移人口二孩家庭的比例为45.3%，比异地转移人口高出9个百分点；"三孩及以上"家庭的比例也比异地转移人口高出2.6个百分点。异地转移人口主要以"一孩"家庭为主，"一孩"家庭比重高达44.0%；"无孩"家庭也比本地转移人口高出5个百分点（表3-7）。由此可见，农业转移人口的家庭化迁移，家庭特征与迁移流动距离存在一定的联系，子女数量较多的家庭，更趋向于短距离的迁移。

表3-7 贵州省农业转移人口家庭子女数量　　　　单位：%

子女数量	无孩	一孩	二孩	三孩及以上	合计
本地转移人口	5.1	37.3	45.3	12.3	100.0
异地转移人口	10.2	44.0	36.1	9.7	100.0
总体	7.7	40.7	40.6	11.0	100.0

（三）随迁女子教育

有子女在义务教育阶段的农业转移人口家庭中，有62.0%的家庭把子女带到身边读书，还有38.0%的家庭把子女留在流出地就学。有子女教育处于义务教育阶段的家庭，其是否实施家庭化迁移决策的一个重要因素就是家庭义务教育阶段子女入学地的选择问题。本次调查，农业转移人口绝大多数家庭选择了举家迁移，并让随迁子女就读于流入地。近年来，各地不断完善以居住证为主要依据的农业转移人口随迁子女入学保障政策，并以公办学校为主进一步将随迁子女纳入流入地义务教育保障范围，农业转移人口随迁子女流入地入学明显提升。

我们还注意到不同流动距离对家庭子女入学地选择有差异，异地转移人口有65.9%的家庭选择子女在流入地接受义务教育，而本地转移人口这一比例要低一些，只有 58.3%（表 3-8）。两者差异可能的原因在于本地转移人口只是县内流动，没有必要让子女跟随其跨乡镇就读。

表 3-8 贵州省农业转移人口子女义务教育就读地差异   单位:%

义务教育就读地	流入地学校	流出地学校	合计
本地转移人口	58.3	41.7	100.0
异地转移人口	65.9	34.1	100.0
总体	62.0	38.0	100.0

农业转移人口子女随迁就读于流入地的家庭中，随迁子女就读公立学校的要多一些，占 55.6%，而就读于私立学校的为 44.4%。在本地转移人口中，子女跨乡镇就读公立学校的比例较高，达到 74.0%，而异地转移人口家庭子女就读公立学校的不到四成（表 3-9），这说明义务教育在跨县以上流动还存在不少障碍，需要建立健全优质均衡的基本公共教育服务体系，保障农业转移人口随迁子女接受公平的教育。

表 3-9 贵州省农业转移人口子女流入地学校类型   单位:%

流入地学校类型	公立学校	私立学校	合计
本地转移人口	74.0	26.0	100.0
异地转移人口	38.3	61.7	100.0
总体	55.6	44.4	100.0

第二节 经济社会特征

一、流动特征

（一）流动距离

贵州省农业转移人口迁移流向呈现"近邻优先"与相对集中的特点。数据显示，贵州省农业转移人口迁移流动距离主要集中在"5 千米内"，超过 40% 的农业转移人口在这一距离范围内发生迁移；其次是发生在"100~499 千米"，这个距离吸纳了四分之一的农业转移人口；对于"50~99 千米"，农业转移人口也表现出了较强的吸引力。人口迁移流动是人口空间的移动现象，迁移流动的实现是个人对迁移行为自我选择的结果。当农业转移人口选择迁移流动时，就要面临流入目的地的选择，其选择受到社会、经济、地理，以及个人多种因素的差别影响。贵州省农业转移人口不论男女都"5 千米内"表现出极大的迁移活跃。这可能正是县城和重点镇城镇化的有效辐射区，吸引了不少就地就近的农业转移人口。在这个范围内农业转移人口不仅能够有效降低迁移成本，还能很好地掌握当地方言，饮食、习俗、人情交往和观念趋同度高，社会歧视少，而且这部分区域是城乡融合发展的重要载体，也自然成了农业转移人口迁移流动的首选地。距离是一个基本的地理要素，距离摩擦影响农业转移人口迁移流动的活性。

对于"100~499 千米"，贵州省农业转移人口也表现出了较强的迁移活性。数据显示，这个范围吸引了接近 30% 的农业转移人口。这可能是省会城市吸引所致，省会城市由于拥有较多资源和行政权力，吸引农业转移人口不言而喻。

对于"5 千米内"和"100~499 千米"，女性农业转移人口比男性表现出更强的偏好。说明女性更趋向于就地转移，且对省会城市更具偏好（图3-3）。

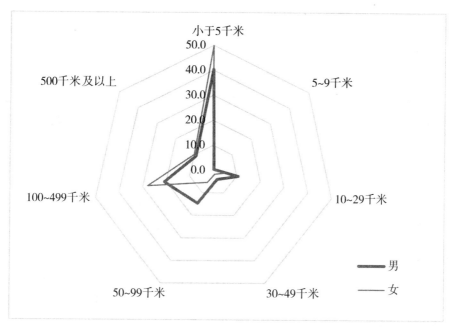

图3-3 不同性别的贵州省农业转移人口流动距离对比（单位：%）

贵州农业转移人口还有 10% 左右的迁移距离在 500 千米以上，这表明贵州省也吸引了不少省外农业转移人口。这是贵州省近几年基础设施整体水平实现跨越式提升、产业发展不断壮大的结果。

（二）迁移跨度

贵州省农业转移人口的迁移跨度主要以县内跨乡镇、街道为主。数据显示，贵州省农业转移人口县内跨乡镇街道的流动范围比重最大，接近半数，为48.1%；其次是省内跨市的流动范围，所占比例为24.7%；第三是市内跨县的流动范围，农业转移人口所占比重为16.2%；跨省流入贵州的农业转移人口所占比重为11.1%（图3-4）。这说明贵州农业转移人口的主体是就地就近城市化人群，因此要支持县城发挥专业特长，使其发展成为文化旅游、先进制造、商贸流通等专业功能县城，成为吸纳农业转移人口就地就近城镇化的重要载体。

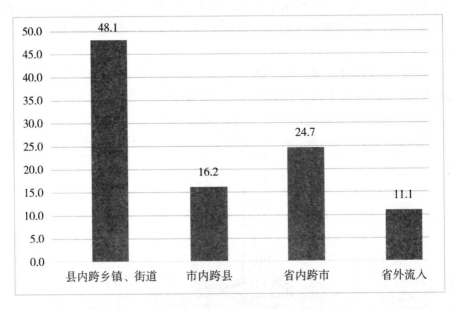

图3-4　贵州省农业转移人口迁移跨度（单位:%）

从不同的受教育程度来看，不同迁移跨度的主体人群学历存在差异。发生在县内跨乡镇、街道的农业转移人口以初中学历为主，且具有小学以下学历的是不同迁移跨度中比例最高的（15.3%）；市内跨县的农业转移人口则以大专（高职）为主，其比重最大，达到29.0%，而小学及以下低学历层次分布最少（10.0%）；省外流入的农业转移人口则以高中（中职）学历人群为主。相比之下，市内跨县成为农业转移人口迁移跨度的学历"高地"（表3-10）。

表 3-10　不同受教育程度的贵州省农业转移人口迁移跨度　　　　单位:%

受教育程度	小学及以下	初中	高中（中职）	大专（高职）	本学本科及以上	合计
县内跨乡镇、街道	15.3	23.6	22.9	16.5	21.7	100.0
市内跨县	10.0	20.5	22.0	29.0	18.5	100.0
省内跨市	13.8	24.6	24.3	15.7	21.6	100.0
省外流入	8.8	19.0	39.4	20.4	12.4	100.0
合计	13.3	22.9	24.9	18.8	20.1	100.0

（三）城市级别

贵州省除省会城市自己，8 个中心城市吸纳农业转移人口占到"半壁江山"，而县城、重点镇和省会城市各占四分之一。省会城市贵阳市，其城市规模相对较大，吸纳农业转移人口也最强。城市规模大、经济发展水平高、市场容量大、就业机会多和基础设施完善，对农业转移人口的拉力作用明显。市场体制引导产业的同时，也对农业转移人口形成"拉力"，促进迁移人口的流入（图 3-5）。

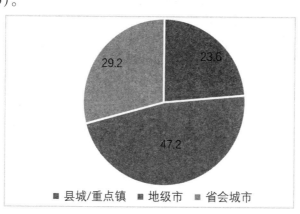

图 3-5　贵州省农业转移人口流入地城市规模（单位:%）

（四）迁移目的

以往有关城乡人口迁移流动原因的考察普遍采用经济原因和社会原因进行，结论多为经济因素引导城乡人口迁移流动。本次对贵州省农业转移人口的调查，根据社会融合研究的需要，我们从心理视角加以考察。调查结果表明，贵州省农业转移人口迁移流动的目的有一半是期望改善目前的生活状况；有 22.1% 的农业转移人口表现出对城市生活的向往；还有 20.0% 的农业转移人口是为提高个人的能力，这部分人包括学历提升、接受培训以及到城市学技术的劳动者。

分性别来看，男性农业转移人口在期待改善生活状况方面略强于女性，这是男性家庭角色所致，而女性农业转移人口在其他方面高于男性，这可能受女性婚姻迁移偏好的影响。

分代际来看，年青一代在城市的向往和个人能力的提升方面比年长的更加关注，而期待改善生活状况的动因却会随着年龄的增加而不断减弱。本次调查，1980 年前出生的农业转移人口对城市生活向往的比重为 14.8%；到 1980—1989 年出生的农业转移人口，这一比例提高到了 20.3%；再到 1990 年后出生的农业转移人口，这一比例又提高到了 25.0%。同样，为了个人能力的提升，三个年龄段的比例分别为 12.8%、18.6% 和 22.6%，呈明显的逐渐递增趋势。相反，期望改善生活状况的比例，三个年龄段分别为 63.8%、55.7% 和 43.8%，以 8 个百分点的速度在递减（表 3-11）。说明新生代农业转移人口关注个人的未来发展，"赚钱"已不是他们外出的主要动因，发展因素成为吸引新生代农业转移人口进城的主要因素。他们进入城镇是为了谋取更好的发展，为自己也为后代，只是在现阶段，他们进入城镇以后，生活仍然没有得到很好的改善，所以改善生活成了他们在城镇首先要解决的问题，下一步才是追求发展的问题。

表 3-11　分性别、代际的贵州省农业转移人口迁移原因　　　　单位:%

	类别	期待改善生活状况	对城市生活向往	提高个人能力	其他	合计
性别	男性	52.5	21.4	19.6	6.5	100.0
	女性	48.8	22.1	19.0	10.1	100.0
代际	1980 年前	63.8	14.8	12.8	8.6	100.0
	1980—1989 年	55.7	20.3	18.6	5.4	100.0
	1990 年后	43.8	25.0	22.6	8.6	100.0
	总计	50.3	22.1	20.0	7.6	100.0

二、就业特征

（一）收入水平

贵州省农业转移人口月收入水平集中在2001~5000元，这一收入段的比例高达77.6%，其中月收入水平在2001~3000元和3001~5000元的比重差异不大；还有13.3%的农业转移人口收入水平在2000元及以下；超过5000元的不到10%的比例。说明贵州省农业转移人口低收入人群所占比例还不小（表3-12）。

分流动范围来看，异地转移人口在5001~7000元、7001~10000和10001元以上收入段所占比重分别高于本地转移人口2.3、1.9和0.3个百分点；相应的，在各低收入段，异地转移人口比重均小于本地转移人口（表3-12），说明异地转移人口比本地转移人口的月收入水平高。

表3-12　贵州省农业转移人口不同流动范围的月收入差异比较　　单位：%

月收入	2000及以下	2001~3000	3001~5000	5001~7000	7001~10000	10001以上	合计
本地转移人口	13.2	40.9	39.2	4.0	2.3	0.4	100.0
异地转移人口	13.4	37.7	37.7	6.3	4.2	0.7	100.0
合计	13.3	39.2	38.4	5.2	3.3	0.5	100.0

分流入地城市规模来看，不同城市规模的农业转移人口月收入水平存在差异。数据显示，县城/重点镇的农业转移人口月收入水平集中在2001~3000元，占比接近一半；月收入在2000元及以下人群占比也接近五分之一；市/州中心城市的农业转移人口收入水平相对于县城/重点镇有所提高，月收入水平主要集中在3001~5000元；省会城市的农业转移人口高收入段所占比例明显高于市/州中心城市、县城/重点镇。例如，在月收入相对较高的5001~7000元收入段，省会城市农业转移人口比重为7.4%，市/州中心城市为4.8%，而县城/重点镇仅为3.2%。7001及以上的各收入段，也出现了同样的特征（3-13）。这说明随着城市规模的增大，高收入比例呈递增趋势。

表 3-13 贵州省农业转移人口不同城市规模收入差异比较　　　单位：%

月收入	2000 及以下	2001- 3000	3001- 5000	5001- 7000	7001- 10000	10001 及以上	合计
县城/ 重点镇	19.0	47.2	29.0	3.2	1.6	0.0	100.0
市/州 中心城市	8.4	36.4	47.1	4.8	2.9	0.4	100.0
省会城市	17.2	37.8	31.1	7.4	5.3	1.2	100.0
合计	13.3	39.2	38.4	5.2	3.4	0.5	100.0

（二）职业分布

贵州省农业转移人口职业地位比较低，大部分农业转移人口在城市就业体系中处在体制外的中下层，生产制造及有关人员所占的比重最大，达到25.7%；其次为社会生产服务和生活服务人员，占18.5%；专业技术人员所占比例相对较少，只占7.1%；党的机关、国家机关、群团和社会组织、企事业单位负责人有一定的比例（6.4%）。说明农业转移人口主要集中在劳动强度比较大、收入水平较低的服务业、制造业、建筑业等。

此外，本次实地调查还发现，也有不少农业转移人口从事外卖骑手、网络直播带货、网络自媒体等新职业。这也可能是本次调查贵州省农业转移人口职业分类为不便分类的其他人员相对较多（33.3%）的原因。因此，需要持续推动多渠道灵活就业。要鼓励个体经营方式，增加非全日制就业机会，支持发展新就业形态，规范灵活就业的相关政策。同时，还要强化对灵活就业人员就业服务、劳动权益和基本生活的保障。

从流动范围来看，本地转移人口在党的机关、国家机关、群团和社会组织、企事业单位具有一定的优势，人员所占比重比异地转移人口要高近3个百分点。而在专业技术上，本地转移人口人员比例相对少一些，在办事人员和有关人员上其比例也同样低于异地转移人口。如果将前面三项职业看作脑力劳动者，那么两类人员从事脑力劳动的差异并不大（表3-14）。

表 3-14 贵州省农业转移人口职业分布 单位:%

职业	党的机关、国家机关、群团和社会组织、企事业单位负责人	专业技术人员	办事人员和有关人员	社会生产服务和生活服务人员	农、林、牧、渔业生产及辅助人员	生产制造及有关人员	不便分类的其他人员	合计
本地转移人口	7.9	5.8	4.3	15.8	5.5	27.4	33.3	100.0
异地转移人口	5.1	8.3	5.8	21.1	2.5	24.0	33.2	100.0
总体	6.4	7.1	5.1	18.5	3.9	25.7	33.3	100.0

（三）单位性质

贵州省农业转移人口就业单位性质大多在个体及私营企业。调查数据显示，贵州农业转移人口在个体及私营企业工作的占 55.0%，无固定单位的人员占比也较高（25.0%），两者合计占总体的 80.0%，可以说贵州农业转移人口就业单位比较单一，且整体就业质量不高。这与贵州省农业转移人口较高的受教育程度不相适应，因此需要不断培育壮大各类市场主体，增加就业岗位、拓宽市场化就业渠道。

进一步分流动范围来看，在国有及企事业单位中，本地与异地转移人口差异不大；在个体及私营企业中，异地转移人口比重为 60.7%，高出本地转移人口这一比例近 12 个百分点；在外资及合资企业中，本地转移人口具有明显的优势；在无单位的灵活就业人员中，农业转移人口所占比例不少，本地转移人口要高出异地转移人口近 8 个百分点。不同的单位性质可能影响农业转移人口城镇定居意愿，贵州省农业转移人口无固定就业单位人员较多，工作缺乏稳定性，且可替代性较强，使得他们相对缺乏安全感，这不利于提高其城市居留意愿（表 3-15）。

表 3-15　贵州省农业转移人口就业单位性质　　　　单位：%

单位性质	国有及企事业单位	个体及私营企业	外资及合资企业	无单位或其他	合计
本地转移人口	13.9	48.8	8.2	29.1	100.0
异地转移人口	15.6	60.7	2.3	21.4	100.0
总体	14.7	55.0	5.3	25.0	100.0

（四）劳动合同签订

贵州省农业转移人口签订劳动合同的比例有待提高，劳动权益保护存在不足。根据我国《劳动合同法》第十二条之规定："劳动合同分为固定期限劳动合同、无固定期限劳动合同和以完成一定工作任务为期限的劳动合同。"本次调查，贵州省农业转移人口与用人单位订立劳动合同的比例为 64.9%，其中签订固定期限劳动合同的比例最大，接近半数；订立无固定期限劳动合同的比例为 15.4%。显然，农业转移人口订立固定期限劳动合同的远高于订立无固定期限劳动合同的。按照《劳动合同法》的规定，订立无固定期限劳动合同需要劳动者在该用人单位连续工作满十年。从签订的合同来看，农业转移人口在本地工作连续满十年的比例并不大，这说明农业转移人口依然存在较大的流动性，而这对农业转移人口的社会融合不利。此外，尚有 25.9% 的贵州省农业转移人口未订立劳动合同，就业稳定性不高、劳动权益保障不足（表 3-16）。

从流动的范围来看，本地转移人口与异地转移人口劳动合同签订方式差异不大，只是在无固定期限合同上，异地转移人口的签订率略高于本地转移人口，这说明异地转移人口流动性高于本地转移人口。

表 3-16　贵州省农业转移人口劳动就业合同签订情况　　　　单位：%

合同签订	固定期限	无固定期限	完成一定工作任务	试用期	未签订合同	合计
本地转移人口	50.1	14.6	5.2	4.4	25.7	100.0
异地转移人口	49.0	16.1	3.9	4.9	26.1	100.0
总体	49.5	15.4	4.6	4.6	25.9	100.0

（五）就业技能

就业技能是影响农业转移人口就业质量的核心因素，技能的提升可以有效降低劳动力市场歧视或职业隔离效应。本次调查发现，贵州省农业转移人口职业技能普遍偏低。农业转移人口自评为"比较好"和"非常好"的只有四成，大多数农业转移人口职业技能水平只是"一般"水平。

分流动范围来看，本地转移人口评价为"非常不好"和"比较不好"的比重合计7.8%，比异地转移人口要低一些。两类人群在高技能水平的评价上，异地转移人口自评为"非常好"的比例要高于本地转移人口，但"比较好"又低于异地转移人口（表3-17）。劳动技能不仅关系农业转移人口就业质量的高低，更是实现城镇体面就业生活的保障。但是，就农业转移人口目前的自评来看，与在城镇获得体面就业仍然存在一定的差距，这也说明还需要加强农业转移人口职业技能培训，不断增强其适应城镇就业能力。

表3-17　贵州省农业转移人口不同流动范围职业技能水平差异　单位：%

职业技能水平	非常不好	比较不好	一般	比较好	非常好	合计
本地转移人口	3.2	4.6	50.7	33.0	8.5	100.0
异地转移人口	3.8	7.4	49.4	28.6	10.8	100.0
总体	3.4	6.0	50.1	30.8	9.7	100.0

（六）就业稳定性

贵州省农业转移人口的就业稳定性需要进一步提升。调查数据显示，"比较稳定"和"非常稳定"就业的农业转移人口累计只有27.3%；而自评就业"比较不稳定"和"非常不稳定"累计却高达34.7%（表3-18）。由此可见，贵州农业转移人口就业稳定性比较差。

分流动范围来看，本地转移人口就业稳定性与异地转移人口差异不大。两类人群自评就业"非常稳定"和"比较稳定"的累计均不足30%，其比例累计分别为27.8%和27.1%；认为就业"非常不稳定"和"比较不稳定"的都高于三成。可见，就业稳定性不高是农业转移人口较为普遍的问题。"稳就业"是疫情之后适应新经济、新技术发展的中长期目标。只有实现了"稳就业",才能保障"六稳"其他五个目标的实现。①

表3-18　贵州省农业转移人口不同流动范围就业稳定性差异　　单位:%

就业稳定性	非常不稳定	比较不稳定	一般	比较稳定	非常稳定	合计
本地转移人口	14.5	18.8	38.9	20.8	7.0	100.0
异地转移人口	15.0	20.8	37.1	19.4	7.7	100.0
总体	14.8	19.9	38.0	20.0	7.3	100.0

三、居住特征

(一) 住房类型

贵州省农业转移人口主要住房来源是租住私房。本次调查显示,贵州省农业转移人口租住私房比重最大,占到30.1%;单位或者雇主提供的免费住房(非就业场所)占的比重也不少(24.2%);自建房与购买商品房比例相当,分别为14.1%和14.4%;购置保障性住房和政府提供公租房的比例均为5%左右(表3-19)。

进一步研究发现,自建住房主要来自本地转移人口,本地转移人口自建住房的比重为24.5%,比异地转移人口这一比例多了近20个百分点;购买商品房和购买保障性住房等自有住房类型上,本地转移人口比异地转移人口有明显优势;在政府提供公租房上,本地转移人口也高出异地转移人口近2个百分点。相反,在单位提供免费住房和租住私房上,异地转移人口的比重远大于本地转移人口。居住是解决人们归属感的重要保障。农业转移人口要真正融入城市,在流入地拥有自有住房是非常重要的条件。现阶段,尽管大多数地方政府已经将农业转移人口纳入保障性住房的对象,但真正享受到政策实惠的比例仍较低。

---

① 李敏,刘采妮,白争辉,等.平台经济发展与"保就业和稳就业":基于就业弹性与劳动过程的分析 [J].中国人力资源开发,2020,37(7):84-95.

表 3-19 贵州省农业转移人口住房来源构成　　　　　单位:%

住房类型	单位(雇主)提供免费住房	购买商品房	自建住房	购置保障性住房	政府提供公租房	租住私房	其他	合计
本地转移人口	18.6	15.8	24.5	7.7	6.5	19.6	7.3	100.0
异地转移人口	29.2	13.1	4.8	3.1	4.7	39.5	5.6	100.0
总体	24.2	14.4	14.1	5.3	5.5	30.1	6.4	100.0

居住是农业转移人口进入城市后首先面临的问题,如果将购买商品房、自建房、购置保障性住房和政府提供公租房等视为稳定住房,那么异地转移人口拥有稳定性住房的比例显然没有本地转移人口高,且随着城市规模的扩大,拥有稳定性住房的比例在减少。贵州省农业转移人口在小城市购买商品房的比例接近二成(19.6%),在中等城市这一比例为16.1%,而大城市这一比例仅为6.4%。大城市房价高,不利于农业转移人口城市定居,农业转移人口靠自己的收入很难在大城市购买商品住房。在保障性住房上,农业转移人口能享受到政策性住房福利不高。保障性住房是指政府为中低收入住房困难家庭所提供的限定标准、限定价格或租金的居所。保障性住房分租赁型和购置型两种类型。租赁型包括廉租房和公共租赁房。2013年年底起,两类租赁型保障房统称为公租房。公租房的保障群体主要是城镇中低收入者、新就业者、外来务工人员中稳定就业者。购置型保障房包括限价房、经济适用房及改造性住房等。经济适用房的保障对象是具有当地户籍的城市低收入住房困难家庭,未取得当地户籍的农业转移人口显然不在保障之列。本次调查显示,购置保障性住房与政府提供公租房合计比例仅为10.8%,且大、中、小城市这一比例相当。大城市的农业转移人口主要以租住私房为主,比例达到56.5%(见表3-20)。显然,拥有稳定住房是农业转移人口面临的一大问题,尤其是在大城市。

表3-20 贵州省农业转移人口住房来源构成 单位：%

住房类型	单位（雇主）提供免费住房	购买商品房	自建住房	购置保障性住房	政府提供公租房	租住私房	其他	合计
小城市	16.7	19.6	28.0	3.7	8.2	17.0	6.8	100.0
中等城市	34.5	16.1	10.1	6.7	4.6	22.0	6.0	100.0
大城市	11.6	6.4	10.2	4.2	5.0	56.5	6.1	100.0
总体	24.2	14.4	14.1	5.3	5.5	30.1	6.4	100.0

（二）居留时间

根据农业转移人口在流入地的居留时间按"不到1年""1~2年""3~4年""5~9年""10~14年"及"15年及以上"这样由短及长的类型进行分类，由于"不到1年""1~2年"和"3~4年"包含年份相同，可以比较，同样的"5~9年"和"10~14年"也可以比较。

本次调查显示，贵州省农业转移人口居留时间"3~4年"和"不到1年"差不多，比重分别为20.9%和19.2%，但两者的比例均明显高出"1~2年"（16.0%）；居留时间"5~9年"（22.8%）的比"10~14年"（9.9%）的多得多。另外，居留时间在15年以上的也不少，占总体样本的11.2%。

分流动范围来看，一方面，本地转移人口"短期性"人群更加活跃，本地转移人口居留时间"不到1年"的有25.4%，这段时间也是本地转移人口比重最大的；而异地转移人口居留时间"不到1年"的只有13.6%，更多分布在"5~9年"（29.6%）。另一方面，本地转移人口"长期性"人群占比也较高，本地转移人口居留时间在"15年及以上"者有13.4%，而异地转移人口这一比例只有9.2%。此外，我们注意到，本地转移人口在"不到1年""1~2年"和"3~4年"三个连续等距时间段，所占比例较为均衡，而异地转移人口时间越短，所占比例越少（表3-21）。换句话说，异地转移人口近年增量趋向减弱，而本地转移人口却不断增强。这可能与外出务工的本地农业转移人口出现返乡就业现象有关。

表3-21 贵州省农业转移人口不同流动范围的居留时间类型差异　　单位:%

居留时间	不到1年	1~2年	3~4年	5~9年	10~14年	15年及以上	合计
本地转移人口	25.4	16.7	21.6	15.3	7.6	13.4	100.0
异地转移人口	13.6	15.3	20.2	29.6	12.1	9.2	100.0
总计	19.2	16.0	20.9	22.8	9.9	11.2	100.0

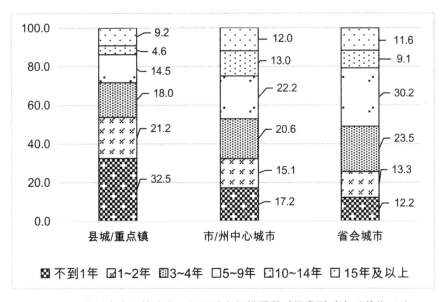

图3-6 贵州省农业转移人口不同城市规模居留时间类型对比（单位:%）

分流入地城市规模来看，县城/重点镇居留时间"不到1年"的农业转移人口比重最大（32.5%），而市/州中心城市"5~9年"居留时间最多（22.2%）。居留时间在"15年及以上"的农业转移人口不同城市规模差异不大，均为10%左右。居留时间在"不到1年"和"1~2年"的农业转移人口，随着城市规模增大，所占比重逐渐减少（图3-6），由于这两个时间段是连续且等距的，因此可以认为县城/重点镇随着时间推进，所占比重呈递增趋势，而市/州中心城市和省会城市则相对比较稳定。这就意味着县城/重点镇增量在不断递增，而市/州中心城市和省会城市增量在不断减弱。这可能是受到疫情影响，农业转移人口返乡就业人员增多，也可能是随着乡村振兴不断推进，县城/重点镇吸纳就业人口的能力在不断增强。

（三）城市面临的困难

贵州省农业转移人口城镇生活面临的主要困难目前仍然体现在经济上。调查数据显示，"工资低""房价高""工作重"和"看病贵看病难"是农业转移人口城镇生活面临的四大难题，其比例分别为27.9%、21.0%、13.8%和12.4%。"工资低"和"房价高"两项经济性的困难接近了50%（图3-7），这与农业转移人口工作与收入稳定性差、缺乏在城市购置商品房的贷款资格，以及租赁商品房的持续支付能力不足有关。"看病贵看病难"和随迁子女"上学难"已经不是农业转移人口的最大难题。贵州省在2020年年底所有定点医疗机构中的公立医院全部开通了异地就医（含跨省和省内）直接结算，提高了农业转移人口异地就医的便利度，"看病贵看病难"的问题得到了很大的缓解。在农业转移人口随迁子女教育问题上，随着基本公共服务全覆盖常住人口的推进，各地方政府已将农业转移人口随迁子女纳入流入地义务教育保障范围，并逐步建立按常住人口规模配置教育资源机制，农业转移人口随迁子女进入公办学校就读的保障能力进一步增强，随迁子女在公办学校就读的比例持续提高，农业转移人口随迁子女的教育问题也得到了很大的改善。

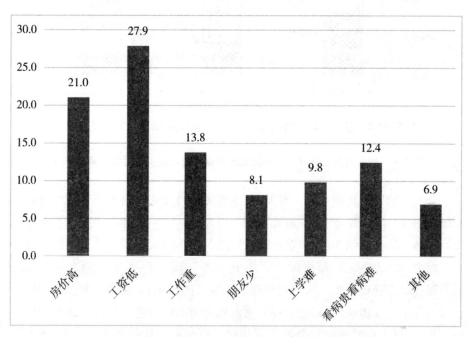

图3-7 贵州省农业转移人口城市居住面临的困难分布（单位:%）

从不同的代际来看，农业转移人口年龄越小，对工资收入评价越低，也越关注在流入地的社会资源。调查资料显示，1980年前出生的农业转移人口自评"工资低"的比重为26.7%，到1980—1989年出生的农业转移人口，认为"工资低"的比重增加了1个百分点，再到1990年后出生的农业转移人口，这一比例又有所提高。越往后出生的农业转移人口，对自己的工资收入评价越低。同时，越往后出生的农业转移人口对流入地的社会生活也越加重视，认为自己"朋友少"的比例也在不断提高，这说明年青一代更加关注自身的城市立足与发展（表3-22）。

表3-22　贵州省农业转移人口分代际的城市面临困难　　　　单位：%

代际	房价高	工资低	工作重	朋友少	上学难	看病贵看病难	其他困难	合计
1980年前	18.7	26.7	13.0	5.9	12.1	16.5	7.1	100.0
1980—1989年	22.0	27.5	12.2	6.8	12.0	14.3	5.2	100.0
1990年后	21.1	28.5	15.0	9.7	7.6	9.9	8.2	100.0
总体	21.0	27.9	13.8	8.1	9.8	12.5	6.9	100.0

（四）定居意愿

定居意愿是农业转移人口城市"去留"的一个重要问题，对促进社会融合发挥着重要作用。只有打算长期定居下来，农业转移人口才能主动融入城市社会生活。本次调查显示，贵州省农业转移人口"愿意"定居城镇的比例为63.8%，只有9.8%的农业转移人口表示"不愿意"，尚有26.4%的农业转移人口城镇定居意愿还"不确定"（表3-23）。这表明，愿意定居城镇已是大多数农业转移人口的意愿。

分流动范围来说，本地转移人口的定居意愿更强，"愿意"定居的比例比异地转移人口高20个百分点；定居意愿仍"不确定"的人群，异地转移人口高出本地人口近一半的比例，说明异地转移人口对城市定居仍存"观望"态度。

表3-23　贵州农业转移人口不同流动范围定居意愿　　　　单位：%

定居意愿	愿意	不愿意	不确定	合计
本地转移人口	74.2	7.4	18.4	100.0
异地转移人口	54.0	12.0	34.0	100.0
总体	63.8	9.8	26.4	100.0

第四章

社会融合测量指标与现状

　　社会融合是一个包含多维特征的综合性概念，要将社会融合操作化为一个相对准确、系统的指标体系，不仅需要理论的指导，还需要更好地兼顾实践价值的需要。本章根据前面章节所述社会融合的相关理论，遵循指标选取的一般原则，坚持问题导向，选择具有时效性、代表性的热点指标，构建了一个覆盖政治参与、经济融合、社会互动、文化适应、心理认同和公共服务融合六个维度、27 个指标的农业转移人口社会融合指标体系，并对有关指标的测量结果进行了统计描述。

第一节　测量指标构建

一、构建理论

　　社会融合理论源自西方国家，在众多理论中，"融合论""区隔融合论"和"多元文化论"影响较大。融合论作为社会科学研究的一个理论范式，源于 20 世纪初美国的芝加哥学派。芝加哥学派对美国的欧洲移民如何适应和融入新的环境进行了研究，认为同化是相互渗透和融合的过程，在这个过程中个人或群体获得其他人或群体的记忆、情绪和态度，并通过分享彼此的经验和历史来融入共同文化生活中①，但融合论忽视了个人或群体间的异质性和社会经济背景的差异，因而受到了质疑②。区隔融合从移民社会经济背景差异探

---

① Park R E, Burgess E W. Introduction to the Science of Sociology [M]. Chicago: University of Chicago Press, 1924.

② RUMBAUT R G. Assimilation and its discontents: Between rhetoric and reality [J]. International migration review, 1997, 31 (4): 923-960.

讨流入地与个体之间的互动关系①。多元文化论也强调了基于不同群体之间的差异来构建自身的新身份认同和价值观。

随着西方国家社会融合实践的推进，社会融合测量逐步被提上议程。相继产生了以帕克（Park）和米勒（Miller）为代表的"一维"模型，以戈登（Gordon）为代表的结构—文化"二维"模型，以杨路-塔斯（J. Junger-Tas）等人为代表的结构、社会—文化、政治"三维"模型，以恩泽格尔（H. Entzinger）等人为代表的经济社会、政治融入、文化融入以及社会排斥与接纳"四维"模型②。尽管戈登的"二维"七方面测量存在不少的缺陷，但引起了学界对多维测量的思考。恩泽格尔等人通过对欧盟各国移民融入政策的分析，从经济、社会、政治、文化等方面揭示了移民融入的重要内容，形成了考察移民融入问题的基本分析框架③。

目前，国内有关社会融合测量借鉴了欧美社会学的分析框架，并结合了中国实际。从现有研究成果的测量维度来看（见表4-1），社会融合是一个多维度的概念，不同的学者对此有不同的定义与测量。尽管国内关于社会融合的定义没有达成一致，但研究指向较为相同，概念的内涵基本包括了经济、文化、社会和心理等维度。对比已有研究成果，魏后凯和苏红键④提出的测量维度较为全面，并且指出了现有的大多数社会融合指标体系忽略了"基本公共服务"维度。公共服务即公共产品（服务）的供给，关乎民生、连接民心，对辖区居民非常重要，对于农业转移人口在流入地生活的重要性不言而喻。公共服务是流入地接纳程度的客观表征，应该成为社会融合测量的一个重要维度。现有研究也有一些学者构建了稍有不同的指标体系，但核心内容均包括经济、社会、文化、心理等几个维度。现有社会融合测量指标体系虽较为全面，但仍有可以改进之处。

其一，测量维度指标需要进一步突出时代问题导向。社会融合相关指标体系要能够衡量融合政策实践是否取得进步，识别社会融合的新趋势和发展方向，并对未来社会发展进行预测和规划。因此，要重点聚焦实践遇到的新

---

① HIRSCHMAN C. The educational enrollment of immigrant youth：A test of the segmented-assimilation hypothesis ［J］. Demography，2001，38（3）：317-336.

② 梁波，王海英. 城市融入：外来农民工的市民化——对已有研究的综述 ［J］. 人口与发展，2010，16（4）：73-85；91.

③ 肖子华，徐水源. 人口流动与社会融合理论、指标与方法 ［M］. 北京：社会科学文献出版社，2018.

④ 魏后凯，苏红键. 中国农业转移人口市民化进程研究 ［J］. 中国人口科学，2013（5）：21-29；126.

问题、急难愁盼问题，只有这样才能真正找出解决问题的新思路、新办法。

其二，测量效度和指标简化与排他性有待进一步商榷。尽管社会融合是一个多维度的概念，但并不是在概念的操作化上维度越多越好，而应该控制在合理的数量范围以方便分析。维度下的指标应能减则减，避免重复交叉，且要具有一致性与排他性[①]。

表 4-1 近年学者针对社会融合采用的测量维度

学者	维度
王桂新、罗恩立（2006）	经济融合、政治融合、公共权益、社会关系融合
刘传江（2006）	制度因素、市场因素、个人因素
李树茁等（2008）	行为融合、情感融合
王桂新（2008）	居住条件、经济生活、社会关系、政治参与、心理认同
张文宏、雷开春（2008）	文化融合、心理融合、身份融合、经济融合
杨菊华（2009）	经济整合、文化接纳、行为适应、身份认同
朱力（2010）	经济适用、社会适应、心理适应、文化适应
黄匡时、嘎日达（2010）	经济融合、制度融合、社区融合、社会保护、社会接纳
张斐（2011）	经济层面、社会层面、心理层面
李培林、田丰（2012）	经济、社会、心理、身份
周皓（2012）	经济融合、文化适应、社会适应、结构融合、身份认同
魏后凯、苏红键（2013）	政治权利、公共服务、经济生活条件、综合文化素质、身份转变、社会认同
李树茁（2014）	劳动就业、社会保障、子女教育、为己服务、社区接纳、入籍门槛
杨菊华（2015）	经济整合、社会适应、文化习得、心理认同
辛宝英（2016）	文化融合、经济地位、社会适应、心理认同

---

① 周皓. 流动人口社会融合的测量及理论思考［J］. 人口研究，2012，36（3）：27-37.

续表

学者	维度
徐延辉、龚紫钰（2019）	经济生活、就业方式、生活保障、社会关系、心理认同
悦中山、王红艳、李树茁（2023）	经济融合、文化适应、社会互动、心理认同、政治融合

二、指标体系

（一）指标体系构建的原则

科学地设计评估社会融合进程的指标体系，首先要在切合社会融合的理论内涵和阶段特征的基础上，注重指标体系的实际应用性、可操作性，指标的测量不仅要通俗易懂，还要能够提纲挈领地基本反映发展方向。指标设置要去粗取精，不能面面俱到，尽量避免繁复、重复、重叠。具体来说，指标体系的设置和选取应遵循以下几个原则。

一是目标性原则。农业转移人口社会融合是新型城镇化的重要任务，要坚持党对新型城镇化工作的集中统一领导，坚持以人民为中心、需求为导向，突出重点、找准切口、精准施策，推动农业转移人口社会融合。构建共建共治共享的社会治理共同体，提高城市治理现代化水平。坚持人民城市人民建、人民城市为人民，高质量推进新型城镇化，齐心奋斗走向共同富裕的总目标。

二是科学性原则。农业转移人口社会融合指标体系的构建必须符合科学原理。首先，通过文献研究法对农业转移人口社会融合相关的文献进行梳理，掌握现有成果有关社会融合测量的研究进展；其次，通过实地调研走访相关政府部门、社会团体、研究机构有关人员，以及农业转移人口代表，咨询他们对农业转移人口社会融合的具体理解和认知，综合各方意见，全面客观地进行深入分析，筛选出适合地方政府、兼顾学术研究的农业转移人口社会融合指标。在此基础上形成初步的指标体系，设计调查问卷，开展试调查。发现问题后再次反馈并征求专家学者、政府工作人员及农民工代表的意见和建议，保证最终的指标体系合乎实际情况，经得起实践检验。

三是可行性原则。指标的选取应该坚持从实际出发，指标体系构建应符合我国农业转移人口社会融合相关工作实际。社会融合有着丰富的内涵，从理论概念出发，构建社会融合评价体系应该选取尽可能多的指标，以全面反映总体情况。但也要注意，过多维度的指标体系可能存在指标间高度相关性，有增加统计误差的风险；过多维度的指标势必增加和带来数据收集工作的更大难度，从而可能降低指标体系的实际应用性。因此，指标设计和选择把握要繁简适中，要防止指标间的自相关性，同时还要考虑便于采集指标数据，保证所选取的评价指标体系的可行性。

四是典型性原则。社会融合指标设计和选择指标应当具有较高的典型性，不能偏离问题的关键方向，否则会使测量结果失去实际测量价值。指标选择应该在重要领域设置最具代表性的指标，以便紧扣社会融合阶段推进的重点，体现我国新型城镇化战略的中国特色和时代特征，且在当前的发展阶段，也要能够适当体现出社会融合实现过程存在的差距，以及这些差距不断变动的程度与水平。

（二）指标体系框架与内容

本研究综合了国内大多数学者的研究成果，社会融合的测量设计了政治参与、经济融合、社会互动、文化适应、心理认同和公共服务融合共六个维度27个指标（详见表4-2）。

表4-2 贵州省农业转移人口社会融合指标体系

维度 （6个）	二级指标 （18个）	三级指标 （27个）	测量
政治参与	权利义务	是否参加过居委会选举或工会选举、评优	参与，不清楚，不参与
	民主管理	是否参加过当地社区民主管理	参与，不清楚，不参与
	组织活动	是否参加基础组织活动	参与，不清楚，不参与
经济融合	收入状况	收入水平	月收入除以当地平均工资取对数
	同工同酬	收入与当地同行人相比	高于当地水平，相当于当地水平，低于当地水平，不清楚
	住房性质	是否自有住房	有，无
	居住条件	居住条件与当地普通居民相比	高于当地，相当于当地水平，低于当地水平，不清楚

维度 （6个）	二级指标 （18个）	三级指标 （27个）	测量
社会互动	交往类型	主要交往对象是否包括当地市民	是，否
	交往频率	与本地居民保持交往	从不，很少交往，较多交往，密切交往
	娱乐活动	是否参与各种娱乐活动	是，否
	社会歧视	是否觉得本地人看不起外地人	经常有，偶尔有，没有
文化适应	语言使用	掌握当地方言程度	听不懂，听懂一些且会讲一些，听懂且会讲
	文化接近度	饮食趋同度	完全不相同，有点儿相同，较相同，很相同
		服饰趋同度	完全不相同，有点儿相同，较相同，很相同
		卫生趋同度	完全不相同，有点儿相同，较相同，很相同
		习俗趋同度	完全不相同，有点儿相同，较相同，很相同
		人情交往趋同度	完全不相同，有点儿相同，较相同，很相同
		社会观念趋同度	完全不相同，有点儿相同，较相同，很相同

维度 (6个)	二级指标 (18个)	三级指标 (27个)	测量
心理认同	地方认同	喜欢现在居住的城市或地方	完全不同意，不同意，基本同意，完全同意
	地方关注	关注居住地的变化	完全不同意，不同意，基本同意，完全同意
	融入意愿	愿意成为本地人	完全不同意，不同意，基本同意，完全同意
	身份认同	自身觉得是不是本地人	本地人，半个本地人，外地人，说不清
公共服务融合	基本公共服务	义务教育	差别很大，差别不大，无从比较
		公共卫生	差别很大，差别不大，无从比较
		社会保障	差别很大，差别不大，无从比较
		职业介绍	差别很大，差别不大，无从比较
		技能培训	差别很大，差别不大，无从比较

经济融合是农业转移人口城市社会融合的基础，获取更高的经济收入是目前大多数农业转移人口迁移流动的目的。因而，经济融合是社会融合最重要的一个指标。对此，本研究使用收入水平与住房性质来衡量。收入水平以客观收入和主观评价来衡量，采用"您个人上个月的平均工资是多少?"，将答案除以流入地常住人口平均工资水平作为客观测量收入水平。数值越大，经济融合程度就越高。在主观评价上，采取"与城市本地人相比较，您的收入情况"的方式来衡量农业转移人口与本地人在经济上的主观评价差距。尽管主观评价没有客观比较那么准确，但能够反映农业转移人口关于自身状况的真实看法，有助于从农业转移人口的视角探究社会融合的具体路径。由于居住是农业转移人口流入城市后首先面临的问题，是否拥有自有住房不仅关系到农业转移人口城市归属感，还可能影响农业转移人口城镇定居意愿。本研究以"您现住房属于何种性质"的答案来衡量居住性质，其中政府公租房、自购商品房、自购保障性住房、自购小产权住房和自建房的居住稳定归属于自有住房，而单位提供住处、租住私房、借住房、就业场所和其他非正规居所的居住归属于没有住房。通过有无自有住房来测量农业转移人口的城市住

房性质。

社会互动主要以社会交往为主要标志，其能够表征农业转移人口的行为自觉不自觉地会逐渐向本地人靠拢的程度。社会互动的主要特质是交往圈的范围、交往频率的高低和交往过程是否存在障碍（歧视）等。流入地的社会关系网络及其可使用的社会资本等对农业转移人口社会融合具有重要的作用。农业转移人口的社会交往对象从老乡、亲戚等流入地人群扩大到社区朋友、本地邻居等本地人口，表征农业转移人口社会网络本地化的形成。因此，本研究将"有无本地朋友"作为社会网络本地化的重要体现，这既是有效融入本地主流社会的基础，也是测量社会互动的范围指标。"交往频率"作为测量社会互动的指标，表征农业转移人口社会网络本地化的程度。而"是否参加社区组织的娱乐活动"则表征农业转移人口交往平台的参与度。农业转移人口社会融合的基石是其在流入地获得平等待遇和无歧视，但现实中往往存在各种问题，诸如文化习俗、卫生习惯和文化观念等存在差别，导致农业转移人口可能受到本地居民的歧视，如语言轻蔑、有意回避、职业排斥，甚至出现人格侮辱等歧视行为，从而导致农业转移人口对本地人产生反感乃至厌恶流入地城市，对社会融合产生负面影响。因此，本研究以"感觉本地人看不起外地人"来测量流入地的社会接纳程度，这是构成社会互动的又一重要指标。

文化适应是农业转移人口为适应新的生活环境和本地生活习惯而表现的开始主动学习并逐渐向当地语言（方言）、生活方式和卫生习惯靠拢，表征农业转移人口与本地人趋同程度。本研究以"对本地方言的掌握程度"来测量本地语言使用情况。以"我的饮食与本地市民存在较大差别""我的穿着与本地市民存在较大差别""我的卫生习惯与本地市民存在较大差别""我的习俗与本地市民存在较大差别""我的人情交往与本地市民存在较大差别"的答案来衡量农业转移人口与本地人的文化接近度，肯定性越大，分数越高，说明文化适应程度越高。

政治参与是保障农业转移人口在城市享有与本地居民一样平等权利的政治基础。随着我国以人为核心城镇化战略的深入推进，政治参与成为农业转移人口社会融合不可或缺的重要维度，这是以人民为中心的发展思想的重要体现。农业转移人口政治参与范围、核心的内容主要包括选举权与被选举权、公共事务的参与权与表达权、参与城市民主管理的权利等。本研究通过测量农业转移人口"是否参与居委会选举""是否参与社区民主管理"和"是否参与基层组织活动"来衡量政治参与的程度。

公共服务融合是农业转移人口真正实现社会融合的关键，目的是农业转移人口基本公共服务需求得到有效满足。测量农业转移人口公共服务融合状况，有助于把握城市公共服务能力和农业转移人口城市公共服务的享有状况，为健全基本公共服务体系，提高公共服务水平，增强均衡性和可及性提供决策依据。本研究结合面向农业转移人口的城市基本公共服务实际，选取了基础教育、公共卫生、社会保障、就业与培训五项内容加以考察，以掌握农业转移人口城市公共服务的可及性。其中，就业、基础教育、公共卫生等基本公共服务可及性是农业转移人口最关心的问题，能够反映该群体在城市基本公共服务需求的满足情况。社会保障既能够为农业转移人口长期在城市生存发展提供必要的条件，更能够让农业转移人口在面临年老、失业、生病等社会风险时获得最基本的社会保护，因此也纳入本次公共服务考察范畴。

总的来说，本研究根据现有的国内外最新研究成果设计调查问卷，以评估贵州省农业转移人口社会融合现状，采用多个指标从不同方面反映贵州省农业转移人口社会融合的情况，能够有效避免指标选取受限于问卷内容的机构调查数据的弊端，使得评估结果更加可靠和完整。

第二节　指标现状描述

一、政治参与

表4-3显示了贵州省农业转移人口社会融合进程中的政治参与维度各指标描述统计情况。由表4-3可以发现，贵州省农业转移人口在流入地城镇政治参与率并不高，且对各项政治生活知晓率较低，对居委会选举/评优工作、社区民主管理工作和基层组织活动等各项政治参与活动表示"不清楚"的人不在少数。数据显示，贵州省农业转移人口"参与"居委会选举/评优工作、社区民主管理工作和基层组织活动的比重分别为31.0%、24.9%和20.6%，而对此三项指标表示"不清楚"的比例分别为40.8%、53.6和71.2%，比例均高于"参与"人群。说明贵州省农业转移人口政治生活的参与率不高，尤其是在基层组织活动方面，农业转移人口尚有七成的比例认为"不清楚"。政治参与是公民通过各种合法方式参加政治生活并影响政治体系的构成、运行

方式与规则以及政策过程的行为①。参与的目的是实现其利益诉求和社会整合②。早在 2006 年国务院《关于解决农民工问题的若干意见》中就强调要保障农民工享有民主政治权利。但是，农业转移人口可能因户籍制度、流入地政府管理与政策等因素未被纳入流入地政治活动中，也可能因长期与户籍地隔离，受时间和财力成本、信息不畅等因素的限制又无法到流出地参与，处于双重政治疏离的状况③，导致多数农业转移人口对政治参与"不清楚"。

从流入地城市规模看，县城/重点镇的农业转移人口"参与"居委会选举/评优的比重为 37.3%，而市/州中心城市和省会城市这一比例分别为 34.2% 和 20.8%，其参与率明显小于县城重点小城镇。选举是公民一项基本政治活动，原则上在户籍地参加，然而受到时间、路程、经济成本等方面的影响与制约，农业转移人口更愿意在流入地参加选举。当然，非本地户籍的居民也有资格在居住地参选，但这涉及选民资格转移的问题，需要农业转移人口自身提出申请，办理相关手续，但可能考虑到自身时间和经济问题，很多农业转移人口不愿办理相关手续。而且，流入地城市规模越大，迁移跨度越大，路程成本就越高，农业转移人口"参与"政治活动的热情就越低。

农业转移人口参与社区民主管理和基层组织活动也是城市规模越大参与程度越低。县城/重点镇的农业转移人口"参与"社区民主管理的比例仅占 30.8%，而市/州中心城市和省会城市这一比例分别为 28.0% 和 15.3%。农业转移人口参与基层组织活动的比例也随着城市规模的提高而减小，这与农业转移人口参与选举活动情况相类似。

表 4-3　贵州省农业转移人口政治参与情况　　　　　　　单位:%

类型	选举/评优			民主管理			基层组织活动		
	参与	不参与	不清楚	参与	不参与	不清楚	参与	不参与	不清楚
县城/重点镇	37.3	19.9	42.8	30.8	11.6	57.5	28.2	4.8	67.0

---

① 邓秀华. 长沙、广州两市农民工政治参与问卷调查分析 [J]. 政治学研究，2009（2）：83-93.

② 杨正喜，唐鸣. 论新时期农民利益表达机制的构建 [J]. 政治学研究，2006（2）：61-68.

③ 陈庚，李茂，陈永进. 流动人口政治疏离对差序政府信任的影响 [J]. 社会科学前沿，2021，10（3）：689-697.

续表

类型	选举/评优			民主管理			基层组织活动		
	参与	不参与	不清楚	参与	不参与	不清楚	参与	不参与	不清楚
市/州中心城市	34.2	28.8	37.0	28.0	22.3	49.7	22.1	5.1	72.7
省会城市	20.8	34.1	45.1	15.3	28.1	56.7	11.9	16.1	71.9
总体	31.0	28.2	40.8	24.9	21.5	53.6	20.6	8.3	71.2

二、经济融合

（一）经济收入融合

图4-1反映了贵州省农业转移人口收入水平与当地平均水平的接近程度。现阶段农业转移人口迁移流动的主要目的是获取更高的经济收入①，农业转移人口是否迁移很大程度上取决于迁移前后的收入比较。但是，农业转移人口要想真正融入流入地城镇，其经济地位要不断接近本地人，这样才能实现经济融合。经济融合的一个重要表现是农业转移人口的收入逐渐接近流入地居

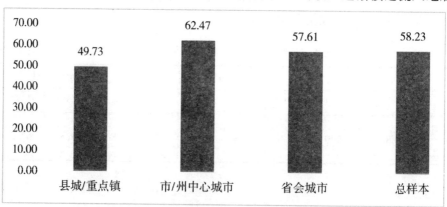

图4-1 贵州省农业转移人口社会融合进程中的经济收入融合程度（单位:%）

---

① 鲁奇，王国霞，杨春悦，等. 流动人口分布与区域经济发展关系若干解释（1990、2000）[J]. 地理研究，2006（5）：765-774，949.

民的平均工资水平①。为了考察农业转移人口在流入地的经济地位状况，考虑到不同流入地之间存在较大的收入差异，本研究以农业转移人口月收入水平为基准，并将其除以流入地的职工月平均工资，得到的数值越大代表农业转移人口经济收入融合程度越高。从图4-1可知，贵州省农业转移人口经济收入融合程度只达到流入地的六成，可见他们的收入水平普遍偏低。

分城市规模来看，市/州中心城市的农业转移人口更接近当地人的收入水平，而省会城市、县城/重点镇的农业转移人口与本地人的收入差距更大一些。

（二）同工同酬

表4-4显示了贵州省农业转移人口社会融合进程中的经济地位情况。农业转移人口经济地位主要描述其社会的经济差异。本研究通过农业转移人口与本地人的差异反映其所在流入地城镇的经济地位。调查数据显示，贵州省农业转移人口收入水平"低于"本地居民的比重占36.3%，与本地居民"差不多"的也只有27.5%，而能够"高于"当地居民的却只有9.0%。可见，贵州省农业转移人口平均收入与本地居民还有不少的差距。此外，有27.2%的农业转移人口"不清楚"自己的收入水平在本地所处的程度。说明这部分农业转移人口可能没有定居本地的打算，进城只是为了获得比在老家更多的收入。

分城市规模来看，在市/州中心城市农业转移人口的收入水平"高于"当地居民的比重最大，占10.7%，且"低于"当地居民的比重最小，为31.3%；而在县城/重点镇和省会城市的农业转移人口收入水平"高于"当地居民的比重分别为6.9%和7.8%。显然，市/州中心城市的农业转移人口获得的经济地位相对更高一些。

表4-4 贵州省农业转移人口社会融合进程中的经济状况　　单位:%

与本地居民比较	高于	差不多	低于	不清楚	合计
县城/重点镇	6.9	31.8	33.9	27.4	100.0
市/州中心城市	10.7	31.5	31.3	26.5	100.0
省会城市	7.8	17.8	46.1	28.3	100.0
总体	9.0	27.5	36.3	27.2	100.0

（三）居住性质

"安居乐业"是城市梦想的实现，而城市住房是农业转移人口面临的首要

① 邢祖哥，黄耿志，薛德升.中国城市流动人口社会融合的空间格局与影响机制［J］.地理学报，2022，77（10）：2474-2493.

问题。是否在流入地拥有可负担的稳定住房是影响农业转移人口城镇定居的关键变量。① 一般说来，拥有稳定产权的住宅或其他固定居所的农业转移人口更容易融入当地社区，而住在亲戚家、工厂宿舍、出租私人房等住所的群体，由于社交网络不稳定，往往缺乏归属感，难以融入本地社区。② 我们按照农业转移人口城市住房性质，把自购商品房、自购保障性住房、自购小产权住房、自建房、政府公租房和保障性租赁房作为自有住房；而单位/雇主房、租住私房、借住房、就业场所和其他非正规居所的居住缺乏保障和不稳定的住房作为无自有住房。

表 4-5 显示了贵州省农业转移人口在城镇是否具有自有住房的情况。贵州省农业转移人口在城镇拥有自有住房的比重较低。本次调查的样本中，只有 35.7% 的农业转移人口在城镇自有住房，高达 64.3% 的农业转移人口在城镇没有属于自己的住房，只是租住雇主、私人住房，甚至在就业场所和其他非正规居所居住，住房缺乏保障且不稳定。

分城市规模来看，在县城/重点镇的农业转移人口自有住房的比例为50.4%，而市/州中心城市、省会城市的自有住房比例分别为 34.5% 和27.1%，其比例明显小于县城/重点镇。城市规模越大，房价就越高，农业转移人口拥有稳定住房的比例就越少。

表 4-5　贵州省农业转移人口社会融合进程中是否拥有自有住房情况　单位：%

是否自有住房	是	否	合计
县城/重点镇	50.4	49.6	100.0
市/州中心城市	34.5	65.5	100.0
省会城市	27.1	72.9	100.0
总体	35.7	64.3	100.0

表 4-6 显示了贵州省农业转移人口社会融合进程中城镇住房条件与本地人比较情况。贵州省农业转移人口住房条件"好于本地人"的只有 6.0%，而"差于本地人"的为 26.1%，两者相差 20 个百分点；接近四成的农业转移人口住房条件与本地人"差不多一样"；另有 29.0% 的农业转移人口对其住房条

---

① ZHENG S Q, SONG Z D, SUN W Z. Do affordable housing programs facilitate migrants' social integration in Chinese cities? [J]. Cities, 2020, 96: 102449.
② PHILLIPS D. Black minority ethnic concentration, segregation and dispersal in Britain [J]. Urban Studies, 1998, 35 (10): 1681-1702.

件不以评价。分城市规模来看，流入地城市越大，农业转移人口的住房条件"差于本地人"的比例就越大。

表 4-6　贵州省农业转移人口社会融合进程中城镇住房条件与本地人比较情况

单位：%

与本地人比较	好于本地人	差不多一样	差于本地人	不好说	合计
县城/重点镇	4.5	48.6	18.8	28.1	100.0
市/州中心城市	6.4	41.1	27.3	25.2	100.0
省会城市	6.6	27.7	29.9	35.8	100.0
总体	6.0	38.9	26.1	29.0	100.0

三、社会互动

（一）交往类型

图 4-2 显示了贵州省农业转移人口在流入地日常主要交往对象包含本地居民的比重。由表可知，贵州省农业转移人口中只有 27% 的人认为主要日常交往对象包含本地居民。社会交往是社会支持网络的重要维度，而社会网络本地化是农业转移人口获取本地社会资源，融入本地社会主流社会环境的基础。然而，现阶段贵州省农业转移人口在城市人际社会网络仍然以老乡、亲戚等熟人为主，缺少与当地市民的沟通与交流，难以获得当地居民群体的认可，甚至可能受到排斥，阻碍社会融合。

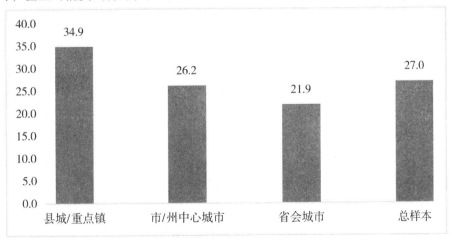

图 4-2　贵州省农业转移人口主要的交往对象是否包含本地居民（单位：%）

分城市规模来看，城市规模越大，本地交往就越难。县城/重点镇的农业转移人口有34.9%的比例主要日常交往对象有本地居民；而市/州中心城市和省会城市这一比例分别为26.2%和21.9%。

（二）交往频率

表4-7显示了贵州省农业转移人口与本地居民的交往程度。数据显示，贵州省农业转移人口中，与本地朋友保持"频繁交往"的所占比重为41.4%，有交往但"交往较少"的比例为43.9%。另有14.7%的农业转移人口与本地居民"基本不交往"。与本地居民互动频繁、交流深入并且成功建立社会关系的人更容易融入当地社会。[①] 然而，贵州省农业转移人口与本地居民交往的频率仍有很大的提升空间。分城市规模来看，县城/重点镇的农业转移人口与本地居民"频繁交往"的比例最大，为56.4%，市/州中心城市的农业转移人口这一比重降到了38.8%，省会城市的这一比例还要更低一些。可见，城市规模越大，农业转移人口与本地居民交往的频率就越少。

表4-7　贵州省农业转移人口与本地居民交往频率　　　　单位:%

交往程度	频繁交往	交往较少	基本不交往	合计
县城/重点镇	56.4	37.5	6.1	100.0
市/州中心城市	38.8	50.4	10.8	100.0
省会城市	33.5	38.5	28.0	100.0
总体	41.4	43.9	14.7	100.0

（三）参与社区活动

表4-8反映了贵州省农业转移人口参与社区活动的情况。贵州省农业转移人口"经常参加"社区活动的比例为12.9%，超过四成的农业转移人口选择了"不参加"，还有44.1%的农业转移人口只是"偶尔参加"。显然，贵州省农业转移人口社会活动表现并不积极。社区活动作为一个社会交往的平台，农业转移人口积极参与社区活动，有效利用这个平台能够认识工作之外的更多人，拓展自身的交往圈，进而促进社会融合。但是，贵州省农业转移人口目前社会活动参与率不利于社会融合程度的提高。

从不同的城市规模来看，县城/重点镇的农业转移人口"经常参加"社区

[①] QIAN J, ZHU H, LIU Y. Investigating urban migrants' sense of place through a multi-scalar perspective [J]. Journal of Environmental Psychology, 2011, 31 (2): 170-183.

活动的比例（17.7%）要比市/州中心城市和省会城市的多。市/州中心城市的农业转移人口有近一半的比例只是"偶尔参加"，而省会城市的农业转移人口明确"不参加"的比例高达56.8%。相比之下，县城/重点镇的农业转移人口社会活动表现要积极一些。

表4-8　贵州省农业转移人口参与社区活动情况　　　　单位：%

社区活动	经常参加	偶尔参加	不参加	合计
县城/重点镇	17.7	48.3	34.0	100.0
市/州中心城市	12.4	48.8	38.8	100.0
省会城市	10.0	33.2	56.8	100.0
总体	12.9	44.1	43.0	100.0

（四）社会歧视

表4-9显示了贵州省农业转移人口在流入地遭受社会歧视的情况。贵州省农业转移人口在城镇生活遇到歧视现象并不普遍，只是发生在少数人身上。数据显示，贵州省农业转移人口近七成"没有"受到本地人的歧视，有22.0%的农业转移人口"偶尔"遇到歧视行为，认为"经常"遭到本地居民歧视的比例为9.1%。说明绝大多数本地居民对农业转移人口还是较为友好的。

从城市规模来看，省会城市的农业转移人口遇到歧视的情况相对多。在省会城市，还有20.2%的农业转移人口表示"经常"遭到歧视，同时还有25.8%的农业转移人口表示"偶尔"遇到歧视，合计有近一半的农业转移人口遭受过歧视；而在市/州中心城市和县城/重点镇的农业转移人口"经常"遭到歧视的比例只有3.9%和5.8%，"偶尔"遇到歧视的也少。

表4-9　贵州省农业转移人口在流入地城镇遭受社会歧视的情况　　　　单位：%

社会歧视	没有	偶尔	经常	合计
县城/重点镇	76.3	17.9	5.8	100.0
市/州中心城市	74.3	21.8	3.9	100.0
省会城市	54.0	25.8	20.2	100.0
总体	68.9	22.0	9.1	100.0

四、文化适应

(一) 语言使用

表 4-10 显示了贵州省农业转移人口对本地语言的掌握程度。数据显示，贵州省农业转移人口掌握本地语言总体较好。农业转移人口对本地语言"听懂会讲"的有超过一半的比例，"听懂会讲一些"的占 24.1%，只有 10.9% 的农业转移人口"听不懂"本地语言。语言是人们相互沟通、交流的媒介。熟练掌握并运用流入地的语言，自然有利于农业转移人口与本地居民的相互交流，增强其流入地城镇的归属感，促进文化融合的实现。从个人资本来说，掌握本地语言能够增强其在流入地的发展能力，提高工作搜寻效率。最为关键的是，流利的方言可以帮助移民获得更好的工作机会。①

从不同城市规模来看，县城/重点镇的农业转移人口语言障碍更少，"听懂会讲"的比例占到了 65.1%，仅有 7.9% 的农业转移人口表示"听不懂"。事实上，贵州的汉语属于北方方言，易于交流。尽管贵州境内还生活有苗族、布依族和侗族等少数民族，但这些少数民族对汉语的掌握都比较好，且在贵州省城镇日常交流均以汉语为主。总之，贵州省农业转移人口语言障碍较少，易于交流。

表 4-10　贵州省农业转移人口当地语言掌握程度　　　　单位:%

本地语言掌握程度	听懂会讲	听懂会讲一些	听懂一些不会讲	听不懂	合计
县城/重点镇	65.1	19.5	7.5	7.9	100.0
市/州中心城市	51.2	20.4	15.8	12.6	100.0
省会城市	41.3	33.8	14.4	10.5	100.0
总体	51.6	24.1	13.4	10.9	100.0

(二) 文化习俗

表 4-11 显示了贵州省农业转移人口文化习俗与本地人相比差异程度。总体说来，贵州省农业转移人口在文化习俗上与本地人差异不大。农业转移人口在饮食、衣着、卫生、习俗、人情交往和社会观念方面认为与本地人"很

---

① 褚荣伟，熊易寒，邹怡. 农民工社会认同的决定因素研究：基于上海的实证分析 [J].
社会，2014，34 (4)：25-48.

相同"和"较相同"的比例较高；而认为"完全不相同"的比例仅为 10% 左右。农业转移人口在日常工作中是否按照本地的习俗办事反映出他们对当地文化习俗了解的程度，折射出他们的行为适应水平。① 农业转移人口生活方式从农村转向城市，面临着一个再造城市社会化的过程。而在这一过程中，农业转移人口与本地居民文化习俗逐渐接近，文化接近度表征了他们文化适应程度。贵州省农业转移人口在文化习俗上显示出了与本地人具有较高的一致性，这为其顺利融入城镇社会创造了条件。

从不同城市规模来看，县城/重点镇的农业转移人口在流入地的文化接近度要相对高一些，而在省会城市的农业转移人口文化接近度要低一些。农业转移人口从农村出来，越到大城市感受的差异也就越大。

表 4-11 贵州省农业转移人口文化习俗与本地人相比差异程度 单位：100%

文化习俗	与本地人相比差异程度	总体	县城/重点镇	市/州中心城市	省会城市
饮食	完全不相同	8.7	3.8	8.6	18.8
	有点相同	10.5	6.6	7.4	12.5
	较相同	16.2	17.9	16.9	13.7
	很相同	64.6	71.7	67.1	55.0
	合计	100.0	100.0	100.0	100.0
衣着	完全不相同	12.8	9.6	10.3	19.4
	有点相同	8.6	6.9	7.7	11.4
	较相同	34.4	35.4	35.1	32.4
	很相同	44.2	48.1	46.9	36.8
	合计	100.0	100.0	100.0	100.0
卫生	完全不相同	9.7	5.9	8.6	18.4
	有点相同	11.5	8.6	7.4	12.6
	较相同	17.2	17.2	16.9	13.8
	很相同	61.6	68.3	67.1	55.2
	合计	100.0	100.0	100.0	100.0

① 杨菊华. 从隔离、选择融入到融合：流动人口社会融入问题的理论思考 [J]. 人口研究，2009, 33（1）：17-29.

续表

文化习俗	与本地人相比差异程度	总体	县城/重点镇	市/州中心城市	省会城市
习俗	完全不相同	11.8	10.7	12.5	11.6
	有点相同	19.7	12.4	19.2	26.0
	较相同	39.6	37.1	39.7	41.6
	很相同	28.9	39.8	28.6	20.8
	合计	100.0	100.0	100.0	100.0
人情交往	完全不相同	12.3	10.2	12.3	15.4
	有点相同	16.8	14.4	20.4	19.2
	较相同	37.8	37.3	38.3	38.1
	很相同	33.1	38.1	29.0	27.3
	合计	100.0	100.0	100.0	100.0
社会观念	完全不相同	10.3	9.2	11.3	10.4
	有点相同	19.8	14.3	19.3	25.3
	较相同	40.1	36.4	39.7	39.1
	很相同	29.8	40.1	29.7	25.2
	合计	100.0	100.0	100.0	100.0

五、心理认同

(一) 地方认同

表4-12显示了贵州省农业转移人口对居住地的地方认同程度。数据显示,有77.8%的农业转移人口表示"喜欢"和"非常喜欢"现住地城市,而表示"不喜欢"的只有7.8%。这表明贵州省农业转移人口对流入地城镇具有较高的认可度。随着农业转移人口在流入地居留时间的增加,他们在心理上会逐渐对流入地城镇产生归属感,喜欢流入地城镇并关注其发展状况。同时,农业转移人口在社会交往过程中更愿意融入当地居民,获得当地居民的认同,达到双向接纳,实现双向认同。地方认同属于归属感范畴,是农业转移人口基于城市与农村不同的客观条件所产生的对城市的满意和依恋程度①。农业转

---

① 冯婧. 隐性因子对农民工归属感影响的实证研究 [J]. 农业经济问题, 2016, 37 (1): 53-61; 111.

移人口对所在地方认同感越强，也就越喜欢所在城市。贵州省农业转移人口有较高的地方认同感，有助于社会融合的提高。

分城市规模来看，流入地城市规模越小，地方认同感越强。县城/重点镇的农业转移人口地方认同感最高，差不多90%的农业转移人口表示"喜欢"和"非常喜欢"现住地。随着城市规模的增大，农业转移人口"喜欢"和"非常喜欢"的比例在下降，城市提高一个层次，下降的幅度在10%左右。

表4-12　贵州省农业转移人口对流入地城镇的地方认同程度　　单位：%

喜欢现住地	非常喜欢	喜欢	基本不喜欢	不喜欢	合计
县城/重点镇	50.7	38.3	7.1	3.9	100.0
市/州中心城市	37.2	42.9	14.1	5.7	100.0
省会城市	34.8	30.3	20.7	14.1	100.0
总体	39.6	38.2	14.4	7.8	100.0

（二）地方关注

表4-13反映了贵州省农业转移人口对流入地城镇的地方关注程度。数据显示，有34.1%的农业转移人口对现住地表示"非常关注"，还有34.4%的农业转移人口也表示"关注"，"非常关注"和"关注"合计接近70%，说明贵州省农业转移人口对现住地给予了较高的关注，而这将影响其行为主动融入现住地。

从城市规模来看，城市规模越大，"关注"比例越小，尤其是"非常关注"的比例。县城/重点镇的农业转移人口对现住地的关注率高达79.5%，且有近一半人群表示"非常关注"；而市/州中心城市对现住地"非常关注"的不足四成，到省会城市，这一比例下降到了二成；随着城市规模的增大，农业转移人口对现住地关注逐渐减弱。

表4-13　贵州省农业转移人口的居住地地方关注程度　　单位：%

关注现住地	非常关注	关注	基本不关注	不关注	合计
县城/重点镇	44.9	34.6	14.0	6.5	100.0
市/州中心城市	37.0	33.4	17.2	12.4	100.0
省会城市	20.5	35.7	26.0	17.8	100.0
总体	34.1	34.4	19.0	12.5	100.0

（三）融入意愿

表4-14显示了贵州省农业转移人口城镇融入意愿。数据显示，贵州省农

业转移人口"非常愿意"和"愿意"成为本地人的合计比例达到73.9%，其中有55.9%的农业转移人口表示"非常愿意"。说明贵州省农业转移人口融入城镇的意愿比较高。认同只是归属的初始阶段，融入意愿才是归属感的较高层次，才是社会融合的重要指征。① 贵州省农业转移人口具有较高的城镇融入意愿，这有利于推进其社会融合。

分城市规模来看，不同城市规模的融入意愿存在较大的差距。随着城市规模的扩大，"非常愿意"融入的农业转移人口以10%的比例逐渐递减，"愿意"融入的农业转移人口以5%的比例递减。

表4-14　贵州省农业转移人口城镇融入意愿　　　　单位：%

意愿成为本地人	非常愿意	愿意	基本不愿意	不愿意	合计
县城/重点镇	63.7	13.7	9.1	13.5	100.0
市/州中心城市	57.9	17.2	11.5	13.4	100.0
省会城市	46.5	22.6	15.1	15.8	100.0
总体	55.9	18.0	12.0	14.1	100.0

（四）身份认同

表4-15显示了贵州省农业转移人口的身份认同情况。从表中可知，贵州农业转移人口认为自己是"本地人"的只有44.9%，且认为"完全不是本地人"的比例有18.0%。此外，还有37.1%的农业转移人口认为"基本不是本地人"。可见，现阶段贵州省农业转移人口身份认同较低且模糊性强。农业转移人口离开家乡来到城市，不仅是时间上的断续，也发生着生活场域的交替，城乡不同的时空情境、社会环境都会对农业转移人口身份认同产生重要的影响。②

从城市规模来看，流入地与流出地异质性越高，农业转移人口的身份认同越低。县城/重点镇的农业转移人口自认为是"本地人"的比重达到66.3%；而市/州中心城市农业转移人口自认为"本地人"的比重明显比县城/重点镇的少；省会城市的农业转移人口自认为"本地人"的比重又比市/州中心城市的少。这表明农业转移人口的身份认同受流入流出两地差异的影响。

---

① 杨菊华．以强大的正式社会支持形塑流动人口的归属感［J］．人民论坛，2020（2）：62-64.
② 李志刚，梁奇，林赛南．转型期中国大城市流动人口的身份认同、特征与机制［J］．地理科学，2020，40（1）：40-49.

表4-15 贵州省农业转移人口身份认同情况 单位:%

身份认同	本地人	基本不是本地人	完全不是本地人	合计
县城/重点镇	66.3	27.2	6.5	100.0
市/州中心城市	48.2	36.5	15.3	100.0
省会城市	22.2	46.0	31.8	100.0
总体	44.9	37.1	18.0	100.0

六、公共服务

表4-16显示了农业转移人口享受的公共服务与当地市民的差异情况。总体上贵州省农业转移人口公共服务与本地人比较还是存在不小的差距,各项服务仍须持续有效加大供给并提升服务水平,尤其是社会保障方面的内容。数据显示,在基础教育、公共卫生、社会保障、职业介绍与技能培训方面,农业转移人口认为"差别很大"的比重分别为21.9%、20.9%、28.1%、15.3%和18.1%,显然,农业转移人口在社会保障方面与本地居民还是存在不小差距。以就业、教育、医疗卫生和社会保障等基本公共服务为代表的城市拉力因素将驱动农村剩余劳动力发生乡—城迁移,并且促使劳动力在不同的公共服务组合中倾向于选择能够最大限度满足其公共服务偏好的社区,这就是"用脚投票"[1]。同时,公共服务也体现了流入地包容和接纳农业转移人口的程度。基础教育、公共卫生、社会保障、就业与培训五项内容,体现了政府"保基本""托底"的公共服务职能。农业转移人口不能享有与本地人同等的基本公共服务,将阻碍其融合进程。因此,各地应加快补齐基本公共服务短板,不断提高基本公共服务的可及性和便利性。

从不同城市规模来看,省会城市的农业转移人口对于基本公共服务的感受较强。在基础教育、公共卫生和社会保障方面,省会城市的农业转移人口认为"差别很大"的比例分别占到40.9%、34.9%和41.9%。可见,省会城市的农业转移人口在社会保障方面与本地人的差距更大,但在技能培训方面,认为"差别很大"的相对少一些。

---

[1] 夏怡然,苏锦红,黄伟. 流动人口向哪里集聚?——流入地城市特征及其变动趋势 [J]. 人口与经济,2015 (3): 13-22.

表 4-16 贵州省农业转移人口公共服务与本地人相比差异程度　　单位:%

公共服务项目	与本地人相比差异程度	总体	县城/重点镇	市/州中心城市	省会城市
基础教育	差不多	44.7	62.5	43.7	32.2
	差别很大	21.9	7.8	17.1	40.9
	无从比较	33.4	29.7	39.2	26.9
	合计	100.0	100.0	100.0	100.0
公共卫生	差不多	49.8	64.9	50.9	35.8
	差别很大	20.9	10.9	17.3	34.9
	无从比较	29.3	24.2	31.8	29.3
	合计	100.0	100.0	100.0	100.0
社会保障	差不多	50.5	60.2	53.9	36.4
	差别很大	28.1	20.2	23.4	41.9
	无从比较	21.4	19.6	22.7	21.7
	合计	100.0	100.0	100.0	100.0
职业介绍	差不多	42.7	36.5	43.3	46.8
	差别很大	15.3	17.5	14.2	13.8
	无从比较	42.0	46.0	42.5	39.4
	合计	100.0	100.0	100.0	100.0
技能培训	差不多	50.2	60.2	53.9	36.4
	差别很大	18.1	10.2	13.4	31.9
	无从比较	31.7	29.6	32.7	31.7
	合计	100.0	100.0	100.0	100.0

第五章

社会融合水平及差异

　　农业转移人口在城市工作、生活中面临的一个重要问题就是社会融合。农业转移人口的社会融合不仅关乎其自身的生活与发展，同时也是影响城市繁荣与稳定的重要因素。一方面，农业转移人口为城市的经济发展做出了巨大的贡献；另一方面，农业转移人口有的难以融入城市，成为"半个市民"。社会融合不仅有助于解决农业转移人口自身工作、生活上的问题，而且也有助于解决随迁家属可能遇到的问题。本章通过社会融合综合指数及其维度指数，评估贵州省农业转移人口社会融合水平及其差异。首先，明确社会融合综合指数的计算方法；其次，对贵州省农业转移人口社会融合总体水平进行评估；最后，从个体经济社会和流动特征进一步分析贵州省农业转移人口社会融合水平的异质性。本章不仅评估贵州省农业转移人口社会融合水平及差异，还为下一章分析贵州省农业转移人口社会融合影响因素进行了有益探索。

第一节　社会融合水平

一、社会融合水平计算方法

（一）数据标准化处理

　　本研究农业转移人口社会融合包含六个维度，每个维度又由多个指标构成。每个指标的性质、量纲、数量级等均存在一定的差异。社会融合涉及多个不同指标综合起来的评价，由于各个指标的属性不同，无法直接在不同指标之间进行综合与比较。因此，为了统一比较，保证结果的可靠性，我们在分析数据之前需要对原始变量进行一定的处理，将各指标转化为无量纲、无数量级差异的标准化数值，消除不同指标之间因属性不同而带来的影响，从而使结果更具有可比性。

在指标一致化处理上，本研究指标设计大多为正向指标。如文化的接近度的各项指标，由"完全不相同"至"很相同"分别赋值1~4，得分越高表明农业转移人口的文化适应程度越高。但是，也有少量的指标为逆向指标。如"您是否觉得自己是本地人"，分别有"本地人""半个本地人""外地人""说不清"几种答案。在这种情况下，如果同时评价这两类指标的综合作用，由于指标作用方向不同，将指标作用直接相加，并不能正确反映不同作用方向产生的综合结果，此时就需要对逆向指标进行一致化处理，改变逆向指标的性质和作用方向，使所有指标作用方向一致化，从而得出适宜的结果。本研究采用"减法一致化"，即利用该指标允许范围内的一个上界值（M），依次减去每一个原始数据。

$$X' = M - x \qquad (1)$$

由（1）式所得的数值作为逆向指标的赋值，这样逆向指标的赋值作用方向就与正向指标具有一致性。此外，本研究对"说不清""不确定"等回答的赋值统一定为比反向高。

在指标标准化处理上，由于不同变量自身的量纲不同，数量级存在较大差异，在进行综合评价时，不同变量所占的作用比重也会有所不同。为了消除量纲、变量自身变异和数值大小的影响，比较不同变量之间的相对作用，就需要对数据进行无量纲化处理，将其转化为无量纲的纯数值来进行评价和比较。本研究采用极值标准化，因为指标作用方向经过一致性处理，就可以统一使用正值极值标准化。使用该指标的最大值 X_{max}，然后用该变量的每一个观察值除以最大值。

即 $X' = X / X_{max} \quad (X \geq 0) \qquad (2)$

经过线性无量纲转化后，处理过后数据均落在 ［0，1］，这样不同指标就可以进行评价和比较。

（二）社会融合加和方法

对于社会融合发展水平的测度，最重要的是确定反映指标相对重要性的权数。指标权重反映了各个评价指标的不同重要程度，体现测度结果的科学性和可信性。在使用模糊集理论进行分析的实证研究中，常用的加总方式有两种：一种是传统集合理论扩展到模糊集理论的交集和并集运算，另一种是简单算术平均或加权平均方式。标准交集运算不存在各维度间的补偿作用，只考虑最差的维度。如果某一维度状况很差，另外一些维度再好也没有太大的意义，这显然不符合本研究目的，本研究关注的是农业转移人口的整体社会融合水平，而不是其最低水平。而简单算术平均方法考虑各维度间的补偿关系，融合状况较好的维度可以补偿较差的维度，这正是我们想要的结果。

叶静怡和王琼①曾经运用标准的交集运算、弱的交集运算、加权平均和简单算术平均四种方法，对进城务工人员的福利水平进行加总，最终显示，简单算术平均的加总方式得到的隶属度与因子得分的相关系数最高。因此，我们使用简单算术平均数进行加总计算。维度水平表达式为：

$$u = \sum_{i=1}^{n} u\ (x_i)$$

再将社会融合的六个维度加总，取平均数，就得到综合社会融合水平。

$$即\ U = \frac{1}{6} \sum_{i=1}^{6} (u_i)$$

然后将社会融合及其维度统一转化为 1～100 的得分，分值越高所反映的社会融合就越好，即社会融合水平也越高。

二、社会融合水平现状

图 5-1 显示了贵州省农业转移人口社会融合水平综合及维度得分。图片显示，贵州省农业转移人口社会融合综合指数得分为 61.94 分，以中间值 50 分为标准，农业转移人口社会融合水平不高，存在较大的提升空间。

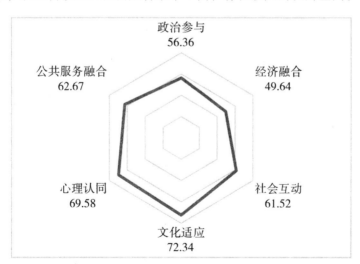

图 5-1　贵州省农业转移人口不同维度得分的雷达图（标准分为 100）

---

① 叶静怡，王琼. 进城务工人员福利水平的一个评价——基于 Sen 的可行能力理论 [J].
经济学，2014，13（4）：1323-1344.

政治参与维度平均得分 56.36 分，中位数为 54.67 分。中位数小于平均数，说明过半的贵州省农业转移人口政治参与得分小于平均分。政治参与既是民主政治建设的重要内容，也是农业转移人口保护自己合法权益的重要渠道，但受户籍制度、选举制度以及农业转移人口自身"流动"因素等影响，农业转移人口的选举权和被选举权的实现存在一定的障碍，而参政的效能感长期得不到提高，就会挫伤其政治参与的积极性，在流入地处于"边缘化"的状态。农业转移人口考虑到经济、时间和路程等因素，又不愿意回流入地参与政治活动。因此，农业转移人口政治参与率不高。调查显示，农业转移人口只有三成的比例参与了选举与被选举，而能参与当地民主管理的农业转移人口则更低（24.1%）。

经济融合维度平均得分 49.64 分，经济融合得分中位数为 45 分，中位数小于平均数，半数的农业转移人口得分低于平均分，只有 25.2% 的农业转移人口经济融合得分超过 60 分。经济融合维度得分最低，成为目前贵州省农业转移人口社会融合的短板。经济融合成为短板，说到底就是收支问题，农业转移人口受到自身的人力资本、社会资本制约，城镇就业收入不高。而住房问题又是农业转移人口城市面临的另一个障碍，当前较高的城市房价和房租加剧了流动人口市民化的难度。城镇保障性住房难以覆盖庞大的农业转移人口，面向中低收入的农业转移人口的可支付住房供给严重不足。[①] 农业转移人口收入不高，如果还要支付高昂的房价，必然制约其经济方面的融合。

社会互动维度平均得分 61.52 分，中位数为 64.67 分，中位数大于平均数，半数的农业转移人口得分已经超过平均分，且有近 15% 的农业转移人口社会互动得分超过 80 分。相对于其他维度，社会互动发展处于中等层次。互动性既可推动也可阻碍融入进程，农业转移人口与本地市民的紧密联系，形成有效的本地化社会网络，有助于农业转移人口获取社会支持，推动社会融合进程。相反，以亲戚、老乡为主体的交往圈在原来的血缘关系和地缘关系之中，在城市社会容易形成"城市版"差序格局，阻碍其社会融合的发展。调查显示，只有 27% 的农业转移人口有本地朋友，且交往频率不高，难以形成有效的本地化社会网络，也难以获得本地社会资源。

文化适应维度平均得分 72.34 分，中位数为 76 分，中位数大于平均数，一半的农业转移人口得分超过平均分，且有 39.7% 的农业转移人口文化适应

---

① 叶裕民，张理政，孙玥，等. 破解城中村更新和新市民住房"孪生难题"的联动机制研究——以广州市为例 [J]. 中国人民大学学报，2020，34（2）：14-28.

得分超过 80 分。表明贵州省农业转移人口在流入地文化适应程度较高。文化适应是社会融合的高级阶段，由于贵州省农业转移人口主要以省内转移为主，尽管从农村到城市空间发生了改变，但是在语言、饮食习惯、习俗和社会观念等方面依然具有较高的一致性，因此文化适应表现出较高的融合程度。

心理认同维度平均得分 69.58 分，其中位数为 73.29 分，中位数大于平均数，一半的农业转移人口得分超过平均分，且有 31.2% 的农业转移人口心理认同超过 80 分。通过前面章节指标描述统计部分我们发现，农业转移人口心理认同构成指标中贵州省农业转移人口是比较喜欢流入地城市的，同时也经常关注所在城镇，并喜欢现在居住的城镇。但是，农业转移人口对现居住地缺乏归属感，身份认同度较低，认为自己是"本地人"的比例还不到 50%。国内农业转移人口身份认同与流出地和流入地的不同文化、社会经济水平等相关，但我们发现农业转移人口的文化适应并不低，因此导致农业转移人口较低的身份认同主要就是城乡社会经济水平的差距。这说明农业转移人口身份认同不仅仅是城市的责任，还受到城乡体系整体性的影响，因此需要协调城乡发展，缩小城乡差距。

公共服务融合维度得分为 62.67 分，中位数为 64 分，中位数大于平均数，一半的农业转移人口得分超过平均分，且有 29.1% 的农业转移人口公共服务得分超过 80 分。相较于其他维度，公共服务融合水平居于中等偏下水平。我国 2016 年 1 月起实施的《居住证暂行条例》从根本上摒弃了农业转移人口享有城市基本公共服务的制度桎梏，但农业转移人口实际所能享有的水平取决于城市政府开放其公共服务的程度，包括"承诺"服务的领域多少和所设置的约束"条件"高低。[1] 当然，也离不开城市自身公共服务供给能力与质量，但对于"外来"群体，更多是公平性。因此，需要持续推进基本公共服务均等化，并增强其均衡性和可及性。

总的来说，农业转移人口社会融合不同维度差异分化，层次分明。贵州省农业转移人口社会融合各维度发展水平大致可以分为三个层次：第一层次为文化适应和心理认同，这两个维度的得分为 70 分左右；第二层次是公共服务融合和社会互动，分别为 62.67 分和 61.52 分，两个维度的融合水平略高于 60 分；第三层次是政治参与和经济融合，得分分别为 56.36 分和 49.64 分。三个层次之间得分形成明显的梯度，第一层次的融合水平比第二层次融合水

---

① 钱雪亚，宋文娟. 城市基本公共服务面向农民工开放度测量研究 [J]. 统计研究，2020，37（3）：33-47.

平高 10 分左右，第二层次又比第三层次高 10 分左右。三个层次梯度分明，差值相当。

从主客观视角来看，农业转移人口的社会融合既是流入者的主观期望与流入城市的客观获得之间相互统一的过程，也是农业转移人口主动参与和制度接纳的过程。就目前来看，获得更高的经济收入是农业转移人口背井离乡、外出流动的主要动因。但是，农业转移人口要真正融入流入地城镇，成为本地新居民，经济上的要求就不仅仅是获得比流入前更高的收入，而是要能满足农业转移人口在城市的发展需要，这就要求其具有与本地人相当的经济地位。城市的包容接纳和社会关爱也是推进农业转移人口社会融合的重要因素。政治参与、经济融合、社会互动和公共服务融合均受到结构性因素的影响与制约，客观性因素影响较大，需要农业转移人口个体、家庭、社区、市场、社会、政府等多方的共同努力，因此可以视为农业转移人口社会融合的客观性指标。而作为主观性指标的心理认同与文化适应，更易受到农业转移人口主观因素的影响与制约，只要农业转移人口自身有融入意愿，就更容易实现心理融合与社会适应。从测量结果来看，不同维度的雷达图向左下角心理认同和文化适应倾斜，表明贵州省农业转移人口主观性维度融合程度比较好，而客观性维度融合程度相对较低。需要指出的是，在心理认同维度上，农业转移人口具有较强的融入意愿，但是受到各种客观条件的制约，城市身份认同感较低。高归属感与低认同感的矛盾相互交织。

本研究我们从政治参与、经济融合、社会互动、文化适应、心理认同和公共服务融合综合评价社会融合，综合得分为 61.94 分。较之其他测量结果，比肖子华等人[①]利用 2017 年全国流动人口动态监测调查与专项调查数据，从政治、经济、公共服务和心理文化对全国 50 个主要人口流入地城市测出的社会融合（51.62 分）高 10 分；也明显高于邢祖哥等人[②]测得的流动人口总体社会融合水平 0.43 分（中间值为 0.5）；还高于徐水源[③]使用 2014 年全国流动人口卫生计生动态监测调查数据测得的社会融合综合指数 54.26 分。本次

① 肖子华，徐水源，刘金伟. 中国城市流动人口社会融合评估——以 50 个主要人口流入地城市为对象 [J]. 人口研究，2019，43（5）：96-112.
② 邢祖哥，黄耿志，薛德升. 中国城市流动人口社会融合的空间格局与影响机制 [J]. 地理学报，2022，77（10）：2474-2493.
③ 徐水源. 社会融合：新时代中国流动人口发展之路 [M]. 北京：人民出版社，2019：220.

测量结果与祝仲坤等人[1]利用 2017 年全国流动人口卫生计生动态监测调查数据测量的流动人口城市社会融入指数（等权）3.335（最高5）差异较小。出现测量结果差距，其原因较多，一方面可能是测量时间、地区、对象不同产生的差异。我们本次测量贵州省农业转移人口，流动范围主要是省内转移，且就地就近城镇化人口比重相对较高，在文化适应、社会互动、心理认同方面具有一定的优势，不同程度地提升了社会融合。另一方面是社会融合综合指标的维度构成不一样，各维度里的指标构成以及计算权重也不一样。这些原因综合作用，最终出现了不同的测量结果，但总体来说，农业转移人口社会融合仍比较低，还有很大的提升空间。

我们发现，本次测量与以往研究共同的是经济融合是社会融合的短板。肖子华等人[2]从政治、经济、公共服务和心理文化测量流动人口社会融合，发现经济融合得分处于末端，仅为 47.13 分。邢祖哥等人[3]以经济、文化、行为和心理等维度来测度社会融合也出现经济融合得分只有 0.33 分（中间值 0.5），处于最低。更早一点的研究，如徐水源使用国家卫生健康委员会 2014 年全国流动人口卫生计生动态监测调查数据测量社会融合，其经济融合得分只有 53.72 分，也成为社会融合的短板。杨菊华[4]使用 2013 年国家卫生和计生委流管司组织实施的"流动人口社会融合专题调查"以及"流动人口动态监测社区调查"也发现经济融合得分不足 30 分，拉低了农业转移人口总体融合水平。经济融合既是农业转移人口在城镇生存和发展的前提条件，也是全面融入城市最为基础的保障。目前，农业转移人口的经济融合仍然处于较低的水平，难以获得与本地人相同的经济收入、住房、社会保障等资源，这制约了总体社会融合提升。

三、社会融合空间格局

按照 2014 年国务院发布的《关于调整城市规模划分标准的通知》，我们

---

① 祝仲坤，郑裕璇，陈淑龙，等. 公共卫生服务均等化与流动人口城市社会融入 [J]. 财政研究，2022（7）：52-65.
② 肖子华，徐水源，刘金伟. 中国城市流动人口社会融合评估——以 50 个主要人口流入地城市为对象 [J]. 人口研究，2019，43（5）：96-112.
③ 邢祖哥，黄耿志，薛德升. 中国城市流动人口社会融合的空间格局与影响机制 [J]. 地理学报，2022，77（10）：2474-2493.
④ 杨菊华. 中国流动人口的社会融入研究 [J]. 中国社会科学，2015（2）：61-79，203-204.

将城市人口规模分为 5 类 6 档。① 由于目前贵州省内还没有特大城市和超大城市，因此我们将贵州省的城市划分为小城市、中等城市和大城市三类，比较不同规模城市的流动人口社会融合水平。由图 5-2 可知，贵州省小城市的农业转移人口社会融合水平（66.14 分）高于中等城市（63.06 分），而中等城市的社会融合水平又高于大城市（56.96 分），即随着城市规模的增大，社会融合水平下降，且具有明显梯度特点。

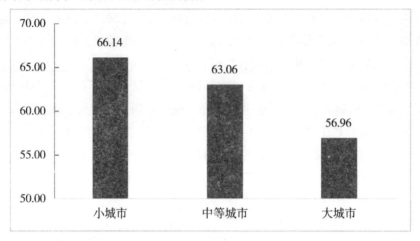

图 5-2 不同人口规模的农业转移人口社会融合水平（标准分为 100）

李海波和仇保兴②的研究指出，农民工定居意愿与城市级别呈现倒 U 形关系，在县城与县级市务工的农民工的定居意愿最强，其次是市/州中心城市和省会城市，在直辖市务工的农民工的定居意愿最弱，建制镇次之。农业转移人口定居意愿的减弱，自然不利于社会融合。邢祖哥等人的研究明确地指出，在人口 100 万以上的大城市中，随着城市规模的扩大，社会融合水平变化呈现"V"形特征，即从Ⅱ型大城市、Ⅰ型大城市到特大城市，社会融合水平下降；当人口规模达到 1000 万以上的超大城市时，社会融合水平出现上

---

① 根据城区常住人口数量划分的城市类型：小城市，人口 50 万以下，其中人口 20 万以上 50 万以下的为Ⅰ型小城市，20 万以下的为Ⅱ型小城市；中等城市，人口 50 万以上 100 万以下；大城市，人口 100 万以上 500 万以下，其中人口 300 万以上 500 万以下的为Ⅰ型大城市，100 万以上 300 万以下的为Ⅱ型大城市；特大城市，人口 500 万以上 1000 万以下；超大城市，人口 1000 万以上。

② 李海波，仇保兴. 城市级别对农民工市民化倾向的影响 [J]. 城市问题，2019（11）：20-29.

升。[1] 本研究也发现了"V"形上段特征，但由于研究区域没有特大城市和超大城市，不能证明"V"的下段是否存在。中小城市农业转移人口社会融合的优势在于公共服务更容易覆盖常住人口。有研究指出，政府是否提供公共服务对地级城市有影响，而对其他类城市的影响不显著。[2] 一方面，中小城市基本实行"落户零门槛"，强力推动公共服务均等化战略，加大了政府的财政支持力度，完善基础设施建设，改进农业转移人口服务工作，切实保障了农业转移人口的各项权利，为农业转移人口的社会融合营造了良好的社会环境，从而促进了农业转移人口的有序融入。另一方面，中小城市房价相对较低，农业转移人口在中小城市拥有可负担的稳定住房可能性更大，毕竟有稳定产权的住宅或其他固定居所的流动人口更容易融入当地社区，而这些优势在大城市难以实现。随着城市人口规模扩张和农业转移人口的大量涌入，农业转移人口在大城市中面临的资源需求和空间需求也在增大，而城市承载力有限，人地关系矛盾加剧。农业转移人口需要面对大城市高昂的住房支出，这对农业转移人口的社会融合会产生负面影响，尤其是对年轻的、收入较低、学历较低的农业转移人口的影响更大。

由此我们得到的政策启示是，加快推进农业转移人口的社会融合，要以中心城市和城市群为主体构建大中小城市和小城镇协调发展格局，合理控制大城市的人口数量，同时运用政策激励部分农业转移人口向中小城市转移，减少农业转移人口融入城市的成本。

从各个维度来看，小城市的农业转移人口社会融合各维度水平均高于中等城市，而中等城市均又高于大城市。其中，小城市和中等城市的社会融合水平差距较小，但二者与大城市的差距较大。这说明中小城市有助于农业转移人口社会融合全面发展。据此，从农业转移人口社会融合的视角来看，发展中等城市和小城镇，更有利于吸引农业转移人口，进而实现以人为本的新型城镇化发展战略目标（图5-3）。

---

[1] 邢祖哥，黄耿志，薛德升. 中国城市流动人口社会融合的空间格局与影响机制 [J]. 地理学报，2022，77（10）：2474-2493.

[2] 李荣彬，喻贞. 禀赋特征、生活满意度与流动人口社会融合——基于不同地区、城市规模的比较分析 [J]. 城市规划，2018，42（8）：21-28.

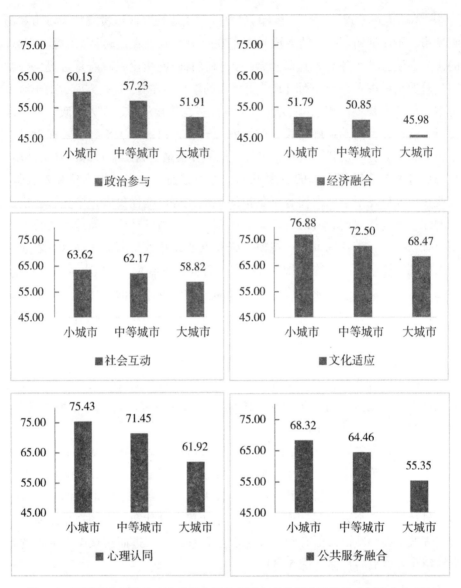

图5-3 不同城市规模的农业转移人口社会融合各维度水平差异（标准分为100）

第二节 社会融合水平差异

农业转移人口是一个数以亿计的流动群体，当前存量规模超过2.5亿人，占全国人口总量的18%。如此庞大的农业转移人口，讨论其流动后果——社会融合，其内部异质性问题不能忽视。异质性包含两个层面：一是个体间的异质性；二是相同的实验或刺激对不同的个体具有不同的作用，即异质性作用。社会科学研究和公共政策研究都需要强调这种异质性作用。① 个人和家庭特征不同的农业转移人口面对相同的城市可能会有不同的社会融合水平。这就需要通过社会分组及交互的方式去讨论，特别是在当前农业转移人口内部结构发生重大变化的条件下，如教育结构的变化，特别是大专及以上人口所占比重在历次全国人口普查和1%人口抽样调查中都有明显提高。这种结构性变化首先带来的是对流入地选择机制的变化影响；其次是不同结构的农业转移人口在流入地对公共服务需求和社会环境及相应政策的理想要求都可能发生了根本性变化；最后，不同结构的农业转移人口的社会融合水平存在差异。因此，农业转移人口社会融合异质性作用问题及其政策含义需要更多关注和重视。

党的十八大以来，农业转移人口社会融合成为社会经济发展中的关键问题。学界和政府都高度重视，研究成果不断丰富，相关政策措施相继出台，但对农业转移人口内部的异质性研究较少，对其内部结构特征认识不足，使得社会融合工作难以做到真正的分类分层推进，导致政策效果具有一定不确定性。因此，准确把握农业转移人口社会融合内部的异质性，可增强政策实施效果，提升城镇化质量。本节将从农业转移人口个体特征、社会经济特征和流动特征三方面，分析农业转移人口社会融合水平及差异。

一、个体家庭视角的差异

（一）不同性别的社会融合水平差异

在我国劳动力市场的性别差异研究中，研究者发现目前传统观念与角色分工依旧影响着劳动力市场参与机会及其回报率。研究认为，经济社会的发展更多地惠及男性，而非平等地惠及两性，这就拉大了劳动力市场参与机会及其回报率的性别差异——哪怕女性的受教育程度已开始与男性比肩。② 劳动力市场的性别差别可能影响到社会融合水平，但社会融合是一个内涵丰富的概念，包含经济、社会、文化和心理等内容，而不仅是涉及就业收入。在国际移民社会融合影响因素的研究中，许多研究者发现移民在融入当地社会的

---

① 周皓，刘文博. 流动人口的流入地选择机制 [J]. 人口研究，2022，46（1）：37-53.
② 杨菊华. 市场化改革与劳动力市场参与的性别差异——20年变迁的视角 [J]. 人口与经济，2020（5）：1-18.

过程中其途径及程度存在明显性别差异。①

国内的多项实证研究也证明了社会融合存在性别差异。例如，邢祖哥等人②利用 2017 年中国流动人口动态监测调查数据进行测量，结果表明女性的社会融合程度更高，并进一步解释可能是男性承担着家庭经济责任并因此面临较大的经济和社会压力，导致社会融合程度不及女性。早期研究也认为男性农民工的"社会融入度显著低于女性"③。刘建娥④的调查结果显示女性移民的社会融入度要高于男性，女性更易融入城市社会。另外，也有不同的研究结果，杨菊华使用 2013 年流动人口社会融合专题调查数据发现"男性的社会融入水平好于女性"⑤。更为细致的研究发现是，性别只对我国东部地区的社会融合起作用，而对中部和西部的影响并不显著。研究发现，在东部地区，女性的社会融合度要比男性高出 8.2%。研究者认为，这是因为女性拥有强烈的团聚意识和陪伴需要，为了生活的舒适和婚姻的安稳，更倾向于定居城市生活。但是，也有研究表明性别对社会融合不产生显著性影响。⑥ 上述结果表明，目前农业转移人口社会融合是否存在显著性差别，国内研究并没有达成共识。由于数据来源不同、社会融合指标构成和计算方法不一样，可能会导致测量结果的不一致。

本次调查，t 检验结果显示，不同性别的贵州省农业转移人口社会融合水平在 5% 水平下存在显著性差异（$p<0.05$，$t=-2.135$），女性社会融合综合指数得分 62.70，比男性的社会融合综合指数高近 1.5 分。从不同维度水平差异来看，不同性别的农业转移人口社会融合存在的差异由文化适应维度和心理认同维度所致，其他维度差异不存在显著性。文化适应测量主要考察本地语言的使用情况和文化接近度两方面，而文化接近度进一步细化到服饰、饮食、

① PESSAR P R. The Role of Gender, Households and Social Networks in the Migration Process: An Appraisal and Review. [M] // The Handbook of International Migration: The American Experience. New York, 1999.

② 邢祖哥，黄耿志，薛德升. 中国城市流动人口社会融合的空间格局与影响机制 [J]. 地理学报，2022，77（10）：2474-2493.

③ 王震. 农民工城市社会融入的测度及影响因素——兼与城镇流动人口的比较 [J]. 劳动经济研究，2015，3（2）：41-61.

④ 刘建娥. 乡-城移民（农民工）社会融入的实证研究——基于五大城市的调查 [J]. 人口研究，2010，34（4）：62-75.

⑤ 杨菊华. 中国流动人口的社会融入研究 [J]. 中国社会科学，2015（2）：61-79，203-204.

⑥ 任远，乔楠. 城市流动人口社会融合的过程、测量及影响因素 [J]. 人口研究，2010，34（2）：11-20.

卫生、习俗、人情交往和社会观念趋同度。心理认同包含地方认同、地方关注、融入意愿和身份认同。相较于流出地传统农村社会环境，女性农业转移人口在流入地城镇的家庭地位往往得到改善，因而女性比男性更加容易接受流入地社会的社会文化及观念①，甚至更倾向于在流入地定居，以维护其社会经济地位的提升。而男性农业转移人口可能要承担更大的经济责任，面临更大的经济竞争和社会心理压力，从而导致其文化适应、心理认同等方面的社会融合程度低于女性。

（二）不同代际差异的社会融合水平差异

农业转移人口社会融合是一个漫长、渐进的过程，可能需要两代甚至几代人共同的努力来实现。自 20 世纪 90 年代末，农民工就开始了换代变化，王春光②于 2001 年首先提出了新生代农村流动人口的社会认同和城市融入问题，并将新生代农民工的城市融合状况概括为"半城市化"现象或问题。此后，代际对比研究视角普遍见于对年龄的讨论。就已有研究来看，从多维度度量社会融合的大多数研究支持年龄增长有助于社会融合。例如，杨菊华③认为 1980 年前流动者社会融入水平好于"80 后"和"90 后"。王震④也发现在均值意义上，新生代农民工的城市社会融入度低于老一代农民工，并进一步说明尽管新生代农民工对城市更加熟悉，甚至有一部分新生代农民工出生、生长在城市，但由于自小就受到社会排斥，新生代对城市的疏离感更强，距离农村也更远，成为城市社会中最为边缘的群体。但是，也有研究表明新生代农民工的城市融入程度高于第一代农民工。例如，何军⑤使用江苏省的调查数据对农民工城市融入的代际差异进行了分析，结果显示新生代农民工的城市融入程度高于第一代农民工；新生代农民工收入水平越高，其城市生活和居住状况越好，更有利于其融入城市，对城市的归属感和自我角色的认同也

① LTZIGSOHN LTZIGSOHN J, GIORGULI‐S. Incorporation, transnationalism, and gender: Immigrant incorporation and transnational participation as gendered processes [J]. International Migration Review. 2005, 39 (4): 895-920.

② 王春光. 新生代农村流动人口的社会认同与城乡融合的关系 [J]. 社会学研究, 2001 (3): 63-76.

③ 杨菊华. 中国流动人口的社会融入研究 [J]. 中国社会科学, 2015 (2): 61-79; 203-204.

④ 王震. 农民工城市社会融入的测度及影响因素——兼与城镇流动人口的比较 [J]. 劳动经济研究, 2015, 3 (2): 41-61.

⑤ 何军. 江苏省农民工城市融入程度的代际差异研究 [J]. 农业经济问题, 2012, 33 (1): 52-59; 111.

会随之提高，行为和心理上就更有可能从农民转变成为市民。① 任远等人②的测量结果也显示，青年人口社会融合的程度更强，具有更强的城市化倾向。还有研究发现，农业转移人口社会融合不存在性别差异。李培林等人③根据2011年中国社会状况综合调查数据对老一代农民工和新一代农民工的社会融入差异进行了研究，却发现新生代和老一代农民工的社会融入状况没有根本差异。

我们的调查结果显示，不同代际的贵州省农业转移人口社会融合综合水平在5%水平下存在显著性差异（$p<0.05$，$t=-2.407$），老一代农业转移人口社会融合水平高于新一代。从各维度来看，不同代际的农业转移人口在政治参与、经济融合、文化适应和心理融合维度上存在显著性差异，但在社会互动和公共服务维度不具显著性。在均值意义上，老一代农业转移人口的社会融合比新一代高近2分，除了社会互动维度的其他维度得分比新生代要高出2~3分。较之老一代，刚进入城市的新一代农业转移人口由于没有工作经验和技能，客观融合的条件积累不足，容易进入自我身份认同的低谷，但随着年龄的增长和工作经验的增加，农业转移人口在流入地城镇的工作经历、就业收入、生活方式等相应发生变化，经济收入、文化适应等方面也随之提高，从而提升了社会融合程度。

（三）不同受教育程度的社会融合水平差异

受教育程度在一定程度上反映了可观察到的个体能力，并从多个途径作用于农业转移人口的社会融合。现有研究均表明，受教育程度对农业转移人口社会融合综合水平产生正向影响，学历越高，越有利于社会融合，但社会融合的不同维度上，人力资本对不同维度的影响并不是整齐划一的。杨菊华等人④发现，无论流动人口受教育程度高低，都不会影响他们对当地文化的态度；王明峰等人也发现文化程度对受访者的社会关系、经济和文化融合都具有显著的正向促进作用，但对心理融合的影响很小。这一研究认为，大专及以上学历的外来人口比小学或未受过教育的外来人口在经济适应上更有优势。

① 余运江，高向东，郭庆. 新生代乡—城流动人口社会融合研究——基于上海的调查分析[J]. 人口与经济，2012（1）：57-64.

② 任远，乔楠. 城市流动人口社会融合的过程、测量及影响因素[J]. 人口研究，2010，34（2）：11-20.

③ 李培林，田丰. 中国农民工社会融入的代际比较[J]. 社会，2012，32（5）：1-24.

④ 杨菊华，张娇娇. 人力资本与流动人口的社会融入[J]. 人口研究，2016，40（4）：3-20.

较高学历对外来人口的社会融合作用并不显著，但是初中学历的外来人口比小学或未受过教育的外来人口更容易认同城中村。[①]

鉴于并非每个学历层次都对社会融合产生显著影响，为了考察不同受教育程度对社会融合产生的差别效应，我们按初级、中级和高级将受教育程度分为三个层次。其中，初级教育程度指初中及以下教育程度，中级教育程度包括高中、中专和中职，高级教育程度包括大专和高职及以上的教育程度。测量结果表明，不同受教育程度对贵州省农业转移人口社会融合产生正向影响作用（$p<0.001$，$F=19.542$）。初级、中级到高级教育程度的社会融合水平综合得分分别为 59.81 分、61.66 分和 64.15 分，不同教育层次的社会融合水平具有明显的梯度，尤其是高级和中级教育层次，明显拉开了距离。从不同维度来看，各维度的得分也表现出随着教育层次的提升，水平不断提高，但是不同的教育程度对社会融合各维度产生的作用不同。高级层次的教育程度对政治参与、文化适应和公共服务融合水平影响较大，三个维度的水平高级教育程度比中级教育程度高出 3~4 分，而中级教育程度只比初级教育程度高出 1~2 分；中级受教育程度对经济融合、社会互动和心理认同水平产生影响较大，在这三个维度上，中级教育程度比初级教育程度高出 3~4 分，而高级教育程度比中级教育程度仅高出 1~2 分。也就是说，政治参与、文化适应和公共服务融合水平的分水岭在高级教育程度；经济融合、社会互动和心理认同水平的分水岭在中级教育程度。这说明，不同受教育层次对社会融合维度产生不同的影响。

（四）不同婚姻状况的社会融合水平差异

不同婚姻状况的农业转移人口社会融合是否存在差异，现有研究未达成共识。有研究发现，已婚对流动人口的综合社会融入水平有正向影响。李平等人[②]利用山东省流动人口调研数据的分析发现，已婚人群比未婚和离异具有更好的社会融合水平；王震[③]的研究也表明，已婚农民工，特别是已婚且与配偶共同居住的农民工，他们的城市融入水平显著高于单身者。但是，也有研

① 汪明峰，程红，宁越敏. 上海城中村外来人口的社会融合及其影响因素 [J]. 地理学报，2015，70（8）：1243-1255.

② 李平，朱国军，季永宝. 转型期异质性流动人口的社会融合影响因素研究——来自山东省流动人口调研数据的经验证据 [J]. 东岳论丛，2015，36（1）：142-148.

③ 王震. 农民工城市社会融入的测度及影响因素——兼与城镇流动人口的比较 [J]. 劳动经济研究，2015，3（2）：41-61.

究发现，未婚的流动人口在社会融合上的表现要好于已婚流动人口①，已婚移民或家庭迁移并不利于社会融入。② 在社会融合维度上，有研究认为婚姻状况显著影响进城农民的自我角色认同，已婚的进城农民对城市身份的认同度较低，未婚的进城农民自我角色认同更可能是"市民"③；也有研究认为已婚移民在经济融合和身份融合方面显著高于未婚者，而在文化融合方面却显著低于未婚者④；还有研究发现，已婚者比未婚者心理融合程度低，其解释为已婚群体中大部分有小孩，其经济压力较大，当有小孩在老家时，会增加其的挂念，因此降低了其在流入地的融合水平。⑤

我们的数据显示，有无配偶对贵州省农业转移人口社会融合综合水平不产生显著性影响，有配偶的农业转移人口社会融合得分与无配偶的差异很小。从各维度来看，婚姻状况对社会互动（$p<0.05$，$t=2.242$）和心理认同（$p<0.05$，$t=2.236$）产生显著性影响。有配偶的农业转移人口社会互动和心理认同高于无配偶的，有配偶的社会互动和心理认同得分分别为 62.26 分和 70.42 分，比无配偶的得分分别高出 1.7 分和 2 分。有研究认为，已婚农民工更可能与家乡人交往，而未婚者更可能与市民交往，因为婚姻会带来重要的亲缘和血缘关系，农民工更可能依赖这种"强关系"⑥，进而会削弱在城市的社会融合，而未婚农民工却没有这种关系的束缚，因而更愿意融入当地社会。⑦ 然而，我们的测量结果显示，有配偶农业转移人口社会互动水平要高于无配偶的，这可能在很大程度上与社会互动的测量有关，也与样本的选择性有关。婚姻状况对政治参与、经济融合、文化适应和公共服务融合水平不产生显著性影响，但从均值来看，有配偶的农业转移人口经济融合和文化适应

---

① 余运江，高向东，郭庆. 新生代乡-城流动人口社会融合研究——基于上海的调查分析 [J]. 人口与经济，2012（1）：57-64.

② 刘建娥. 乡-城移民（农民工）社会融入的实证研究——基于五大城市的调查 [J]. 人口研究，2010，34（4）：62-75.

③ 邓大松，胡宏伟. 流动、剥夺、排斥与融合：社会融合与保障权获得 [J]. 中国人口科学，2007（6）：14-24，95.

④ 张文宏，雷开春. 城市新移民社会融合的结构、现状与影响因素分析 [J]. 社会学研究，2008（5）：117-141，244-245.

⑤ 李振刚，南方. 城市文化资本与新生代农民工心理融合 [J]. 浙江社会科学，2013（10）：83-91；158.

⑥ 李树苗，任义科，靳小怡，等. 中国农民工的社会融合及其影响因素研究——基于社会支持网络的分析 [J]. 人口与经济，2008（2）：1-8，70.

⑦ 黄小兵，黄静波. 消费行为与农民工社会融合 [J]. 华南农业大学学报（社会科学版），2015，14（2）：37-49.

得分要高于无配偶的,但在政治参与和公共服务融合的得分却低于无配偶的。

(五)是否拥有本地户口的社会融合水平差异

社会融合是一个长期的、复杂的过程,农业转移人口即使已经落户城镇,但仍然处于不断融合之中。因此,我们考察的对象是在城镇工作、生活的农业转移人口,无论其户籍是否迁移均纳入研究对象范畴。数据显示,有无本地户口的贵州省农业转移人口社会融合存在显著性差异($p<0.001$,$t=11.029$),拥有本地户口的农业转移人口社会融合水平 67.57 分,高于未在本地落户的农业转移人口 7 分。

有无本地户口的农业转移人口社会融合各维度也存在显著差异,尤其是在心理认同维度上($p<0.001$,$t=14.664$)。有本地户口的贵州省农业转移人口心理认同明显高于没有本地户口的,两者差距达到 13 分,说明促进农业转移人口城镇落户有助于其身份认同;有无本地户口的农业转移人口,其经济融合水平和公共服务融合水平也存在明显的差距,两者相差也在 8 分左右;有无本地户口的农业转移人口在其他维度水平上也有不少的差异。事实上,没有本地户口的农业转移人口容易被"屏蔽"在与户籍制度挂钩的各种社会福利之外,更容易面临职业困境、公共服务差距等问题,不利于社会化融合水平的提升。

(此部分数据参见表 5-1)

表5-1　不同人口学特征的社会融合水平及其维度的差异（标准分为100）

类别	组别 t/F值	政治参与	经济融合	社会互动	文化适应	心理认同	公共服务融合	社会融合综合指数
性别	男	55.92	49.57	61.65	71.34	68.62	62.02	61.38
	女	56.97	49.73	61.35	73.70	70.88	63.55	62.70
	t	-1.281	-0.168	0.378	-2.585*	-2.486*	-1.671	-2.135*
年龄（代际）	新生代	55.79	48.96	61.60	72.25	69.00	62.18	61.54
	老一代	58.55	51.93	61.18	72.66	71.66	64.33	63.33
	t	-2.792**	-2.491*	0.443	-0.376*	-2.416*	-1.943	-2.407*
受教育程度	初级	55.14	47.76	58.96	70.79	66.94	59.95	59.81
	中级	54.99	50.15	62.45	71.96	69.73	61.64	61.66
	高级	58.38	51.07	63.31	74.04	71.94	65.88	64.15
	F	7.982***	4.464*	13.099***	4.988**	11.765***	17.414***	19.542***
婚姻状况	有配偶	55.75	50.31	62.26	72.64	70.42	62.53	62.27
	无配偶	57.25	48.65	60.50	71.93	68.40	62.91	61.47
	t	-1.820	1.663	2.242*	0.773	2.236*	-0.426	1.270
本地户口	有	59.13	55.14	65.38	77.57	79.75	68.37	67.57
	无	55.55	47.99	60.28	70.80	66.48	60.94	60.22
	t	3.502***	6.222***	5.637***	6.787***	14.664***	7.644***	11.029***

注："*"表示在0.05水平上显著，"**"表示在0.01水平上显著，"***"表示在0.001水平上显著。

二、经济社会视角的差异

(一) 不同职业类型的社会融合水平差异

职业具有客观性，也常作为分层标准。牛喜霞等人[1]认为与金字塔中等级层次靠下的人相比，金字塔中等级层次靠上的人在经济层面上已经融入城市，在社会层面和心理层面更愿意融入城市。陆淑珍[2]的研究也发现，职业与个体社会融合程度存在密切关系，处于职业高层人员的整体社会融合程度较高。

本次调查，不同职业的贵州省农业转移人口社会融合存在显著性差异（$p<0.001$，$F=11.844$），干部及专业技术人员的社会融合水平明显高于商业服务业人员、工人及其他。干部及专业技术人员、商业服务业人员和工人及其他的农业转移人口社会融合综合指数得分分别为 64.89 分、62.13 分和 60.99 分，两者之间差距 2 分左右，梯次明显。

从各维度来看，在经济融合、社会互动和文化适应水平上，均呈现出干部及专业技术人员最高、工人及其他最低，且存在明显梯次的特点。但是，商业服务业人员和工人及其他在不同维度却有一定的差异。工人及其他人员在政治参与和公共服务融合方面得分高于商业服务业人员。这可能与二者所在单位的性质有一定的关系。相比而言，商业服务业人员尤其是餐饮行业人员在个体及私营企业任职者较多，这些企业在劳动合同的签订以及社会保险的参与方面不及正规大企业。心理认同在不同职业之间不存在显著性差异，职业的差异并未影响农业转移人口的主观感知。

本次测量的社会融合综合水平与陆淑珍[3]的研究结果是一致的，但在不同维度有所差异。陈淑珍的研究认为社会交往、文化融合方面，下岗失业人员融合程度最高，而我们测量的结果是干部及专业技术人员最高。此外，陆淑珍的研究得出心理融合方面，国家机关、党政组织单位负责人融合程度最高（均值=59.620），下岗失业人员融合程度最低（均值=34.311），且个体差异最小，但我们的调查显示，在心理融合上并没有发现存在显著性差异。这在很大程度上可能与职业归类有关，也可能是研究区域差异所致，我们的研究

---

[1] 牛喜霞，谢建社. 农村流动人口的阶层化与城市融入问题探讨 [J]. 浙江学刊，2007 (6)：45-49.

[2] 陆淑珍. 珠三角非户籍人口的职业与社会融合实证分析 [J]. 南方人口，2012，27 (2)：59-65.

[3] 陆淑珍. 珠三角非户籍人口的职业与社会融合实证分析 [J]. 南方人口，2012，27 (2)：59-65.

对象是贵州省内农业转移人口，省内转移占绝大部分，尽管发生了乡城转移，但由于都是省内转移，因此心理融合差异不大。

总的来说，社会融合表现出明显的职业差异，一方面反映出社会融合的复杂性问题，另一方面也体现出与职业有着密切关系，处于职业分层上端的农业转移人口因占有较多的社会资源，不仅在经济融合上更容易实现，而且还能拓宽他们的交往范围，更加容易获得本地化的社会支持，进而促进其社会融合。然而，处于职业底层和中下层的人员，他们的融合程度较低，也可能与职业回报率有关，他们的经济收入较低，势必对经济融合产生负面影响，再加上工作、收入的不如意，自身也不一定愿意多与人交往交流，进而削弱了其政治参与、社会互动和文化适应等方面的融合。

（二）不同单位性质的社会融合水平差异

从单位性质来看，不同单位性质的贵州省农业转移人口社会融合存在显著性差异（$p<0.001$，$F=49.891$）。外资及合资企业的社会融合综合指数得分最高（72.58 分），国有及企事业单位的社会融合综合指数次之（66.03 分），其次是个体及私营企业（61.67 分），最低的是其他及无单位（57.86 分）。不同单位性质的农业转移人口社会融合得分差距较大。

从单位性质与各个维度之间的关系来看，不同单位性质在各维度的得分排序与社会融合综合指数是一致的。外资及合资企业在政治参与、经济融合、社会互动、文化适应、心理融合与公共服务的得分上均最高，而无单位的各维度均最低。可见，在合资企业工作的农业转移人口由于企业的规模较大、正规化程度较高，在劳动合同的签订、社会保险的参与等方面明显处于优势。

（三）不同劳动合同签订的社会融合水平差异

劳动关系是现代社会的基本经济关系。2008 年 1 月，我国《劳动合同法》正式实施，标志着从立法的高度保护劳动者的合法权益，提高了劳动力市场制度化水平[1]，但是由于农业转移人口自身和用工单位的原因，劳动合同签订率一直难以全覆盖。已有研究表明，签订劳动合同显著提高了农民工城市定居意愿和城市融入程度[2]。本次调查显示，是否签订劳动合同的贵州省农业转移人口社会融合存在显著性差异（$p<0.001$，$t=7.629$），签订劳动合同

---

① 蔡昉. 刘易斯转折点与公共政策方向的转变——关于中国社会保护的若干特征性事实 [J]. 中国社会科学，2010（6）：125-137，223.

② 王珊娜，赵明霏. 劳动合同对农民工城市融入的影响——基于农民工个体调查数据的实证分析 [J]. 调研世界，2022（5）：62-71.

的农业转移人口社会融合综合指数得分为 63.41 分，比未签订劳动合同者高出约 5.5 分。

从不同维度来看，签订劳动合同的农业转移人口在政治参与、经济融合、社会互动、文化适应、心理认同与公共服务融合等维度得分均高于未签订劳动合同者，其中差距最大的是经济融合维度上，二者差距达到 6.5 分。是否签订劳动合同对经济融合产生影响，这是因为劳动合同的签订有利于规范劳动力市场，是保障劳动者权益的重要法律依据，签订劳动合同可以增强农业转移人口就业稳定性及就业权益保护，进而提高其社会融合水平。

（此部分数据参见表 5-2）

表5-2　不同社会经济特征的融合水平及其维度的差异（标准分为100）

类别	组别 t/F值	政治参与	经济融合	社会互动	文化适应	心理认同	公共服务融合	社会融合综合指数
职业	干部及专业技术人员	58.94	52.37	64.38	76.03	71.83	65.71	64.89
	商业服务业人员	54.47	50.08	63.41	73.72	68.96	61.74	62.13
	工人及其他	56.21	48.66	60.09	70.79	69.02	61.99	60.99
	F	5.799**	4.177*	11.723***	10.771***	2.960	5.267**	11.844***
单位性质	国有及企事业单位	61.20	53.24	65.61	76.00	73.45	66.86	66.03
	个体及私营企业	54.63	49.40	62.25	71.86	69.59	62.42	61.67
	外资及合资企业	69.19	66.80	66.56	81.84	78.69	72.42	72.58
	其他及无单位	54.93	44.58	56.48	69.40	65.47	58.77	57.86
	F	30.357***	35.455***	24.199***	14.827***	18.169***	19.075***	49.891***
是否签订合同	是	57.22	51.34	63.11	73.48	71.28	64.25	63.41
	否	53.97	44.69	57.38	69.50	64.97	58.48	57.93
	t	3.724***	6.414***	6.582***	3.865***	6.216***	5.314***	7.629***

注："*"表示在 0.05 水平上显著，"**"表示在 0.01 水平上显著，"***"表示在 0.001 水平上显著。

三、流动特征视角的差异

（一）不同迁移模式的社会融合水平差异

随着城镇化步伐的加快，农业转移人口"携家带口"式迁移越来越普遍，且在流入地城市工作和居留开始趋向长期化和稳定化。家庭逐渐成为农业转移人口外出务工和在城市工作生活的基本单元，家庭化迁移亦成为农村人口向城市流动的新趋势。① 多数研究者认为家庭化迁移能增强农业转移人口对流入地的定居意愿，进而提高其心理（身份）认同。有研究认为，家庭化迁移使流动人口在新的环境中获得来自家庭的归属感，使他们更容易建立对流入地市民与社会的信任②，进而增强他们的居留意愿③④，有助于提高他们对城市的心理认同。⑤⑥ 此外，家庭化迁移还可以避免留守对流动人口子女成长造成的消极影响，为他们创造更优质的教育与发展机会，同时也增强了作为父母的流动人口的整体福祉。因此，子女随迁不仅能显著提高流动人口城市居留意愿、户口迁移意愿⑦，也能够增强流动人口的城市融入感与本地身份认同。⑧⑨ 相反，家庭成员异地分离降低了流动人口居留城市的稳定性，阻碍了流动人口的社会融合。

---

① 熊景维，钟涨宝. 农民工家庭化迁移中的社会理性［J］. 中国农村观察，2016（4）：40-55，95-96.

② 任远，陶力. 本地化的社会资本与促进流动人口的社会融合［J］. 人口研究，2012，36（5）：47-57.

③ 李强，龙文进. 农民工留城与返乡意愿的影响因素分析［J］. 中国农村经济，2009（2）：46-54，66.

④ 盛亦男. 流动人口居留意愿的梯度变动与影响机制［J］. 中国人口·资源与环境，2017，27（1）：128-136.

⑤ 张文宏，周思伽. 迁移融合，还是本土融合——农民工社会融合的二重性分析［J］. 湖南师范大学社会科学学报，2013，42（5）：81-90.

⑥ 史毅. 户籍制度与家庭团聚——流动人口流入地的身份认同［J］. 青年研究，2016（6）：11-20；91.

⑦ WANG C，ZHANG C，NI J，et al. Family Migration in China：Do Migrant Children Affect Parental Settlement Intention？［J］. Journal of Comparative Economics，2019，47（2）：416-428.

⑧ 王春超，张呈磊. 子女随迁与农民工的城市融入感［J］. 社会学研究，2017，32（2）：199-224，245-246.

⑨ WANG C，ZHANG C，NI J，et al. Family Migration in China：Do Migrant Children Affect Parental Settlement Intention？［J］. Journal of Comparative Economics，2019，47（2）：416-428.

一般来说，迁移流动模式可分为非家庭式流动、半家庭式流动和完全家庭式流动。① 考虑到家庭化迁移与个体迁移的显著区别在于多个家庭成员一同迁移而不是单个家庭成员迁移。因此，本研究只要配偶或子女一方核心家庭成员随迁等非完整态的迁移均被涵盖在这一概念的范畴内。也就是说，只要有两个或两个以上的家庭成员一起迁移，均属于本研究的家庭化迁移。家庭化迁移是一个比"家庭迁移"和"举家迁移"更广泛的概念，但是这样处理并不会影响农业转移人口家庭化迁移与个体迁移的对比分析。

从调查数据来看，贵州省农业转移人口家庭化迁移和独自迁移的社会融合综合指数得分存在显著性差异（$p<0.001$，$t=-7.141$），家庭化迁移的农业转移人口社会融合综合指数得分 63.55 分，显著高于独自迁移者。从各维度得分来看，家庭化迁移在六个维度均显著高于独自迁移，尤其是在心理认同上，家庭化迁移的农业转移人口比独自迁移者得分高出 8.5 分，是各维度两者差距最大的，说明了家庭化迁移对农业转移人口心理认同产生较大的作用，符合目前相关研究的结论。在政治参与方面，是否家庭化迁移的得分差异不大。总的来说，家庭化迁移对社会融合及各维度水平都产生正向作用。杨菊华的研究也认为，举家流动者的社会融入水平好于所有其他流动类型的人口，举家流动者的经济整合、社会适应和心理认同状况均好于其他流动模式者。② 鉴于家庭化迁移有利于社会融合结论的启示是，推进城镇化和农业转移人口市民化的政策设计应更加体现"以人为核心"的价值导向，注重满足其家庭需求和社会需求，对农村迁移人口采取以家庭为单位的城市公共服务供给策略，从而提升"以人为核心"新型城镇化治理政策的针对性与实效性。

（二）不同流动范围的社会融合水平差异

农业转移人口可以选择不同的流动范围（行政跨度），而不同的流动范围的大小对农业转移人口在务工地城市的融合深度和进度产生显著的影响。③ 我们的调查数据显示，在均值意义上，不同的行政跨度对农业转移人口产生显著的影响（$p<0.001$，$F=76.564$），跨度的行政级别越大，对农业转移人口社会融合产生负向作用越大，且在 0.001 水平下会显著。县内跨乡镇/街道的农

① 杨菊华，陈传波. 流动人口家庭化的现状与特点：流动过程特征分析 [J]. 人口与发展，2013，19（3）：2-13，71.

② 杨菊华. 中国流动人口的社会融入研究 [J]. 中国社会科学，2015（2）：61-79，203-204.

③ 李瑞，刘超. 流动范围与农民工定居意愿——基于流出地的视角 [J]. 农业技术经济，2019（8）：53-67.

业转移人口社会融合综合指数得分最高（66.21分），随着流动范围递增，市内跨县、省内跨市和省外流入的农业转移人口社会融合综合得分逐渐降低，这一研究结果与已有研究是一致的。田明①也发现，省内流动人口比跨省流动人口更易于融入，吸纳省内人口为主的城市更有利于流动人口社会融入；杨菊华②利用2005年全国1%人口抽样调查数据发现，流动所跨越的行政区划越大，流动人口的经济社会水平越低，其中跨省流动的劣势最为明显。一般来讲，经济性迁移者的跨省流动，流向为经济更为发达的省份。因此，跨省流动有可能提高就业机会和收入水平③，但也伴随一些问题。例如，跨地区流动会使农业转移人口失去大部分的社会支持，在就业市场和日常生活中面临更多的困难，尤其是跨省农业转移人口，因为跨省流动不仅距离扩大，也使得行为适应、公共福利的转移接续和日常生活更加困难。相反，省内转移，尤其是就地就近转移人口，由于社会生活情境、文化背景、方言体系与当地居民一致，社会支持网络在很大程度上得以保留，且当地社会福利和公共保险对其适用，也较容易转移原有社会保险，促进地区内农业转移人口在流入地的社会融合。

我们还注意到，跨越县域这一行政级别的农业转移人口社会融合下降幅度最大，降幅为6分，而其他行政跨度降幅只有1~3分。这与我国制度安排和县域自身特点有关。早期县域内的人口迁移流动曾经也受到城乡二元户籍的影响，但是目前县域内户籍的影响基本上不存在了。从乡村流入县域内的小城镇，没有户籍限制，公共服务也没有差异，更没有明显的文化隔阂和歧视。同时，县城或者小城镇又是农业转移人口市民化成本最低的地区。因此，具有较高的社会融合水平。但是，发生跨县流动的情况就不同了，有两个明显的变化：一是从行政管理和服务上讲，许多公共服务和管理都是由县市级政府财政承担，跨县流动受到公共服务体制的制约，从而影响流动者的生活和行动。二是县域一般也是小文化区的单元，每个县基本上有自己的文化传统，跨县流动意味着在一定程度上面临一定的文化差异，虽然这样的差异相对于公共服务对流动人口社会融合的影响要小一些。④

从不同维度来看，除了经济融合维度，其他维度的得分与社会融合综合

---

① 田明. 地方因素对流动人口城市融入的影响研究［J］. 地理科学，2017，37（7）：997-1005.

② 杨菊华. 社会排斥与青年乡-城流动人口经济融入的三重弱势［J］. 人口研究，2012，36（5）：69-83.

③ 杨菊华. 流动人口在流入地社会融入的指标体系——基于社会融入理论的进一步研究［J］. 人口与经济，2010（2）：64-70.

④ 王春光. 外来农村流动人口本地化的体制性困境［J］. 学海，2017（2）：93-101.

指数得分基本一致，按照县内跨乡镇/街道>市内跨县>省内跨市>省外流入的顺序依次降低。在经济融合维度上，正如上文所述，实现了较高的经济收入，经济融合得分高于市内跨县，也高于省内跨市。在经济以外的其他维度上，尤其是在心理认同上，流动距离会对农业转移人口的心理认同产生影响。随着流动跨度的增大，农业转移人口产生拒绝型和矛盾型心理认同的可能性会增加。这表明，流动范围会对农业转移人口的心理认同产生影响，另外也说明流入地与流出地经济水平、文化等方面的差异也会在农业转移人口中产生异质性的影响。具体来看，与省外流入者相比，省内流动者由于流入地和流出地的地理距离接近，农业转移人口面临的制度区隔阻碍更小，其文化特征等也比较接近，本地人对其接纳程度也可能更高，因而具有更好的社会融合水平。

（三）不同定居与落户意愿的社会融合水平差异

落户意愿是农业转移人口在流入地稳定居留、实现完全城镇化的重要标志①，具有高落户意愿和居留意愿的流动人口，会努力发挥自身能动性来适应本地生活方式，建立长久的社会网络，以满足流入地城市所需的落户条件，这个过程有助于提升其社会融合水平②。

本次调查显示，不同的定居意愿和落户意愿在社会融合综合指数及维度得分上存在显著性差异（$p<0.001$），愿意定居的贵州省农业转移人口社会融合综合指数得分比不愿意定居或者没想好的高近 9 分；愿意落户的农业转移人口比不愿意落户或者没想好的高 5 分。

从不同的维度看，愿意定居和愿意落户的在不同维度得分均高于不愿意定居和不愿意落户的。其中，差距最大的体现在心理认同维度得分上，愿意定居的得分比不愿意定居的得分高出 14 分，同样在落户意愿上也存在 9 分的差距。定居、落户意愿强的农业转移人口会积极寻找工作，努力与本地市民交往，参与社会和社区活动，主动了解流入地的风俗习惯、价值观念，进而促进其社会融合。因此，愿意定居、落户的农业转移人口在其他维度得分上也好于不愿意定居、落户者。总的来说，定居、落户意愿确实对农业转移人口的社会融合水平有强烈的影响作用，但是否受其他因素干扰，在后文多元回归分析中将进一步深入分析。

（此部分数据参见表 5-3）

---

① 陈思创，曹广忠，刘涛．中国农业转移人口的户籍迁移家庭化决策［J］．地理研究，2022，41（5）：1227-1244．

② 邢祖哥，黄耿志，薛德升．中国城市流动人口社会融合的空间格局与影响机制［J］．地理学报，2022，77（10）：2474-2493．

表5-3 不同流动特征的社会融合水平及其维度的差异（标准分100）

类别	组别 t/F值	政治参与	经济融合	社会互动	文化适应	心理认同	公共服务融合	社会融合综合指数
迁移模式	单身迁移	55.48	47.47	58.67	68.89	64.11	60.62	59.08
	家庭迁移	56.91	50.84	63.19	74.33	72.62	63.75	63.55
	t	-1.679	-3.307***	-5.694***	-5.849***	-9.388***	-3.326***	-7.141***
流动范围	县内跨乡镇/街道	59.73	52.60	63.94	77.05	76.28	67.35	66.21
	市内跨县	55.08	45.30	60.79	73.40	70.15	60.91	60.86
	省内跨市	55.03	44.73	57.78	67.57	61.40	57.10	57.17
	省外流入	46.62	54.20	60.57	61.05	58.24	57.77	56.36
	F	36.807***	22.726***	14.944***	56.203***	108.804***	38.018***	76.564***
城市规模	小城市	60.15	51.79	63.62	76.88	75.43	68.32	66.14
	中等城市	57.23	50.85	62.17	72.50	71.45	64.46	63.06
	大城市	51.91	45.98	58.82	68.47	61.92	55.35	56.96
	F	30.331***	12.109***	11.468	23.252***	74.010***	66.819***	30.331***
定居意愿	愿意	57.97	52.01	63.53	76.16	74.86	65.61	65.01
	不愿意或没想好	53.52	45.51	58.00	65.61	60.24	57.41	56.43
	t	5.515***	6.775***	7.014***	11.210***	17.388***	8.974***	14.573***

续表

类别	组别t/F值	政治参与	经济融合	社会互动	文化适应	心理认同	公共服务融合	社会融合综合指数
落户意愿	愿意	57.11	52.13	63.90	75.79	74.68	65.00	64.78
	不愿意或没想好	55.81	47.69	59.56	69.69	65.54	60.82	59.67
	t	1.577	4.522***	5.640***	6.771***	10.49***2	4.620***	8.531***

注："*"表示在0.05水平上显著，"**"表示在0.01水平上显著，"***"表示在0.001水平上显著。

第六章

社会融合的影响因素

影响因素研究一直是社会融合研究领域的一个重要内容，深受国内外学者的关注。本章从两个视角对农业转移人口社会融合的影响因素进行分析：一是分析农业转移人口社会融合政治参与、经济融合、社会互动、文化适应、心理认同和公共服务融合六个维度之间的内在关系。具体操作方法是分别将其中的一个维度作为因变量，其余的维度作为自变量，控制个体特征和迁移特征变量，构建回归模型，对六个维度之间的相互影响情况进行分析。二是对社会融合水平的影响机制进行综合分析，以社会融合综合指数为被解释变量，以政策制度、社会资本和人力资本为核心解释变量，以个体特征和流动特征为控制变量，综合分析社会融合的影响机制。

第一节　各维度之间的相互影响

一、变量操作化

社会融合是一个多维的、内涵丰富的概念，构成维度指标涉及多个方面，目前尚没有统一的概念。但是，认为社会融合主要反映移民人口在经济、社会、文化和心理等方面融入流入地的程度是普遍认可的。现有文献较多地关注了移民社会融合指标体系的构建与测量，并考察其影响因素，但缺乏对不同维度之间的内在关系研究①。事实上，厘清农业转移人口社会融合指标体系各个维度之间关系对推动农业转移人口社会融合的政策促进具有十分重要的意义。决策者可以根据不同维度之间的关系来确定政策资源的合理配置。益

---

① 徐水源. 社会融合：新时代中国流动人口发展之路 [M]. 北京：人民出版社，2019：258-259.

处在于：一方面起到"以点带面""以一促多"的施政局面；另一方面可以避免产生"政策抵消"的消极结果。

尽管关注融合维度之间关系的研究不多，但少量关注社会融合维度之间关系的研究发现，社会融合各维度之间存在一定的递进关系，相互交融，互为依存①。流动者在流入地的社会融入始于经济整合，经过文化接纳、行为适应，最后达到身份认同的境界。同时，强调了这四类融入并非仅有简单的线性关系，各维度同时开始，进程却未必同步。本书第五章各维度融合水平的讨论中也发现，各维度的融合水平并不同步，也并非按照低级到高级的发展序次。经济融合是农业转移人口城镇定居的前提和基础，但在融合进程中其水平并不比其他维度的高；而心理认同尽管是融合的最高目标，但水平也并非滞后于其他维度。邢祖哥等人的测量结果为行为融合（0.71）>心理融合（0.61）>经济融合（0.33），徐水源等人②的研究也发现经济和社会融合维度滞后于文化融合。事实上，正如杨菊华的研究那样，各维度在融合进程的水平上谁先谁后难以认定，维度之间的交融与渗透十分正常。农业转移人口的融入过程是以个人禀赋、社会经济地位、行为和观念为载体体现出来的社会现象，而社会现象往往是复杂的；任何两个或多个社会现象之间都难有齐整划一的、单向的线性因果关系。夏伦等人③认为流动人口社会融入五维度之间存在密切的关联，生理融入是生存的基础，心理融入是最高层次的融入，经济融入是社会融入的必要条件，经济融入既能直接影响心理融入，又能通过社会适应或身份认同路径间接影响心理融入，同时经济融入还能通过社会适应，再通过身份认同远程中介效应影响心理融入。

我们在农业转移人口社会融合综合指数及维度指数分析的基础上，分别将农业转移人口社会融合的六个维度作为因变量，其余维度作为自变量，采用多元线性回归，考察政治参与、经济融合、社会互动、文化适应、心理认同、公共服务融合六个维度之间的关系。

农业转移人口政治参与模型、经济融合模型、社会互动模型、文化适应模型、心理认同模型、公共服务融合模型共六个模型紧密关联，有机地构成了一个完整的社会融合指标体系模型。为了进一步考察农业转移人口社会融

① 杨菊华. 从隔离、选择融入到融合：流动人口社会融入问题的理论思考［J］. 人口研究，2009，33（1）：17-29.

② 徐水源. 社会融合：新时代中国流动人口发展之路［M］. 北京：人民出版社，2019.

③ 夏伦，沈寒蕾. 流动人口真的融入社会了吗？——基于结构方程模型的流动人口社会融入研究［J］. 人口与发展，2022，28（2）：138-151.

合指标体系内部维度的关系，分别在六个模型中引入控制变量，进一步观察在控制相关变量之后六个维度之间关系的变动关系。

二、多元线性回归结果与讨论

（一）政治参与的影响因素分析

以政治参与为被解释变量，以经济融合、社会互动、文化适应、心理认同和公共服务融合为解释变量，以性别、代际、婚姻状况、受教育程度、流动范围、城市规模和定居意愿为控制变量，建立多元线性回归模型。回归结果如表 6-1 所示，我们采用两组变量进入模型的方法来观察模型回归结果的变化情况。在模型 1 中，我们只放入了五个维度的解释变量，模型显著性为 0.1%，调整 R^2 为 0.180，表明模型具有统计意义。在模型 2 中，我们加入控制变量，模型的显著性仍然保持在 0.1% 水平，调整 R^2 到 0.210，模型的解释能力得到进一步加强。从模型 1 到模型 2，德宾沃森值分别为 1.785 和 1.884，符合独立性。

表 6-1 模型 1 和模型 2 是农业转移人口政治参与和其他五个维度变量的关系模型。模型 1 的回归结果显示，文化适应对政治参与没有产生显著影响；经济融合、社会互动、心理认同和公共服务融合对政治参与产生显著影响。模型 2 在模型 1 的基础上加入了控制变量。在控制了个人特征和流动特征后，经济融合、社会互动、心理认同和公共服务融合依然对政治参与产生显著影响。其中，公共服务融合对政治参与产生作用最大，公共服务融合水平得分每增加 1 分，政治参与平均提高 0.169 分；其次是心理认同，其得分每增加 1 分，政治参与平均增加 0.113 分；经济融合和社会互动维度也对政治参与起到正向促进作用。由模型 1 和模型 2 可知，社会融合各维度之间的相互作用较为稳定，即便控制了个人特征和迁移特征变量，其他维度对政治参与的影响程度也没出现较大变动。

在控制变量中，只有年龄（代际）、有无配偶与流动范围对政治参与产生显著性影响。其中，影响程度最大的是流动范围，回归系数为 -0.034（$P<0.001$），行政跨度提高一个级别，政治参与程度降低 3.4%；其次，年龄（代际）对政治参与也产生显著影响，回归系数为 0.025（$P<0.05$），老一代比新生代农业转移人口的政治参与程度更高；有无配偶对政治参与的影响具有显著性，但影响的程度较小。

表 6-1 政治参与维度指数回归结果 （$n=1188$）

变量类别	变量名称	模型 1		模型 2	
		B	sig.	B	sig.
社会融合	经济融合	0.079	0.001	0.090	0.000
	社会互动	0.075	0.016	0.084	0.007
	文化适应	0.015	0.632	0.003	0.920
	心理认同	0.161	0.000	0.113	0.002
	公共服务融合	0.186	0.000	0.169	0.000
个体特征	性别（女性）			−0.004	0.585
	代际（新一代）			0.025	0.013
	有无配偶（无配偶）			−0.022	0.030
	受教育程度			0.007	0.133
迁移特征	迁移模式（独自迁移）			−0.002	0.869
	流动范围			−0.034	0.000
	城市规模			−0.001	0.843
	定居意愿（不愿意）			−0.006	0.465
	常数	0.240		0.325	
	调整 R^2	0.180		0.210	
	F	53.195		25.029	
	模型显著性	0.000		0.000	

（二）经济融合的影响因素分析

以经济融合为被解释变量，以政治参与、社会互动、文化适应、心理认同和公共服务融合为解释变量，以性别、代际、婚姻状况、受教育程度、流动范围、城市规模和定居意愿为控制变量，建立多元线性回归模型。模型分析结果如表 6-2 所示，我们以两组自变量进入模型的方式来观察模型统计结果的变化情况。模型 1 中，只纳入政治参与、社会互动、文化适应、心理认同和公共服务融合 5 个解释变量，模型显著性为 0.1%，调整 R^2 为 0.190，表明模型具有统计意义。在模型 2 中，我们加入控制变量，模型的显著性仍然保持在 0.1%水平，调整 R^2 到 0.199，模型的解释能力进一步增强。从模型 1 到模型 2，德宾沃森值分别为 1.793 和 1.816，符合独立性。

　　表 6-2 模型 1 和模型 2 是农业转移人口经济融合维度和其他五个维度变量的关系模型。模型 1 的回归结果显示，政治参与、社会互动、心理认同和公共服务融合对经济融合产生显著影响，而文化适应对经济融合不产生显著影响。模型 2 在模型 1 的基础上加入了控制变量。在控制了个人特征和流动特征后，政治参与、社会互动、心理认同和公共服务融合对经济融合影响进一步增强。其中，公共服务融合对经济融合产生作用最大，公共服务融合水平得分每增加 1 分，经济融合提高 0.228 分；其次是社会互动，每增加 1 分，经济融合平均增加 0.178 分；政治参与和心理认同也能显著提高经济融合水平。

　　在控制变量中，只有流动范围对经济融合产生显著性影响，其他变量对经济融合不产生显著性，回归系数为 -0.031（$P<0.001$），行政跨度每提高一个级别，经济融合水平降低 3.1%。结合表 6-1 政治参与回归模型，流动范围对政治参与和经济融合维度均产生显著影响，但流动范围对政治参与的影响程度要略大于经济融合。

表6-2　经济融合维度指数回归结果（$n=1173$）

变量类别	变量名称	模型 1		模型 2	
		B	sig.	B	sig.
社会融合	政治参与	0.112	0.001	0.132	0.000
	社会互动	0.184	0.000	0.178	0.000
	文化适应	-0.005	0.901	0.015	0.680
	心理认同	0.153	0.000	0.162	0.000
	公共服务融合	0.240	0.000	0.228	0.000
个体特征	性别（女性）			0.003	0.752
	代际（新一代）			0.023	0.057
	有无配偶（无配偶）			0.012	0.332
	受教育程度			0.002	0.698

续表

变量类别	变量名称	模型 1		模型 2	
		B	sig.	B	sig.
迁移特征	迁移模式（独自迁移）			−0.004	0.723
	流动范围			−0.031	0.000
	城市规模			−0.007	0.317
	定居意愿（不愿意）			0.016	0.135
	常数	0.066	0.019	0.017	0.729
	调整 R^2	0.190		0.199	
	F	56.743		23.537	
	模型显著性	0.000		0.000	

（三）社会互动的影响因素分析

以社会互动为被解释变量，以政治参与、经济融合、文化适应、心理认同和公共服务融合为解释变量，将性别、代际、婚姻状况、受教育程度、流动范围、城市规模和定居意愿作为控制变量，建立多元线性回归模型。模型回归结果如表 6-3 所示，我们同样以两组变量进入模型的方式来观察模型统计结果的变化情况。在模型 1 中，我们只放入了社会互动以外五个维度的自变量，模型显著性为 0.1%，调整 R^2 为 0.180，表明模型具有统计意义。在模型 2 中，我们加入控制变量，模型的显著性仍然保持在 0.1%水平，调整 R^2 到 0.210，模型的解释力度进一步加强。从模型 1 到模型 2，德宾沃森值分别为 1.880 和 1.883，符合独立性。

表 6-3 模型 1 和模型 2 是农业转移人口社会互动和其他五个维度变量的关系模型。回归结果显示，政治参与、经济融合、文化适应和心理认同对社会互动产生显著影响，而公共服务融合对社会互动不产生显著影响。模型 2 在模型 1 的基础上加入了控制变量。控制了个人特征和流动特征后，政治参与、经济融合、文化适应和心理认同维度变量仍对社会互动产生显著正向影响。政治参与和文化适应对社会互动的影响有所增强，而经济融合和心理认同对社会互助的影响有所削弱。但是，心理认同仍然是影响社会互动的重要因素，心理认同每增加 1 分，社会互动水平平均提高 0.157 分。说明在控制

了个体特征和迁移特征变量后，社会融合中的其他维度对社会互动产生影响变化不大。

模型2同时也显示了特征变量与维度变量同时对社会融合的社会互动维度共同作用。在个体特征中，受教育程度对社会互动产生显著性影响，回归系数为0.015（$P<0.01$），学历提高一个层次，社会互动增加1.5%；流动特征中，迁移模式对社会互动产生显著性影响，回归系数为0.024（$P<0.05$），相对于独自迁移，家庭化迁移的社会互动提高2.4%。

表6-3 社会互动维度指数回归结果（$n=1173$）

变量类别	变量名称	模型1		模型2	
		B	sig.	B	sig.
社会融合	政治参与	0.065	0.016	0.073	0.007
	经济融合	0.113	0.000	0.107	0.000
	文化适应	0.134	0.000	0.136	0.000
	心理认同	0.186	0.000	0.157	0.000
	公共服务融合	−0.004	0.894	−0.012	0.681
个体特征	性别（女性=参照）			0.011	0.143
	代际（新一代）			−0.017	0.073
	有无配偶（无配偶）			0.011	0.263
	受教育程度			0.015	0.001
迁移特征	迁移模式（独自迁移）			0.024	0.012
	流动范围			0.009	0.161
	城市规模			−0.009	0.114
	定居意愿（不愿意）			0.007	0.398

变量类别	变量名称	模型 1		模型 2	
		B	sig.	B	sig.
	常数	0.240		0.325	
	调整 R^2	0.180		0.210	
	F	57.125		24.858	
	模型显著性	0.000		0.000	

（四）文化适应的影响因素分析

以文化适应为被解释变量，以政治参与、经济融合、社会互动、心理认同和公共服务融合维度为解释变量，将性别、代际、婚姻状况、受教育程度、流动范围、城市规模和定居意愿作为控制变量，进行多元线性回归分析。模型分析结果如表 6-4 所示，我们采用两组变量进入模型的方法来观察模型统计结果的变化情况。在模型 1 中，我们只放入了五个维度的自变量，模型显著性为 0.1%，调整 R^2 为 0.399，表明模型具有统计意义。在模型 2 中，我们加入控制变量，模型的显著性仍然保持在 0.1% 水平，调整 R^2 到 0.410，模型的解释能力得到进一步加强。从模型 1 到模型 2，德宾沃森值分别为 1.890 和 1.939，符合独立性。

表 6-4 模型 1 和模型 2 是农业转移人口文化适应和其他五个维度变量的关系模型。回归结果显示，政治参与和经济融合对文化适应不产生显著影响；社会互动、心理认同和公共服务融合对社会互动产生显著影响。模型 2 在模型 1 的基础上加入了控制变量。控制了个人特征和流动特征后，社会互动、心理认同和公共服务融合变量仍对文化适应产生显著正向影响。其中，公共服务融合对文化适应的影响有所增强，而社会互动和心理认同对文化适应的影响有所削弱。心理认同无论是否加入控制变量，仍然对文化适应产生较强的促进作用，心理认同每增加 1 分，社会互动平均提高 0.412 分。

在控制变量中，个体特征变量没有对文化适应产生显著影响，流动特征变量中流动范围对文化适应产生负向影响。流动范围对文化适应产生负向影响，回归系数为 -0.028（$P<0.01$），县市内迁移到省内跨市再到省外流入，流动跨度提高一个级别，文化适应降低 2.8%；城市规模对文化适应也产生显著性影响，回归系数为 0.016（$P<0.05$），城市规模提高一个级别，文化适应提高 1.6%；定居意愿对文化适应也产生正向显著影响，回归系数为 0.018（$P<0.05$），愿意定居的农业转移人口文化适应比不愿定居的高 1.8%，定居

意愿有助于农业转移人口对流入地的文化适应。

表6-4 文化适应维度指数回归结果（$n=1173$）

变量类别	变量名称	模型1		模型2	
		B	sig.	B	sig.
社会融合	政治参与	0.013	0.632	0.003	0.920
	经济融合	-0.003	0.901	0.010	0.680
	社会互动	0.140	0.000	0.143	0.000
	心理认同	0.475	0.000	0.412	0.000
	公共服务融合	0.158	0.000	0.171	0.000
个体特征	性别（女性）			-0.009	0.242
	代际（新一代）			-0.018	0.063
	有无配偶（无配偶）			-0.006	0.512
	受教育程度			-0.004	0.365
迁移特征	迁移模式（独自迁移）			0.008	0.431
	流动范围			-0.028	0.000
	城市规模			0.016	0.009
	定居意愿（不愿意）			0.018	0.039
	常数	0.201	0.000	0.254	
	调整 R^2	0.399		0.410	
	F	158.652		63.767	
	模型显著性	0.000		0.000	

（五）心理认同的影响因素分析

以心理认同为被解释变量，以政治参与、经济融合、社会互动、文化适应和公共服务融合为解释变量，以性别、代际、婚姻状况、受教育程度、流动范围、城市规模和定居意愿为控制变量，进行多元线性回归分析。模型分析结果如表6-5所示，我们采用两组变量进入模型的方法来观察模型统计结果的变化情况。在模型 1 中，我们放入五个维度的解释变量，模型显著性为 0.1%，调整 R^2 为 0.511，表明模型具有统计意义。在模型 2 中，我们加入控制变量，模型的显著性仍然保持在 0.1% 水平，调整 R^2 到 0.596，模型的解释能力得到进一步加强。从模型 1 到模型 2，德宾沃森值分别为 1.817 和 1.833，符合独立性。

表 6-5 模型 1 和模型 2 是农业转移人口心理认同和其他五个维度的关系模型。回归结果显示，政治参与、经济融合、社会互动、文化适应和公共服务对心理融合产生显著影响。模型 2 在模型 1 的基础上加入了控制变量。控制了个人特征和流动特征后，政治参与、经济融合、文化适应和公共服务融合对心理认同产生显著影响。其中，公共服务融合对心理认同的影响最大（$p<0.001$），公共服务融合每增加 1 分，社会互动平均提高 0.169 分。加入控制变量后，社会互动对心理认同的影响不具显著性，说明社会互助对心理认同的影响是特征变量起的作用。

在控制变量中，年龄（代际）对心理认同产生正向显著性影响，老一代心理认同比新一代提高 2.5%；流动范围对文化适应产生负向影响，回归系数为 -0.034（$P<0.001$），县市内迁移到省内跨市再到省外流入，流动跨度提高一个级别，文化适应降低 3.4%。

表 6-5　心理认同维度指数回归结果（$n=1188$）

变量类别	变量名称	模型 1		模型 2	
		B	sig.	B	sig.
社会融合	政治参与	0.117	0.000	0.090	0.000
	经济融合	0.079	0.000	0.084	0.007
	社会互动	0.156	0.000	0.003	0.920
	文化适应	0.381	0.000	0.113	0.002
	公共服务融合	0.286	0.000	0.169	0.000
个体特征	性别（女性）			-0.004	0.585
	代际（新一代）			0.025	0.013
	有无配偶（无配偶）			-0.022	0.030
	受教育程度			0.007	0.133

续表

变量类别	变量名称	模型 1		模型 2	
		B	sig.	B	sig.
迁移特征	迁移模式（独自迁移）			−0.002	0.869
	流动范围			−0.034	0.000
	城市规模			−0.001	0.843
	定居意愿（不愿意）			0.006	0.465
	常数	0.039	0.954	0.195	0.000
	调整 R^2	0.511		0.596	
	F	249.465		134.561	
	模型显著性	0.000		0.000	

（六）公共服务融合的影响因素分析

以公共服务融合维度为被解释变量，以政治参与、经济融合、社会互动、文化适应和心理认同为解释变量，以性别、代际、婚姻状况、受教育程度、流动范围、城市规模和定居意愿为控制变量，建立多元回归模型。模型分析结果如表6-6所示，我们通过两组变量进入模型的方法来观察模型统计结果的变化情况。在模型 1 中，只纳入五个维度的解释变量，模型显著性为0.1%，调整 R^2 为 0.386，表明模型具有统计意义。在模型 2 中，加入控制变量，模型的显著性仍然保持在 0.1% 水平，调整 R^2 到 0.403，模型的解释能力得到进一步加强。从模型 1 到模型 2，德宾沃森值分别为 1.873 和 1.957，符合独立性。

表6-6模型 1 和模型 2 是农业转移人口公共服务融合与其他五个维度变量的关系模型。回归结果显示，社会互动维度对公共服务融合不产生显著性影响，政治参与、经济融合、文化适应和心理认同对公共服务融合产生显著影响。模型 2 在模型 1 的基础上加入了控制变量。控制了个人特征和流动特征后，政治参与、经济融合、文化适应和心理认同对公共服务融合的影响稍有削弱，但依然保持较大的影响程度。其中，心理认同对公共服务融合产生的影响最大（$p<0.001$），控制其他变量后，心理认同每提高 1 分，公共服务融合平均提高 0.328 分。

从控制变量来看，受教育程度对公共服务融合产生正向促进作用，学历提高一个层次，公共服务融合水平提高0.5%；流动范围对公共服务融合产生正向影响，回归系数为0.013（$P<0.05$），县市内迁移到省内跨市再到省外流入，流动跨度提高一个级别，公共服务融合提高1.3%；城市规模对公共服务融合产生负向影响，回归系数为-0.032（$P<0.001$），城市规模每提高一个级别，公共服务融合减少3.2%，城市越大，越不利于公共服务的获取。

表6-6 公共服务融合维度指数回归结果（$n=1188$）

变量类别	变量名称	模型1		模型2	
		B	sig.	B	sig.
社会融合	政治参与	0.167	0.000	0.152	0.000
	经济融合	0.151	0.000	0.140	0.000
	社会互动	-0.004	0.894	-0.012	0.681
	文化适应	0.156	0.000	0.166	0.000
	心理认同	0.351	0.000	0.328	0.000
个体特征	性别（女性）			-0.003	0.657
	代际（新一代）			0.015	0.113
	有无配偶（无配偶）			-0.001	0.924
	受教育程度			0.013	0.005
迁移特征	迁移模式（独自迁移）			-0.007	0.460
	流动范围			0.013	0.041
	城市规模			-0.032	0.000
	定居意愿			-0.001	0.874
	常数	0.103	0.000	0.152	0.000
	调整 R^2	0.386		0.403	
	F	150.623		62.130	
	模型显著性	0.000		0.000	

综上所述，社会融合是多维的、动态的过程，其综合水平是各维度综合

作用的结果。在社会融合进程中，各维度之间存在相互促进关系，可以大致用图6-1表示。从图6-1可以发现如下关系，其一，心理认同处于中心位置，与其他五个维度都存在相互促进的关系。换句话说，五个维度融合水平的提高均有助于促进心理认同，心理认同对其他五个维度水平也具有反向促进的作用。其二，经济融合、政治参与、社会互动和公共服务融合维度，每一个维度均与其他的四个维度存在促进关系。具体来说，经济融合与政治参与、社会互动、公共服务融合和心理认同存在相互促进作用；政治参与与社会互动、公共服务融合、经济融合和心理认同存在相互促进作用；社会互动与文化适应、经济融合、政治参与和心理认同存在相互促进作用；公共服务融合与经济融合、政治参与、文化适应与心理认同存在相互促进作用。其三，文化适应仅与公共服务融合、社会互动和心理认同存在相互促进作用。

　　需要说明的是，上述各维度之间的关系是直接产生的，且每一个维度至少都与其他三个维度存在相互关系，例如，经济融合尽管不与文化适应直接发生作用，但是可以通过其他四个维度来间接影响文化适应。其他的维度同样存在这样的影响机制，直接或者间接影响其他维度。因此，社会融合的六个维度交互作用、相互影响、相互制约，形成一个有机整体。

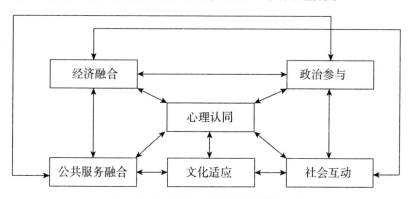

图6-1　社会融合各维度相互促进关系

第二节　综合指数的影响因素

一、分析框架与变量选择

关于移民社会融合影响因素研究，国外主要针对的是少数族裔和难民的社会融合①，相关研究成果颇丰。例如，Carmon②的研究认为，城市规模较小、家庭成员较少、年龄较低、所谓的白领职业、靠近市中心的居住地，以及居住时间的延长对社会融合有积极的影响。Dustmann③也发现个人特征、国籍和家庭背景对移民融入产生影响，但认为劳动力市场变量对移民融入的影响不大。也有学者发现迁移距离④、社会网络⑤、定居意愿⑥以及流入地政策等因素⑦都对移民社会融合产生显著影响。Zubikova⑧从移民人口和个人因素、一般政策和国家背景、迁移与融合政策等三方面对影响因素进行总结。他认为，移民获得东道国社会的新身份有助于社会融合，这与国内学者强调获得当地户籍的重要性是一致的。由此看来，尽管中国的城乡迁移实际情况与国外移民研究存在差异，且二者的社会经济背景和流入地的客观环境也不一样，但他们在流入地均属于弱势群体，同样面临着诸多类似的问题，因此西方的社会融合影响因素研究成果对中国的研究无疑具有重要的借鉴作用。

在国内移民社会融合研究中，影响因素研究也一直被视为一个重要的研究问题，相关研究成果也较为丰富。从已有研究来看，影响移民社会融合多层次、多因素综合作用的结果。目前学界所能达成的共识是社会融合是个体特征和流入地环境因素共同作用的结果。早期研究更多关注的是个体条件对社会融合的影响，主要涉及的影响因素有年龄、性别、户口、教育程度、职业和收入、健康水平等多种因素。从年龄来看，多数研究者常用代际变量来

① PORTES A. Social capital: The origins and application in modern sociology [J]. Annual Review of Sociology, 1988, 24 (1): 1-24.

② CASMON N. Economic integration of immigrants [J]. American Journal of Economics and Sociology. 1981, 40 (2): 149-163.

③ DUSTMANN C. The social assimilation of immigrants [J]. Journal of population economics, 1996, 9 (1): 37-54.

④ BORJAS G J. Immigration economics [M]. Harvard University Press, 2014.

⑤ AMIT K, RISS I. The role of social networks in the immigration decision-making process: The case of North American immigration to Israel [J]. Immigrants & Minorities. 2007, 25 (3): 290-313.

⑥ ANNISTE K, TAMMARU T. Ethnic differences in integration levels and return migration intentions: A study of Estonian migrants in Finland [J]. Demographic Research, 2014, 30: 377-412.

⑦ HUDDLESTON T, NIESSEN J, TJADEN J D. Using EU indicators of immigrant integration [M]. Luxembourg: EUR-OP, 2013.

⑧ ZUBIKOVA A. Assessment of the Immigrants Integration Level in the New Member States of the EU in 2009-2018 [J]. Journal of International Migration and Integration, 2021, 22 (2): 635-652.

表示年龄，转化为分类变量，一般分为老一代移民和新生代移民，并比较这两类人群之间社会融合水平的差异。一般认为，年龄的增加对总体社会融合具有促进作用。年龄大的农民工具有比较成熟稳重的性格和较长时间的城市工作生活经历，有助于社会融合的提高。① 更为细致的研究认为，年龄与流动人口的社会融合水平并不是完全的线性关系，自我身份认同为"市民"的集中在 20~50 岁。② 同为新生代的农民工心理融合也存在差异，低年龄段和高年龄段的新生代农民工较中间年龄段的心理融合度高③，呈现出"U"形特征。从性别来看，女性总体上比男性具有更强的社会融合意愿，因而比男性具有更高的社会融入程度。④⑤ 在社会融合的维度上，有研究认为女性新移民在经济融合方面显著高于男性新移民⑥，但就经济融合的质量而言，男性却要优于女性。⑦ 在身份认同与定居意愿上，有研究认为男性比女性更愿意认为自己是城里人，也更愿意在流入地城市长期居住。⑧ 从户籍来看，户口作为一项先赋条件，相关研究认为户籍在社会融合中也起着重要的作用。有研究就曾指出，虽然影响农民工城市融合进程的因素是复杂的、多方面的，但制度因素是最重要的、根本的因素，其他因素都在某种程度上受到制度因素的制约。⑨⑩ 因此，从制度层面尤其是户籍制度对农业转移人口社会融合的影响也受到广泛的关注。考察户籍制度对社会融合的影响，合理的参照对象本应将

① 黄小兵，黄静波．消费行为与农民工社会融合 [J]．华南农业大学学报（社会科学版），2015，14（2）：37-49．

② 邓大松，胡宏伟．流动、剥夺、排斥与融合：社会融合与保障权获得 [J]．中国人口科学，2007（6）：14-24，95．

③ 李振刚，南方．城市文化资本与新生代农民工心理融合 [J]．浙江社会科学，2013（10）：83-91；158．

④ 刘建娥．乡-城移民（农民工）社会融入的实证研究——基于五大城市的调查 [J]．人口研究，2010，34（4）：62-75．

⑤ 王震．农民工城市社会融入的测度及影响因素——兼与城镇流动人口的比较 [J]．劳动经济研究，2015，3（2）：41-61．

⑥ 张文宏，雷开春．城市新移民社会融合的结构、现状与影响因素分析 [J]．社会学研究，2008（5）：117-141，244-245．

⑦ 宋月萍．社会融合中的性别差异：流动人口工作搜寻时间的实证分析 [J]．人口研究，2010，34（6）：10-18．

⑧ 石智雷，朱明宝．农民工的就业稳定性与社会融合分析 [J]．中南财经政法大学学报，2014（3）：49-58，159．

⑨ 黄锟．城乡二元制度对农民工市民化影响的实证分析 [J]．中国人口·资源与环境，2011，21（3）：76-81．

⑩ 李永友，徐楠．个体特征、制度性因素与失地农民市民化——基于浙江省富阳等地调查数据的实证考察 [J]．管理世界，2011（1）：62-70．

移民与本地市民进行比较，但数据的局限使得这种比较难以实现，已有研究大多从户籍性质考察，其结论大多认为非农户口有助于社会融合。这是因为农业户口的农民工更易被"屏蔽"在与户籍制度挂钩的各种社会福利之外。[①] 而且，未取得本地户籍的移民常面临职业困境、公共服务差距等问题，在次级劳动力市场上从事无保障的非正规就业，这对社会融合产生负面影响。[②] 从受教育程度来看，研究者认为受教育程度直接影响流动人口自身素质和在劳动力市场中的地位，进而影响其经济融入状况。[③] 也有研究表明，受教育程度越高的农民工越倾向于认同自己是城里人。[④] 从民族因素来看，少数民族相关研究文献指出，"民族因素"会导致少数民族流动人口的社会认同"内卷化"[⑤]、自我限制[⑥]以及文化观念冲突[⑦]，进而阻碍流动人口的社会融入进程。然而，关于"民族因素"影响少数民族流动人口融入城市社会的判断，主要是基于定性分析的结果。然而，定量分析却得出了不同结论，高向东[⑧]和李红娟等人[⑨]的实证研究证明了"民族因素"已不是最主要的影响因素，制度因素对少数民族流动人口的城市融合影响更大。从居留意愿来看，居留意愿对社会融合产生影响，愿意定居者有利于其社会融合，这是因为具有较高定居意愿的流动人口会努力融入本地以达到落户和居留的条件。[⑩]

随着研究的深入，学者逐渐认识到流入地影响因素重要的作用。在中国区域发展差距和城乡收入差距仍然较大的现实背景下，经济机会仍然是人口

---

① 李强，唐壮. 城市农民工与城市中的非正规就业 [J]. 社会学研究，2002, 17 (6)：13-25.

② 陈明星，黄莘绒，黄耿志，等. 新型城镇化与非正规就业：规模、格局及社会融合 [J]. 地理科学进展，2021, 40 (1)：50-60.

③ 杨菊华. 社会排斥与青年乡-城流动人口经济融入的三重弱势 [J]. 人口研究，2012, 36 (5)：69-83.

④ 李培林，田丰. 中国农民工社会融入的代际比较 [J]. 社会，2012, 32 (5)：1-24.

⑤ 黎明泽. 浅论城市融入过程中的社会认同"内卷化"——以沿海城市少数民族流动人口为例 [J]. 广州社会主义学院学报，2010, 8 (4)：31-35.

⑥ 李伟梁. 论少数民族流动人口的城市融入 [J]. 黑龙江民族丛刊，2010 (2)：35-40.

⑦ 李健. 城市流动少数民族文化适应问题研究——以北京市海淀区为例 [D]. 北京：中央民族大学，2011.

⑧ 高向东，余运江，黄祖宏. 少数民族流动人口城市适应研究——基于民族因素与制度因素比较 [J]. 中南民族大学学报（人文社会科学版），2012, 32 (2)：44-49.

⑨ 李红娟，杨菊华. 少数民族流动人口融入意愿的族群差异 [J]. 民族论坛，2016 (11)：34-39.

⑩ 唐宗力. 农民进城务工的新趋势与落户意愿的新变化——来自安徽农村地区的调查 [J]. 中国人口科学，2015 (5)：113-125, 128.

迁移的首要驱动力。乡城移民流向往往倾向于经济实力较强、社会发展水平较高、基础设施完善的城市①，期望此类城市能够满足其经济收益、社会福利和公共服务需求。不可否认大城市的劳动力市场更为完善、劳动者的工作搜寻时间成本降低，以及劳动者更有可能进行积极工作转换，有利于劳动者获取工资溢价②，促进农业转移人口的社会融合水平，特别是经济融合水平。但是，大城市的人口规模比较大，城市级别相应较高，农业转移人口在社会融合进程中面临更大的挑战。诸如，高昂的房价、公共服务难以覆盖全体常住人口、消费支出大、交通拥挤等问题，甚至产生社会排斥现象。宋月萍等人③比较不同经济发展程度的城市融合水平差异，认为与苏州、郑州等其他五个城市的流动人口相比，北京市的流动人口主观融入意愿更强烈，但是感受到的排斥也更加显著。汪明峰等人④认为流入地因素对于城中村外来人口社会融合的影响作用要大于个体层面因素，而且外来人口的社会融合状况与其居住社会空间紧密相关。杨菊华⑤也发现良好的社区环境、本地市民的包容态度均有助于社会融入。邢祖哥等人⑥研究发现，流入地的地方经济实力、公共服务供给能力等因素对社会融合产生正向影响，而住房成本、人口规模、社会发展水平等因素对社会融合产生负向影响。

实际上，大多数研究都将许多可能影响因素纳入同一分析框架，这些影响因素曾被任远和乔楠⑦归入宏观、中观、微观三个层面，他们认为国内研究者都从这三个视角研究影响农民工社会融合的各种因素，而这三个层面刚好对应城市制度安排、社区参与和社会资本、个人和家庭特征。至此，农业转移人口社会融合影响因素的分析框架已经基本清晰。李培林等人⑧直接指出，

① XING C B，ZHANG J F. The preference for larger cities in China：Evidence from rural-urban migrants [J]. China Economic Review，2017，43：72-90.
② 陈飞，苏章杰. 城市规模的工资溢价：来源与经济机制 [J]. 管理世界，2021，37（1）：19-32，2，15-16.
③ 宋月萍，陶椰. 融入与接纳：互动视角下的流动人口社会融合实证研究 [J]. 人口研究，2012，36（3）：38-49.
④ 汪明峰，程红，宁越敏. 上海城中村外来人口的社会融合及其影响因素 [J]. 地理学报，2015，70（8）：1243-1255.
⑤ 杨菊华. 中国流动人口的社会融入研究 [J]. 中国社会科学，2015，36（2）：61-79.
⑥ 邢祖哥，黄耿志，薛德升. 中国城市流动人口社会融合的空间格局与影响机制 [J]. 地理学报，2022，77（10）：2474-2493.
⑦ 任远，乔楠. 城市流动人口社会融合的过程、测量及影响因素 [J]. 人口研究，2010，34（2）：11-20.
⑧ 李培林，田丰. 中国农民工社会融入的代际比较 [J]. 社会，2012，32（5）：1-24.

在对社会融入的归因解释上，国内学者基本上达成了较为一致的意见，即主要是人力资本、社会资本和政策制度三个主要原因。

人力资本方面，Becker①认为人力资本与个体未来的收入密切相关，并认为知识、技能、才干、时间、健康和寿命均属于人力资本范畴。Chiswick②将人力资本应用于移民经济地位研究，并发现移民的知识与技能至关重要，若移民的教育水平、工作经验和其他劳动技能不足，不具备适应新的环境要求，就会导致迁移初期的收入与当地人相比总会偏低。但是，随着居住时间的延长、劳动技能和工作经验的积累、语言能力的提高、人力资本的改善和原有人力资本的有效转移③，收入的回报率将相应提高。国内的多项实证研究也表明了人力资本在流动人口经济融入方面起着积极作用④，教育、培训及工作经历作为流动人口人力资本积累的重要方式，为其在劳动力市场的稳定提升创造条件，并为其融入城市社会创造可能性。⑤⑥ 社会资本方面，Portes⑦将社会资本概念引入移民的研究中，认为移民过程的每一环节诸如迁移决策、迁移流向以及是否适应当地生活等均与移民的社会网络和社会资本相联系。一些研究已经证明了拥有可支配社会资本的数量和质量对移民过程的可能性具有显著影响⑧，甚至有研究认为在特定条件下社会资本对于促进年青一代移民成功地适应移入地的生活更加关键⑨。因为社会资本能够通过促进合作分享获

① Becker G S. Human capital：A theoretical and empirical analysis，with special reference to education ［M］. Chicago：University of Chicago press，2009.

② CHISEICK B R. The effect of Americanization on the earnings of foreign-born men ［J］. Journal of Political Economy. 1978，86（5）：897－921.

③ CHISWICK B R，MILLER P W. Earnings and occupational attainment among immigrants 1 ［J］. Industrial Relations：A Journal of Economy and Society，2009，48（3）：454-465.

④ 万思齐，秦波，唐杰. 流动人口的职业培训与城市融入——基于中国农村居民综合调查的分析 ［J］. 城市发展研究，2020，27（12）：12-19.

⑤ 杨菊华，张娇娇. 人力资本与流动人口的社会融入 ［J］. 人口研究，2016，40（4）：3-20.

⑥ 刘涛，韦长传，全德. 人力资本、社会支持与流动人口社会融入——以北京市为例 ［J］. 人口与发展，2020，26（2）：11-22.

⑦ PORTES A. Economic sociology and the sociology of immigration：A conceptual overview ［J］. The economic sociology of immigration，1995：1-41.

⑧ ESPINOSA K，MIASSEYD. Undocumented migration and the quantity and quality of social capital ［J］. Soziale Welt. Sonderband，1997，12.

⑨ ZHOU M，BANKSTON III CL. Social capital and the adaptation of the second generation：The case of Vietnamese youth in New Orleans ［J］. International migration review，1994，28（4）：821-845.

得各种资源，降低城市社会融入成本，推进其社会融入进程。① 社会支持方面，社会支持考察的是制度性因素。在中国特殊的户籍制度背景下，制度性因素是制约农业转移人口社会融合的本源性障碍，以户籍制度为基础的就业、教育、社会保障、居住等制度因素，是影响农业转移人口城市社会融入的关键因素。这些制度性因素还给农业转移人口带来了经济地位差距和心理隔离，妨碍了城市居民与他们之间的社会交往，最终导致流动人口成为"城镇边缘人""城镇过客"②。总的来说，社会融合的影响因素众多、机制复杂，有必要对这些因素进行区分，并通过计量方法展开细致的分析。

二、变量设置与方法

（一）因变设置

1. 被解释变量

本研究中"社会融合综合指数"作为被解释变量，采用的是各维度等权赋值方法进行简单算术加总而得。这种方法也一直被研究者所使用，如张斐③、李荣彬等人④、程名望等人⑤，原因在于这种方法简单易行，且不会造成信息损失。通过加总后再将社会融合综合指数标准化为 0~100 的数值。数值越高，社会融合水平越好。

2. 解释变量

根据已有研究文献，我们将人力资本、社会资本和政策支持三组变量作为核心解释变量。人力资本变量由受教育程度、健康状况、职业技能水平、务工时间 4 个指标构成，其中受教育程度分为初级、中级和高级，初级为初中及以下，赋值为 1；中级为高中或中职，赋值为 2；高级为大专或高职及以上，赋值为 3。健康状况和技能水平采用五级赋值，很差为 1，较差为=2，一般为 3，较好为 4，很好为 5。工作经验为农业转移人口外出务工的年数。社会资本变量由

① 刘涛，韦长传，仝德．人力资本、社会支持与流动人口社会融入——以北京市为例 [J]．人口与发展，2020，26（2）：11-22.

② 辜胜阻，李睿，曹誉波．中国农民工市民化的二维路径选择——以户籍改革为视角 [J]．中国人口科学，2014（5）：2-10，126.

③ 张斐．新生代农民工市民化现状及影响因素分析 [J]．人口研究，2011，35（6）：100-109.

④ 李荣彬，袁城．社会变迁视角下流动人口身份认同的实证研究——基于全国流动人口动态监测调查数据 [J]．人口与发展，2013，19（6）：26-35.

⑤ 程名望，乔茜，潘烜．农民工市民化指标体系及市民化程度测度——以上海市农民工为例 [J]．农业现代化研究，2017，38（3）：413-420.

社会关系种类数量、关系质量、关系结构3个指标构成。关系数量即社会关系数量，采用的关系种数即有多少种关系，而不是多少个关系，包括家庭成员、亲戚、老乡、同学或战友、朋友和同事5种关系，没有任何关系为0，1种关系极为1，2种关系极为2，以此类推，5种关系极为5，得分介于0~5分。关系质量即获得帮助的类型越多，得分越高。帮助类型包括职业介绍、子女教育、借钱借物、生病照顾、劳力支持、陪伴就医、陪伴购物、聊天解闷、其他9种，获得1种帮助记1分，2种帮助记2分，9种帮助记9分，没有任何帮助记0分，得分介于0~9分。社会关系结构通过"是否获得社区或邻居帮助"来反映，获得社区或邻居帮助记为1，没有获得社区或邻居帮助记为0。与邻居和社区交往并获得帮助，某种程度上说明受访者实际参与和融入城市社区生活，这种关系结构比拥有本地朋友具有更多实际功能，因而是反映关系结构更为适合的指标。政策支持包括就业政策、社会保障、教育培训、医疗政策、住房政策和公共设施六个方面的支持，每一种社会支持通过两个指标来度量，通过简单算术平均数对原数据进行处理，并标准化取值转换到0~1。经济发展水平高，劳动力市场也更完善、寻找工作的时间成本更低且有更多的机会转换工作，有利于流动人口获取工资溢价、提高就业概率、累积工作经验[1]，进而提升经济融合水平，但在经济发展水平高的城市也面临更大的挑战，如房价高、消费支出大、生活成本高昂；较大的人口规模也可能使公共服务设施供给不足，存在交通拥挤、环境污染等问题；过高的流动人口比例可能会加剧社会排斥现象[2]。

3. 控制变量

本研究控制了其他可能影响融入或干扰主要自变量与融入关系的变量。受已有研究的启发，本研究控制了个人特征和迁移特征变量。人的特征变量包括性别、年龄（代际）、婚姻状况、户口类型。个体层面因素的相关指标具体操作如下：年龄（代际）、性别、婚姻状况、户口类型设为二元变量，以新生代、女性、无配偶、无本地户口为参照组，赋值为0，而老一代、男性、有配偶、有本地户口赋值为1。迁移特征变量包括迁移模式、流动范围、城镇规模、定居意愿等。其中，迁移模式和定居意愿设为二元变量，以独自迁移和不愿意定居为参照组，赋值为0，而家庭化迁移和愿意定居赋值为1。我们将这些变量作为控制变量纳入定量分析模型。具体操作见表6-7。

① 陆铭，高虹，佐藤宏. 城市规模与包容性就业［J］. 中国社会科学，2012，33（10）：47-66；206

② LOU L，HUANG Y，ZHANG W. Residential segregation and perceptions of social integration in Shanghai, China［J］. Urban Studies，2018，55（7）：1484-1503.

表 6-7 自变量操作化情况

变量维度		自变量名称	变量定义	样本均值	标准差
控制变量	个人特征	性别	男 = 1，女 = 0	0.57	0.495
		年龄（代际）	老一代移民 = 1，新一代移民 = 0	0.21	0.410
		婚姻状况	有配偶 = 1，无配偶 = 0	0.59	0.492
		城镇户口	有 = 1，无 = 0	0.23	0.421
	迁移特征	迁移模式	家庭迁移 = 1，单身迁移 = 0	0.63	0.482
		流动范围	县市内 = 1，省内跨市 = 2，省外流入 = 3	1.63	0.675
		城镇规模	小城镇 = 1，中等城市 = 2，大城市 = 3	2.06	0.725
		定居意愿	愿意 = 1，不愿意 = 0	0.64	0.481
主要变量	人力资本维度	教育程度	初级 = 1，中级 = 2，高级 = 3	2.03	0.867
		健康状况	很差 = 1，较差 = 2，一般 = 3，较好 = 4，很好 = 5	3.81	0.954
		技能水平	很差 = 1，较差 = 2，一般 = 3，较好 = 4，很好 = 5	3.38	0.869
		工作经验	外出务工年数 1~36 年	14.94	14.204
	社会资本维度	关系数量	数值 0~5 种	2.12	1.266
		关系质量	数值 0~9 分	5.64	3.995
		本地朋友	有 = 1，无 = 0	0.75	0.427
	政策支持维度	就业政策	标准化数值 0~1	0.57	0.230
		社会保障	标准化数值 0~1	0.60	0.236
		教育培训	标准化数值 0~1	0.65	0.232
		医疗政策	标准化数值 0~1	0.64	0.222
		住房政策	标准化数值 0~1	0.56	0.222
		公共设施	标准化数值 0~1	0.68	0.232
经济发展		人均 GDP	对数	4.68	0.168
社会发展		二、三产业占 GDP	比重	87.20	6.391

（二）研究方法

社会融合是一个宽泛且抽象的概念，本文从政治参与、经济融合、社会互动、文化适应、心理认同和公共服务融合六个维度构建农业转移人口社会融合综合指数，取值介于 0~100，取值越大，表明融合程度越高。由于社会融合指数是连续性数值型变量，适用多元线性回归模型，现将模型设定为：

$$Y_i = B_o + B_{1i}X_{1i} + B_{2i}X_{2i} + \cdots + B_{ki}X_{ki} + \varepsilon_i$$

$$i = 1, 2 \cdots n$$

其中，Y_i 表示流动人口社会融合度，B_o 表示截距，$B_1 B_2 \cdots B_k$ 为偏回归系数，ε_i 表示误差项，回归结果见表 6-8。为了排除各自变量之间相互影响，从而可能导致模型分析结果不准确的情况，我们首先对各组自变量进行相关性检验分析，发现各自变量之间相关系数均在 0.3 以下，表明各自变量之间相关性很弱，可以将这些变量纳入模型。多元回归方程的德宾沃森指数为1.852，所有自变量的容忍度均大于 0.1，方差膨胀因子都没有超过 5.0 的情况，说明不存在严重的共线性问题。模型通过 F 检验，调整 R^2 为 0.613，模型拟合优度较好，模型中的自变量解释了因变量 61.3% 的变异，回归结果令人满意。

三、回归结果与讨论

经典社会融合理论指出个体间禀赋差异对社会融合具有异质性影响，个人的社会和经济资本积累有利于社会融合[1]。模型 1 只纳入性别、代际、婚姻状况、民族和户口类型等特征变量。结果显示，性别、代际、民族和户口类型变量对社会融合的影响均在 1% 的显著性水平上通过检验，拟合优度 R^2 为0.100。性别的回归系数为 -0.017，系数为负，表明男性的社会融合水平不及女性，这可能与前面分析的女性拥有强烈的团聚意识和陪伴需要，为了生活的舒适和婚姻的安稳，她们更倾向于定居城市[2]有关，因而在总体上具体更好的社会融合水平。代际的回归系数为正，表明年龄的增长有助于流动人口社会融合水平的提高，进一步证实了年龄对社会融合的促进作用，年龄大的农业转移人口具有较长时间的城市工作生活经验，这有助于其社会融合。民族

① ALBA R D, NFE V. Remaking the American Mainstream: Assimilation and Contemporary Immigration [M]. Harvard University Press, 2009.

② 李荣彬，喻贞. 禀赋特征、生活满意度与流动人口社会融合——基于不同地区、城市规模的比较分析 [J]. 城市规划，2018，42（8）：21-28.

的回归系数为负，表明少数民族的社会融合水平高于汉族。在个体特征变量中，户口类型回归系数为正，拥有本地城镇户口能够使社会融合水平提升7.2%（依据非标准化系数），表明拥有本地城镇户口有助于社会融合水平的提升。与具有本地户籍的农业转移人口相比，无本地户籍的农业转移人口更易被"屏蔽"在与户籍制度挂钩的各种社会福利之外，需要面对职业困境、公共服务差距等问题。户口作为获取本地公共资源的凭据，仍在很大程度上影响和决定着城市的阶层结构与社会整合①。另有研究显示，拥有城镇户籍可给劳动者带来正向的工资溢价以及更低的失业率②。当然，更直接的是城镇户口所附带的公共服务及各种福利，拥有城镇户口就意味着可以享受这些服务与福利，进而提高社会经济地位，提高个体对城市社会的行为适应和心理认同。王曦和陈中飞③对比92个国家城镇化经验，指出阻碍中国城镇化进程的并非经济发展和经济结构因素，而是诸如人口户籍管理这样的制度性因素。

由于每个个体受地方环境的影响程度不一，在不同的城市、不同流动范围，个体因素对社会融合的作用亦可能存在差异，因此需要进一步探究流动特征和个体特征在社会融合中的影响作用。模型2在模型1的基础上纳入流动特征变量，包括迁移模式、流动范围、城镇规模和定居意愿。构建二者的交互项，形成完整模型，回归结果如表6-8模型2，拟合优度 R^2 为0.301，高于模型1拟合优度，表明在考虑了流动特征对个体因素的调节作用的情况下，模型解释力度得到增强。整体上看，流动特征四个变量对社会融合的影响均在0.1%的显著性水平上通过检验，流动特征变量比个体特征变量对社会融合影响程度大。流动特征削弱了个体特征对社会融合水平的影响，纳入流动特征变量后，个体特征的性别、代际和民族变量对社会融合水平影响不产生显著性，户口类型对社会融合影响的系数从0.072降到了0.038，说明个体特征变量一定程度上是通过流动特征发生作用的。

流动特征变量中，迁移模式的回归系数为正，家庭化迁移的社会融合水平比独自迁移的高3.8%，表明家庭化迁移有助于社会融合水平的提高。我们通过本章第一节社会融合维度的影响因素可发现，家庭化迁移对经济融合起

① 陆益龙. 户口还起作用吗——户籍制度与社会分层和流动 [J]. 中国社会科学，2008（1）：149-162，207-208.

② 吴贾，姚先国，张俊森. 城乡户籍歧视是否趋于止步——来自改革进程中的经验证据：1989-201 [J]. 经济研究，2015，50（11）：148-160.

③ 王曦，陈中飞. 中国城镇化水平的决定因素：基于国际经验 [J]. 世界经济，2015，38（6）：167-192.

负向作用，对社会互动起正向作用。家庭化迁移有利于农业转移家庭成员间的照顾与情感交流。家庭化迁移，特别是家庭成员的非劳动力的迁移，加重了流动家庭的生活负担，从人均指标反映出的是就业融合程度降低。

流动范围变量回归系数为负，在0.1%置信水平下对社会融合产生负向影响。农业转移人口的流动范围从市内、省内跨市，到跨省流动，流动范围扩大一个层次，社会融合水平降低2.2%。有研究指出，不同流动类型的流动人口在社会融合上有不同的表现。与市内跨区县流动人口相比，跨省流动人口产生拒绝型和矛盾型身份认同的可能性会增加。省内流动者本地融入得分高于跨省流动者，且省内流动者认同自己是"本地人"的比例高于跨省流动者①。与县市内相比，省内跨市的农民工自我身份的认同感较低，与本地人相处也较差②。城市规模变量回归系数也为负，同样在0.1%置信水平下对社会融合产生负向影响。城市规模从小城镇、中等城市到大城市，城市规模提高一个级别，社会融合水平减少3.1%。这可能是因为城市级别高，社会极化程度高，导致农业转移人口生活质量和社会地位与本地居民存在更大的差距。由此表明，相对于长距离迁移或跨越更高城市级别的流动而言，就近就地转移社会融合更具有优势。

定居意愿也对社会融合水平产生较大的影响，定居意愿的影响系数为正且在0.1%置信水平下显著，与不愿定居的农业转移人口相比，愿意定居的社会融合水平要高出6.4%。有研究认为，居留意愿代表了流动人口与流入地的结合程度，随着进城时间的延长，有回农村想法的人越来越少，进城时间达到10年以上者的农转非意愿较为强烈③。

模型3是在模型2的基础上纳入人力资本变量，拟合优度 R^2 为0.397，高于模型2拟合优度，在模型解释力度得到增强。

人力资本的四个变量均对社会融合水平产生显著影响。受教育程度的影响系数为正且在0.1%置信水平下显著，符合理论预期。教育程度每提高一个层次（比如从初级到中级），社会融合水平分别提高1.7%。表明学历越高越有助于社会融合水平的提高，这是由于学历高的农业转移人口更容易找到较

---

① 侯亚杰，姚红. 流动人口身份认同的模式与差异——基于潜类别分析的方法 [J]. 人口研究，2016，40（2）：38-49.

② 石智雷，朱明宝. 农民工的就业稳定性与社会融合分析 [J]. 中南财经政法大学学报，2014（3）：49-58，159.

③ 黄祖辉，钱文荣，毛迎春. 进城农民在城镇生活的稳定性及市民化意愿 [J]. 中国人口科学，2004（2）：70-75，82.

好的工作、获得较高的收入，同时易于接纳城市的文化、生活方式、卫生习惯等。健康状况的影响系数为正且在5%置信水平下显著，健康状况每提高一个水平，社会融合水平也提高0.6%。健康状况是人力资本维度中其他变量的基础，没有健康，其他维度很难得到进步和提升。职业技能对社会融合水平产生正向促进作用，且在0.1%置信水平下显著。职业技能每提升一个层次，社会融合水平提高2.2%。在人力资本各变量中，职业技能对社会融合影响最大，职业技能更是直接影响收入水平和经济地位的重要变量，直接影响农业转移人口社会融合水平。工作经验也显著影响社会融合水平，每增加1年工作经验，社会融合水平提高0.1%，提高的幅度较小，可能与研究划分层级较小，以自然年度为一级存在一定关系。总的来说，贵州省农业转移人口的人力资本对其社会融合水平具有重要影响。

模型4是在模型3的基础上纳入社会资本变量，拟合优度 R^2 为0.478，高于模型3拟合优度，模型解释力度得到增强。社会资本的三个变量均对社会融合水平产生显著影响。

社会关系数量的影响系数为正，且在0.1%置信水平上显著，其影响强度最大，对社会融合水平提高作用也最大。每多一种社会关系，社会融合水平提高2.2%。社会关系质量也对社会融合产生正向影响，每多获得一种帮助类型，社会融合水平提高0.2%。关系结构是指农业转移人口从社区或邻居获得的帮助，这种帮助行为的发生本身就表明农业转移人口与社区居民和邻居之间较好的融合程度。关系结构对社会融合水平产生正向影响，相比没有社区帮助的农业转移人口，有社区帮助的社会融合水平要提高1.7%。有研究表明，与城市居民良性互动后建立的异质型城市社会网络有利于农民工市民化水平的提高，而以老乡交往为主的同质型农村社会网络却阻碍了农民工的社会融合[1]。总体而言，不少学者都认识到社会资本在农业转移人口社会融合进程中的重要作用。他们认为，构建完整有效的城市社会支持网络是促进农业转移人口适应城市社会，提高社会融合水平的重要途径和策略[2][3]，本研究结论也支持这些观点。

① 童雪敏，晋洪涛，史清华. 农民工城市融入：人力资本和社会资本视角的实证研究 [J]. 经济经纬，2012（5）：33-37.

② 朱宏伟，杨云云. 广东少数民族流动人口社会支持研究 [J]. 广西民族研究，2011（3）：74-78.

③ 马伟华. 社会支持网构建：少数民族流动人口城市融入的实现路径分析 [J]. 西南民族大学学报（人文社科版），2018，39（2）：55-61.

模型 5 是在模型 4 的基础上纳入社会支持变量，拟合优度 R^2 为 0.589，高于模型 4 拟合优度，模型解释力度得到增强。社会资本的三个变量均对社会融合水平产生显著影响。

社会政策支持维度中，社会保障支持和住房政策支持变量没有对社会融合产生显著性影响，回归结果没有印证城市社会保障有助于农民工更好地融入城市的观点[①]。可能的原因在于近些年我国社会保障改革力度较大，尤其是在适应流动性方面，比如新农合实现省级异地结算等政策，而失业保险、生育保险则没有覆盖绝大多数农业转移人口，使得城镇社会保障吸引力减弱，农村社会的保障能力得到增强，最终导致是否得到城镇社会保障支持变量没有对农业转移人口的社会融合水平产生显著性影响。就业政策、教育培训、医疗政策和公共设施四个变量对社会融合影响的回归系数为正，且在 0.1 置信水平下显著。就业政策、教育培训、医疗政策和公共设施变量每增加一个单位，社会融合水平分别提高 2.5%、7.0%、5.8% 和 3.8%，四个变量均对社会融合水平影响程度较大，表明政策支持变量对农业转移人口社会融合水平的促进作用很强。由此可以判断，贵州省农业转移人口社会融合进程主要受阻于制度因素，受阻于城镇政策支持不足。

从三类主变量分析结果来看，结论是：政策支持（包括本地城镇户口）对贵州省农业转移人口社会融合进程的影响最大，社会资本次之，人力资本相对较弱。本研究结论与任远[②]、钱正荣[③]等人是一致的。虽然社会资本和人力资本都是重要的影响因素，但户籍制度下的地方保护政策和当地居民的歧视与偏见是更为根本的影响。赵延东等人[④]的研究也表明，流动人口城市地位获得，社会资本扮演重要角色，其作用甚至比人力资本更显著。周密等人[⑤]的研究也发现，新生代农民工的社会资本水平是影响其市民化的关键因素，人力资本水平的提高只有在市民化抑制程度高于 80% 时才会使市民化抑制程度下降。

① 石智雷，施念. 农民工的社会保障与城市融入分析 [J]. 人口与发展，2014，20（2）：33-43.

② 任远，乔楠. 城市流动人口社会融合的过程、测量及影响因素 [J]. 人口研究，2010，34（2）：11-20.

③ 钱正荣. 流动人口的社会融合问题研究 [J]. 湖北社会科学，2010（2）：39-42.

④ 赵延东，王奋宇. 城乡流动人口的经济地位获得及决定因素 [J]. 中国人口科学，2002（4）：10-17.

⑤ 周密，张广胜，黄利. 人力资本、社会资本与市民化抑制 [J]. 中国人口·资源与环境，2012，22（7）：134-137.

然而，我们的研究结论也与一些文献存在不一致的地方。张永梅等人[①]得出的结论是：在农民工社会融合程度的三个影响因素中，人力资本因素影响程度最高，大于社会资本和制度因素。谢桂华[②]认为在三大因素中人力资本和制度性因素是最重要的因素。我们发现这些研究的样本量都较少，调查区域狭窄，样本代表性普遍不足，测量指标简单，研究规范性和分析深度也需要进一步加强。因此，可以说目前农业转移人口社会融合的研究仍有待更多实证研究提供相应证据，特别是全国范围内的大样本调查提供的证据，同时也表明农业转移人口社会融合研究仍有进一步探讨的必要。

表 6-8　社会融合影响因素多元回归模型（n=1080）

变量维度	变量名称	模型 1	模型 2	模型 3	模型 4	模型 5
个体特征	性别（女性）	-0.017**	-0.007	-0.008	-0.008	-0.003
	代际（新一代）	0.012**	0.000	0.005	0.012	0.006
	婚姻状况（无配偶）	-0.003	-0.012	-0.007	-0.008	0.004
	民族（少数民族）	-0.023***	-0.003	-0.001	0.000	-0.001
	城镇户口（无城镇户口）	0.072***	0.038***	0.020**	0.018**	0.017**
迁移特征	迁移模式（独自迁移）		0.032***	0.028***	0.015*	0.015*
	流动范围		-0.022***	-0.02***	-0.021***	-0.014***
	城镇规模		-0.031***	-0.026***	-0.026***	-0.014***
	定居意愿（不愿意定居）		0.064***	0.054***	0.043***	0.032***

① 张永梅，何晨晓，桂浩然．农民工社会融合：基于地区、民族和历时性的比较 [J]．南方人口，2019，34（3）：25-33.

② 谢桂华．中国流动人口的人力资本回报与社会融合 [J]．中国社会科学，2012（4）：103-124，207.

续表

变量维度	变量名称	模型1	模型2	模型3	模型4	模型5
人力资本维度	教育程度			0.017***	0.013***	0.010***
	健康状况			0.006*	0.006*	0.005*
	职业技能			0.022***	0.017***	0.011***
	工作经验			0.001***	0.001***	0.001***
社会资本维度	关系数量				0.022***	0.020***
	关系质量				0.002**	0.001*
	关系结构				0.017**	0.010
政策支持维度	就业政策					0.025***
	社会保障					0.007
	教育培训					0.070***
	医疗政策					0.058***
	住房政策					0.014
	公共设施					0.038***
	常量	0.622	0.663	0.505	0.466	0.341
	调整 R^2	0.100	0.301	0.397	0.478	0.589
	F	27.345	57.114	55.858	62.877	71.410
	方程显著性	0.000	0.000	0.000	0.000	0.000

注：" * "表示在 0.05 水平上显著， " ** "表示在 0.01 水平上显著， " *** "表示在 0.001 水平上显著。

第七章

社会融合与落户意愿和主观幸福感

社会融合是一个交互过程，社会融合既被不同层次、不同类型因素所影响，其本身也会作为影响因素对农业转移人口城市生活的各个方面产生影响。农业转移人口来到新的社会环境中，一方面通过提高经济收入、接受当地文化、在当地定居等方式实现自己的社会融合；另一方面，在实现社会融合的进程中，社会融合的不同维度也对他们的自我认同、生活方式、生活行为等产生影响。随着城镇化进程的推进和自身条件的成熟，农业转移人口将面临是否留城发展的抉择。新型城镇化是以人为核心的城镇化，落户意愿是农业转移人口对未来空间选择做出的理性预期，是基于自身城市主观幸福感与客观实际条件的综合判断，能够反映城市是否具有长期吸引力和包容性，进而体现未来城镇化格局的发展趋势和人口分布状况。因此，本章通过分析社会融合如何对落户意愿与主观幸福感产生影响来考察社会融合的后果，对于完善城市社会治理政策具有重要的参考价值。

第一节　社会融合对落户意愿的影响

一、研究目的与设想

落户意愿研究是判断城镇化趋势，预测流动人口规模和结构变化，乃至规划建设城市公共设施的重要依据。推动农业转移人口城镇落户是新型城镇化一项重要工作。自 2014 年，中共中央、国务院印发《国家新型城镇化规划（2014—2020 年）》以来，提高户籍人口城镇化率就成了一项重要的政策目标。之后，国家相继出台了《国务院关于进一步推进户籍制度改革的意见》（国发〔2014〕25 号）、《国务院关于深入推进新型城镇化建设的若干意见》（国发〔2016〕8 号）、《国务院办公厅关于印发推动 1 亿非户籍人口在城市落户方案的通知》（国办发〔2016〕72 号）、《关于建立健全城乡融合发展体制机制和政策体系的意见》和《关于促进劳动力和人才社会性流动体制机制改革的意见》等一系列政策文件，持续推进户籍制度改革，降低城市落户门槛。

然而，农业转移人口的落户意愿并不高，政策效果仍存在较大的不确定性。据七普数据，2020 年常住人口城镇化率与户籍人口城镇化率的"两率差"达到 18.49 个百分点。有关研究也表明，近年来中国流动人口的落户意愿在低位徘徊，甚至出现下降趋势①②。推动更多农业转移人口落户城市实现市民化，仍是中国新型城镇化过程中的重要任务。

为此，《中华人民共和国国民经济和社会发展第十四个五年规划和 2035 年远景目标纲要》明确要求"全面取消城区常住人口 300 万以下的城市落户限制，确保外地与本地农业转移人口进城落户标准一视同仁。全面取消城区常住人口 300 万以下的城市落户限制，全面放宽城区常住人口 300 万至 500 万的大城市落户条件。"2021 年 5 月习近平总书记在《求是》杂志发表重要文章《把握新发展阶段，贯彻新发展理念，构建新发展格局》，指示"农民落户城市意愿下降等问题要抓紧研究、明确思路"。深入探讨农业转移人口落户意愿的影响因素具有重要现实意义。

落户意愿是落户决策的结果体现。随着户籍制度改革的纵深推进，农业转移人口落户决策的自主性进一步凸显，其影响因素从传统单一制度门槛转向现代多元化需求，同时也表现出不同群体差异③。过去户籍迁移是满足特定条件方能越过农村与城市间的"门槛"④，这在很大程度上不取决于移民的落户意愿。然而，当今很多城市实施"应转尽转，想落尽落"户口迁移政策，并不断推进城乡基本公共服务均等化，削弱户籍与城市公共服务的密切关联⑤。政策实施转变使户籍迁移决策的核心考量从"是否满足落户城市的条件"转向"户

---

① 苏红键. 中国流动人口城市落户意愿及其影响因素研究 [J]. 中国人口科学，2020（6）：66-77，127.

② 林坤，林李月，朱宇，等. 中国流动人口落户意愿及其变化——基于高、低技能流动人口的比较研究 [J]. 地域研究与开发，2021，40（3）：169-174.

③ LIU T, WANG J. Bringing city size in understanding the permanent settlement intention of rural-urban migrants in China [J]. Population, Space and Place, 2020, 26 (4): 2295.

④ 陈思创，曹广忠，刘涛. 中国农业转移人口的户籍迁移家庭化决策 [J]. 地理研究，2022，41（5）：1227-1244.

⑤ 李国平，孙铁山，刘浩. 新型城镇化发展中的农业转移人口市民化相关研究及其展望 [J]. 人口与发展，2016，22（3）：71-78.

籍迁移过程中的利益变动权衡和利益最大化实现"①。农业转移人口从农村到城市，真正成为流入城市居民需要经历一个较长的社会融合过程。在这个过程中，农业转移人口社会融合各个维度，如经济、文化、社会、心理等方面贯穿于城市居留、落户到真正市民的整个过程，对落户决策至关重要。

农业转移人口社会融合过程中，经济融合是农业转移人口在流入城市立足的前提和基础，获得较高的收入既是进入城市的主要目的，也是增强农业转移人口在流入地居住生活的愿望与能力。同时，在当地拥有可负担的稳定住房会影响其融入城市的意愿。政治参与是融合的保障，同时也塑造城市主人的心理。良好的社会互动可以获得更多的社会支持。对城市的归属感和生活的安定感可增强农业转移人口的落户意愿②。因此，在长期居留的基础上，经济状况越好、生活成本越低，对流入城市心理认同程度越高，农业转移人口的落户意愿也越强。

社会融合因素对农业转移人口落户意愿的影响可能存在更复杂的表现。不同发展水平的城市和不同流动距离对农业转移人口的落户意愿可能产生不同的影响。在流出地户籍价值上，对流入不同城市的流动人口而言，流出地户籍价值可能表现为一种相对价值③。农业转移人口的流出地户籍价值不变的情况下，流入城市的经济发展水平越高，流出地户籍的相对价值可能就越低，对落户意愿的阻碍作用可能就越小。

经济发展水平越高的城市公共服务水平即户籍价值也越高④。城镇基本公共服务的获得特征对农业转移人口城市居留意愿的影响存在城市规模分异，大城市流动人口获得的公共服务显著增进了流动人口的城市居留意愿，但上述影响效应在中小城市并不明显⑤。因而，流入城市的户籍价值对农业转移人口落户意愿的影响也可能存在着城市分异。

农业转移人口的社会融入水平也会因流出地与流入地距离的不同而有所差别。跨省流动者比省内流动者面临更多的工作机会和更高的预期，可能会

① 陈思创，曹广忠，刘涛．中国农业转移人口的户籍迁移家庭化决策 [J]．地理研究，2022，41（5）：1227-1244．

② 古恒宇，刘子亮，沈体雁．中国省际流动人口户籍迁移意愿的空间格局及影响机制分析 [J]．地理科学，2019，39（11）：1702-1710．

③ GU H，LING Y，Shen T et al. How does rural homestead influence the hukou transfer intention of rural-urban migrants in China? [J]. Habitat International，2020（105）：102267.

④ 童星，马西恒．"敦睦他者"与"化整为零"——城市新移民的社区融合 [J]．社会科学研究，2008（1）：77-83．

⑤ 林李月，朱宇．中国城市流动人口户籍迁移意愿的空间格局及影响因素——基于2012年全国流动人口动态监测调查数据 [J]．地理学报，2016，71（10）：1696-1709．

增加经济融合的机会，但面临的文化制度背景差别可能也更大，又会放大其生活负担和心理融入的难度①。故社会融合对流动人口落户意愿的影响可能也存在着流动距离分异，跨省流动放大了上述影响。

基于此，研究社会融合对农业转移人口落户意愿的影响，以期丰富对农业转移人口落户意愿的认识，为有针对性地推进农业转移人口落户城市、有序实现农业转移人口市民化提供决策参考。

二、变量与方法

（一）变量设置

按照前文的分析，被解释变量为贵州省农业转移人口城镇落户意愿，根据受访者对问卷中"如果您符合本地落户条件，您是否愿意把户口迁入本地"这一问题的回答进行设定。当受访者回答"愿意"时，赋值为 1；当受访者回答"不愿意"或"没想好"时，赋值为 0。解释变量是社会融合，包括政治参与、经济融合、社会互动、文化适应、心理融合和公共服务融合六个维度。对于长期居留决策而言，户籍迁移类似于"永久性迁移"，户籍迁移决策反映长期居留意图，可能受到社会融合因素的影响。控制变量选取主要参照国内外学者对农业转移人口居留和落户意愿的研究。一般认为性别、年龄、受教育程度等个体特征、流动特征、流入城市特征等与其落户意愿密切相关。此处，我们的控制变量主要包括个人特征（性别、年龄、受教育程度、是否有配偶等）、流动特征（迁移模式、流动范围、流动时间、城市规模等）。相关变量的具体设置和描述性统计如表 7-1 所示。

（二）分析方法

定居意愿的影响分析分为两个部分，一是分析不同群体流动人口落户意愿的差异，并进行差异性检验；二是进行影响因素的回归分析。落户意愿是一个二分类因变量，适用于二值 Logistic 回归模型：

$$\text{Logit}\ (P) = \ln\frac{P}{1-P} = \beta_o + \beta_1 x_1 + \beta_i x_i \cdots + \beta_n x_n$$

式中：P 为农业转移人口愿意在当前流入地落户的概率；$P\ (1-P)$ 为愿意落户的概率与不愿意或没想好落户的概率之比，即比值比；x_i 是自变量；β_o 是常数项；β_i 是自变量回归系数；$\exp\ (\beta_i)$ 为优势比 Odds Ratio（简称 OR

① 古恒宇，刘子亮，沈体雁. 中国省际流动人口户籍迁移意愿的空间格局及影响机制分析 [J]. 地理科学，2019，39（11）：1702-1710.

值），表示自变量 x_i 每变化一个单位，比值比 $P/(1-P)$ 相较之前变化的倍数，优势比大于 1 表明自变量对因变量即落户概率具有正向影响，小于 1 则表明具有负向影响。

三、社会融合对落户意愿的影响分析

（一）不同群体落户意愿的差异

随着户籍制度改革和城市落户门槛不断降低，很多城市已实现了流动人口"应转尽转，想落尽落"[①]，贵州城镇全面放开落户限制的户口迁移政策，鼓励农业转移人口和其他非户籍常住人口在城镇落户，但总体上农业转移人口落户积极性仍然不高。

表 7-1 变量描述性统计显示了不同群体定居意愿的差异。通过 F/t 检验研究样本的基本情况如表 7-1 所示，统计"愿意落户"和"不愿意或没想好是否落户"两类样本的基本特征并进行卡方检验，均在 5% 的显著性水平下通过。总体来看，愿意落户的占 43.7%，不愿意或者没有想好是否落户的占 56.3%，贵州省农业转移人口的落户意愿不高。访谈中我们也发现，现阶段不少年轻的农业转移人口在户籍迁移决策时比较矛盾，确实有城市落户的意向，但却又担心工作稳定性，同时也权衡当前的利弊。其实这种矛盾心理在 10 年前就被学者发现了[②]，遗憾的是这种矛盾心理至今还没得到有效解决。

不同个人特征落户意愿存在差异。从性别来看，女性愿意在本地落户的为 45.2%，比男性高近 3 个百分点；从代际来看，老一代愿意在本地落户的为 51.9%，比新一代多 10 个百分点；从婚姻状况来看，有配偶的愿意在本地落户的为 46.7%，比无配偶的高 7.4%；从受教育程度来看，受过中等教育的更愿意在本地落户，比例接近一半，而受教育层次较低的这一比例为 42.2%，受过高等教育的本地落户的意愿最低，只有 41.4%。不同迁移特征的落户意愿也存在差异。从迁移模式来看，家庭化迁移的落户意愿明显高于独自迁移，有一半比例的家庭化迁移愿意落户流入地，而独自迁移的落户意愿仅为 33.0%；从流动范围来看，市内迁移的落户意愿最强，比例达到 53.4%，省内跨市和跨省流动的落户意愿要低得多；从城市规模来看，小城市的落户意

---

① 苏红键. 中国流动人口城市落户意愿及其影响因素研究 [J]. 中国人口科学，2020 (6)：66-77，127.
② 王春光. 对新生代农民工城市融合问题的认识 [J]. 人口研究，2010，34（2）：31-34，55-56.

愿很低，只有 21.9% 的比例，落户意愿最高的是中等城市，比例为 46.3%，大城市的落户意愿在两者之间。农业转移人口在本地居住时间的差异也会导致不同的落户意愿，愿意落户本地的，在本地居住平均时间为 11.12 年，而不愿意落户的只有 7.16 年。不同落户意愿的农业转移人口社会融合水平也存在差异。愿意在本地落户的农业转移人口社会融合各维度得分比不愿意落户的要高出 5 分左右，其中心理认同得分差距接近 10 分，愿意落户的农业转移人口社会融合水平明显高出不愿意落户的。

表 7-1 变量描述性统计

变量类别	变量名称	变量说明（单位）	落户意愿（比重或均值）		卡方/t 检验
			愿意	不愿意	
被解释变量	落户意愿		43.7	56.3	
控制变量	个体特征	性别	女性 = 0	45.2	54.8	0.023
			男性 = 1	42.5	57.5	
		年龄（代际）	新一代 = 0	41.4	58.6	0.001
			老一代 = 1	51.9	48.1	
		婚姻状况	无配偶 = 0	39.3	60.7	0.006
			有配偶 = 1	46.7	53.3	
		教育程度	初级（参照）	42.2	57.8	0.018
			中级	49.3	50.7	
			高级	41.4	58.6	
	迁移特征	迁移模式	独自迁移 = 0	33.0	67.0	0.000
			家庭迁移 = 1	49.9	50.1	
		流动范围	县市内（参照）	53.4	46.6	0.000
			省内跨市	33.9	66.1	
			省外流入	38.0	62.0	
		城镇规模	小城市（参照）	21.9	24.6	0.000
			中等城市	46.3	48.0	
			大城市	31.8	27.4	
		居住时间（年）	连续变量	11.12	7.16	0.000

变量类别	变量名称	变量说明（单位）	落户意愿（比重或均值）		卡方/t 检验
			愿意	不愿意	
主变量	社会融合（得分）	政治参与	连续变量	57.11	55.81	0.000
		经济融合	连续变量	52.13	47.69	0.000
		社会互动	连续变量	63.90	59.56	0.000
		文化适应	连续变量	75.79	69.69	0.000
		心理认同	连续变量	74.68	65.54	0.000
		公共服务	连续变量	65.00	60.82	0.000

（二）二元 Logistic 回归模型结果与讨论

贵州省农业转移人口的社会融合水平究竟如何对落户意愿产生差异化影响，作用的机理是什么？我们需要关注反映社会融合各个维度的水平在控制了个人特征和迁移特征变量的情况下对落户意愿的影响。因此，社会融合水平的六个维度是解释变量，我们采用强制进入模型方式，使得即使没有显著性影响的维度也能保留在分析结果之中。控制变量采用向后逐个剔除方式，自动将没有产生统计显著性影响的变量剔除模型，最后剩下的都是具有显著性影响的变量。表 7-2 呈现了二值 Logistic 模型的统计分析结果，从 -2 倍对数似然值、Cox 和 Snell、Nagelkerke 以及 McFadden 值来判断，模型有统计意义，且对因变量的变异具有一定的解释能力。

模型 1 是控制变量对落户意愿的影响。从个体特征来看，个体特征变量除性别外，均在 1% 水平下显著影响落户意愿。性别在 5% 水平下对落户意愿产生影响，男性农业转移人口的落户意愿要低于女性 7.3 个百分点，女性更愿意在城市落户；不同代际的农业转移人口落户意愿在 1% 水平下显著，老一代农业转移人口的落户意愿是新一代的 1.386 倍；婚姻也对落户意愿产生显著影响，有配偶的落户意愿是无配偶的 1.351 倍。有配偶的农业转移人口的落户意愿显著更高，婚后农业转移人口更加追求稳定生活，且可能考虑到子女教育问题，更愿意在城市落户，以便子女能够享受到城市更优质的教育资源。受教育程度在 0.1% 的水平下显著影响落户意愿，尤其是受过中等教育之后，城市落户意愿更加强烈。中等教育的农业转移人口落户意愿是低等教育的 1.427 倍，而受过高等教育的农业转移人口落户意愿只是低等教育的 1.314 倍。教育水平是个体自身拥有人力资本的重要体现形式。教育程度能有效提升农业转移人口的落户意愿，教育程度的提高意味着农业转移人口城市发展能力和就业竞争力的增强，而提高了城市就业、生活的稳定性，也就提升了落户意愿。是否受过中等教育是一个关键的分水岭，这可能是现代城市产业工作的一个基本要求，受过中等教育才能更好地适应城市就业的需要。这给我们的政策启示是，继续统筹发挥职业院校、技工学校等作用，强化农业转移人口职业技能培训和职业教育，提高其在城市稳定就业能力。

从流动特征来看，家庭化迁移显著提高了农业转移人口的落户意愿，家庭化迁移的农业转移人口落户意愿是独自迁移的 1.882 倍。相对于家庭化迁移，独自迁移带来的缺乏归属感降低了农民工的落户意愿，而家人的陪伴会增加农业转移人口的城市归属感，降低其漂泊感，在流入地的生活状态会更稳定，从而正向促进农民工的落户意愿。在流动跨度上，流动范围在 0.1% 水平显著影响落户意愿，省内跨市农业转移人口落户意愿最高，是县市内农业转移人口落户意愿的 1.381 倍。当前我国户籍与子女教育、养老和住房等基本公共服务及社会福利挂钩，而在市/州中心城市公共服务已基本实现共享，市内农业转移人口并无迁移户籍的动力，落户意愿自然比省内跨市的低。同时，省内跨市农业转移人口既可通过落户来获得流入地各项服务和福利，又与流入地同属一省，更能融入本地生活，落户意愿更高。省外流入的农业转移人口落户意愿相对较低，相对于县市内降低了近 60%。未来不仅需要提高黔籍农业转移人口城市落户，更需要促进省外农业转移人口在贵州流入地的落户。因此，持续完善农业转移人口落户政策及其配套政策尤为重要。城市规模在 0.1% 水平下对落户意愿产生正向影响。相对于小城市，中等城市的农业转移人口落户意愿是其 1.563 倍，而大城市更是达到了 3.297 倍，城市规模越大越吸引农业转移人口落户。规模较大的城市，其经济社会发展水平也较高，城市福利也较好，对农民工落户的吸引力也较大[①]。农业转移人口在流入地居住时间也对落户意愿产生正向显著影响，农业转移人口在流入地居住时间每增加 1 年，落户意愿提高 1.2%。在流入地工作、居住时间越长，就越适应就业岗位和生活条件，这有利于其更好地融入当地生活，提升落户意愿。

模型 2 报告了在控制个体特征和流入特征的情况下，社会融合变量回归结果。控制了个人特征和流动特征后，社会融合六个维度变量在 1% 的水平下均对落户意愿产生正向显著影响。其中，心理认同最能提升农业转移人口的

---

① 林李月，朱宇. 中国城市流动人口户籍迁移意愿的空间格局及影响因素——基于 2012 年全国流动人口动态监测调查数据 [J]. 地理学报，2016，71（10）：1696-1709.

落户意愿，心理认同的发生比为 2.582，且在 0.1% 水平下对农业转移人口落户意愿产生显著影响。刘涛等人[①]的研究也表明，落户决策建立在流动人口对流入地更深层次的社会心理融合。聂伟等人[②]发现少数民族农民工的城市归属感每增加 1 分，其城镇落户意愿概率增加 39.3%。这些研究与我们的结论是一致的。落户意愿是一个主观概念，但是它是建立在落户决策的基础上，而落户决策又建立在农业转移人口对流入地更深层次的心理融合基础上。在当前制度安排下，户籍迁移可视为永久性迁移，其机会成本远高于暂时性迁居。因此，农业转移人口在做出户籍迁移决策时自然会更加谨慎，心理认同尤为重要。他们不仅要求本地社会对自身的"接纳"，更会权衡自身"融入"本地社会成本。总的来说，心理认同是落户意愿的关键变量，心理认同越高，城市的归属感就越强，心理感知也越近，就越希望落户城市。

公共服务融合也是影响落户的重要变量，其影响程度仅次于心理认同。回归结果显示，公共服务融合水平对落户意愿影响的发生比为 2.429，且在 0.1 水平下显著影响。早在 1956 年 Tiebout[③] 就提出了"用脚投票"，移民倾向于选择能够最大限度满足其公共服务偏好的流入地。国内的研究基本证实了公共服务对农业转移人口行为选择的影响。地区间公共服务差异"势能"促进了人口迁移流动，公共服务成为移民定居落户意愿的关键性因素[④][⑤]。公共服务能够缓解高房价对劳动力的挤出效应[⑥]，主观社会融入感在公共服务可及性的"人口迁移效应"中发挥中介机制作用[⑦]，进而作用于社会融入的决策。

经济融合水平也显著提升了农业转移人口的户籍迁移。经济融合水平每提高

① 刘涛，陈思创，曹广忠. 流动人口的居留和落户意愿及其影响因素 [J]. 中国人口科学，2019（3）：80-91，127-128.

② 聂伟，万莺莺. 文化适应对少数民族农民工城镇落户意愿的影响——基于全国流动人口动态监测数据的分析 [J]. 湖南农业大学学报（社会科学版），2018，19（1）：46-52.

③ TLIEBOUT C M. A Pure Theory of Local Expenditures [J]. Journal of Political Economy，1956，64（5）：416-424.

④ DUSTMANN C，OKATENKO A. Out-Migration，Wealth Constraints，and the Quality of Local Amenities [J]. Journal of Development Economics，2014，110：52-63.

⑤ 林李月，朱宇，柯文前，等. 基本公共服务对不同规模城市流动人口居留意愿的影响效应 [J]. 地理学报，2019（4）：737-752.

⑥ MULLINS J T，WHITE C. Can Access to Health Care Mitigate the Effects of Temperature on Motality？[J]. Journal of Public Economics，2020，191：104259.

⑦ 张开志，高正斌，张莉娜，等. "候鸟式"流动亦或"永久"迁移？——基于社会融入视角的公共服务可及性与人口流迁选择 [J]. 经济与管理研究，2020，41（7）：112-133.

一个单位，落户意愿可能性提高 43.7%。住房和收入是经济融合的两大指标，是衡量人们社会经济地位的重要指标。相比租房和其他来源住房，拥有自有住房的农民工的落户意愿更高，农业转移人口拥有房屋产权意味着有了稳定的住所，就可以降低其流动性，有利于改善其与城市居民的社会距离，使其居留意愿更强烈。

政治参与、社会互动和文化适应维度变量在 5% 水平下对落户意愿产生正向影响。政治参与、社会互动和文化适应尽管是社会融合的不同内容，但三者的一个共同特征是农业转移人口主动融入城市社会的表现。文化适应有助于更好地互动，进而主动参与社区民主政治生活。社会活动参与度越高，意味着农业转移人口越愿意主动融入城市，因而更容易表现出落户的意愿。同时，经常参加社会各种活动的农业转移人口通常拥有较多的社会资本积累，这也为其在城市落户提供了可能。

社会融合对个体特征的落户差异产生影响。模型 2 加入社会融合各维度变量后，回归结果显示，个体特征各变量均受到不同程度的影响。性别的落户偏好从女性转向男性。社会融合有助于男性的落户迁移意愿的提升。加入社会融合变量后，男性的落户意愿是女性的 1.038 倍。女性可以通过婚嫁的方式实现落户，而且受养儿防老的传统观念的影响，她们受到的落户制约与男性相比较弱①。在没考虑社会融合影响的情况下，女性落户意愿的可能性会高于男性。随着农业转移人口在流入地的社会融合水平提升，男性的落户意愿更加强烈。社会融合水平进一步提高了老一代农业转移人口的落户意愿，社会融合使老一代农业转移人口的落户意愿相对新一代的 1.386 倍提高到 1.522 倍。可见，只要能在城市立足、发展，随着年龄的增长，将有更多的农业转移人口愿意将户籍迁移到城市。社会融合对个体特征落户意愿的影响还表现在婚姻上，社会融合能够削弱婚姻状况对落户的影响，使有无配偶人群的落户意愿差别减少。社会融合进一步弱化学历对落户意愿的影响。相对于低学历来说，社会融合使中等学历农业转移人口的落户意愿从 1.427 倍降到 1.148 倍，缩短了学历带来的落户意愿差异。社会融合也削弱了高等学历的影响，高等学历从 5% 水平下显著影响到不产生显著性影响。综上，社会融合有效降低了个体特征产生的落户差异。

社会融合同样对流动特征落户意愿差异产生影响。加入社会融合变量后，流动特征对落户意愿影响的显著性没有降低，但是缩小了落户意愿的差距。

---

① 邱红，周文剑. 流动人口的落户意愿及影响因素分析 [J]. 人口学刊, 2019, 41 (5): 91-100.

家庭化迁移相对于独自迁移，其落户意愿从 1.882 倍缩小到 1.422 倍；社会融合减少了不同流动范围落户意愿的差距。相对于县市内来说，省内跨市的落户意愿从 1.381 倍减少到 1.145 倍。在城市规模上，社会融合强化了中等城市和大城市的落户意愿，相对于小城市，中等城市的落户意愿从 1.563 倍提升到 1.728 倍，大城市从 3.297 倍提高到 4.866 倍。

总之，农业转移人口社会融合的提高对城镇落户意愿产生显著的正向影响，同时社会融合还作用于个体特征和流动特征对城镇落户意愿的影响。

表 7-2 农业转移人口落户意愿影响因素回归结果 (N=1095)

变量类别	变量名称	模型 1		模型 2	
		B	Exp (B)	B	Exp (B)
个体特征	性别（参照：女性）	-0.076*	0.927	0.037*	1.038
	年龄（参照：新一代）	0.327**	1.386	0.420*	1.522
	婚姻状况（参照：无配偶）	0.301**	1.351	0.129*	1.049
	受教育程度（低学历）				
	中等学历	0.355***	1.427	0.138*	1.148
	高等学历	0.273**	1.314	-0.024	0.976
流动特征	迁移模式（参照：单身）	0.633**	1.882	0.352*	1.422
	流动范围（参照：县市内）				
	省内跨市	0.323***	1.381	0.135**	1.145
	省外流入	-0.902***	0.406	-0.703***	0.495
	城镇规模（参照：小城市）				
	中等城市	0.447***	1.563	0.547***	1.728
	大城市	1.193***	3.297	1.582***	4.866
	居住时间	0.012**	1.012	0.003**	1.003
社会融合	政治参与			0.168*	1.183
	经济融合			0.362***	1.437
	社会互动			0.221*	1.247
	文化适应			0.031*	1.031
	心理认同			0.949***	2.582
	公共服务融合			0.887**	2.429

续表

变量 类别	变量 名称	模型 1		模型 2	
		B	Exp（B）	B	Exp（B）
	常数项	−0.946***	0.388	−3.571***	0.028
	−2 对数似然值	1447.260		1319.447	
	Cox & Snell R 方	0.088		0.155	
	Nagelkerke R 方	0.118		0.207	
	样本量	1095		1095	

注："*"表示在 0.05 水平上显著，"**"表示在 0.01 水平上显著，"***"表示在 0.001 水平上显著。

第二节　社会融合与主观幸福感

一、理论框架

幸福感是一种情感与心态，是在自身需求得到满足的条件下产生的喜悦情绪。幸福感高，群众对社会的认可度就高；幸福感低，人们就会焦躁不安，获得感、安全感也就消失。因此，幸福感是衡量人民美好生活感知的一个重要变量。美好生活是个体基于一定生活标准对其当下生活状态所形成的积极的主观体验与评价结果①。党的二十大要求"深入贯彻以人民为中心的发展思想"，并强调"人民群众获得感、幸福感、安全感更加充实、更有保障、更可持续，共同富裕取得新成效"。因此，以幸福感为标尺，考察中国式现代化进程中农业转移人口美好生活需要，具有重要的现实意义。

幸福感属于主观精神世界领域，主要受个体内心活动和思维层次的影响，外界物质条件变化如何影响幸福感，以及影响程度大小，目前尚无定论。相关文献中使用了许多术语来表示个人的主观幸福感：生活质量、生活满意度或幸福感。2012 年，《世界幸福感研究报告》中将主观幸福感与生活满意度

---

① 郑建君．中国公民美好生活感知的测量与现状——兼论获得感、安全感与幸福感的关系[J]．政治学研究，2021（6）：89-128.

等同。在一些研究中也认为生活满意度实质上就是主观幸福感的表现形式①，是主观幸福感的一种测量工具②③。因此，本研究主观幸福感和生活满意度不做严格区分。

国外关于移民主观幸福感研究，重点在迁移是否提高移民的幸福感。Easterlin④发现，一个国家内实际国内生产总值（GDP）的增长并不必然带来国民幸福感的提高。收入增加只能给人们带来有限的幸福效应，因为人有一种"享乐疲乏"（hedonic treadmill）的倾向。Diener⑤也发现主观幸福感常常表现出相当高的跨情境一致性和时间稳定性，很难随着客观福利的改变而变化。然而，外在物质条件刺激总能在一定程度反映到主观感受上。如果一个人的生活环境发生巨大变化，他的主观幸福感可能也会发生变化。人口迁移可能就是验证这一观念的一个很好的案例。

根据伊斯特林悖论，迁移作为一种增加收入的方法，并不比其他增加收入的方法更能提高幸福感。Bartram⑥曾试图证明伊斯特林悖论不适用于国际移民现象，移民从贫困国家迁往富裕国家，而富裕国家拥有更好的生活条件和更高的自由度，因此他假设移民从收入增加中获得的幸福感比大多数人都要大，但数据分析结果却并不完全支持他的假设，收入增加仅与幸福感提高存在很弱的相关性。Safi⑦研究也发现，发达国家的国际迁移者的主观幸福感一般不会随着他们在东道国停留时间的延长而增加，且第二代移民的主观幸福感并不比移民父母高。

---

① 吕炜，杨沫，王岩. 市民化的福利效应分析——基于农村移民生活满意度视角［J］. 经济科学，2017（4）：22-34.

② Oishi S. The psychology of residential mobility：Implications for the self，social relationships，and well-being［J］. Perspectives on psychological science，2010，5（1）：5-21.

③ Dolan，Paul，et al. Electing Happiness：Does Happiness Affect Voting and Do Elections Affect Happiness? Dep. of Economics and Related Studies，Univ. of York，2008，http：//www. york. ac. uk/depts/econ/documents/dp/0830. pdf.

④ Easterlin R A. Does empirical growth improve the human lot? Some empirical evidence［M］//Paul A. David & Melvin W. Reder（eds.），Nations and households in economic growth. New York：Academic Press，1974：89-125.

⑤ Diener E. Subjective well-being［J］. Psychological bulletin，1984，95（3）：542.

⑥ Bartram D. Economic migration and happiness：Comparing immigrants' and natives' happiness gains from income［J］. Social Indicators Research，2011，103：57-76.

⑦ Safi M. Immigrants' life satisfaction in Europe：Between assimilation and discrimination［J］. European sociological review，2010，26（2）：159-176.

但 Hendriks[1] 总结许多文献发现，移民可以通过迁移变得更幸福，但这种幸福强烈地依赖于特定的移民流，不同时期的移民可能存在差异。Kahneman 和 Tversky[2] 提出的参照点理论认为，与来源地相比，在迁入地获取更高收入可能会增加流动个体的幸福水平，特别是与原籍国人口相比，大多数移民群体的幸福感高于原籍国的移民群体[3]。问题在于许多因素都会影响移民的幸福感。Bak-Klimek 等人发现，社会支持和性格因素（如乐观、自尊）与移民的幸福感密切相关，而环境因素如收入或迁移时间与幸福感的关系较弱且不显著。东道国的特征可能也对移民的主观幸福感产生重要影响[4]。Kogan 等人利用 18 个欧洲国家数据，从移民接受环境、公共产品提供情况和经济不平等程度三个方面，考察了移民的国家层面特征对其主观幸福感的影响。研究结果表明，移民在社会环境更友好的国家更容易感到满意[5]。这说明影响移民主观幸福感的因素可能比较复杂。

在中国，一些研究文献曾经发现，农村居民的主观幸福感高于城市居民。有研究认为城市化进程有可能是建造"幸福围城"的过程，即农村居民进入城市，其幸福感不升反降，违背城市化发展的基本初衷[6]。有些研究证实，农村人口流入城市，个体收入获得感显著提升，但其幸福感与流动之前并无明显变化，甚至还普遍存在以牺牲幸福换取经济收入的现象[7]。

中国的特殊性在于存在城乡户籍制度分隔，这很可能导致农村移民在城市仅能获得较低收入，且无法享受城市福利待遇，进而阻碍其幸福感提升。

① Hendriks M. The happiness of international migrants：A review of research findings［J］. Migration Studies，2015，3（3）：343-369.

② TVERSKY K A. "Prospect Theory：An Analysis of Decision under Risk"［J］. Econometrica，1997，47（2）：263-291.

③ FRANK K，HOU F，SCHELLENBERG G. Life satisfaction among recent immigrants in Canada：comparisons to source-country and host-country populations［J］. Journal of Happiness Studies. 2016，17：1659-1680.

④ BAK-KLIMEK A，KARATZIAS T，ELLIOTT L，et al. The determinants of well-being among international economic immigrants：A systematic literature review and meta-analysis［J］. Applied Research in Quality of Life，2015，10：161-188.

⑤ KOGAN I，SHEN J，SIEGERT M. What makes a satisfied immigrant? Host-country characteristics and immigrants' life satisfaction in eighteen European countries［J］. Journal of Happiness Studies，2018，19：1783-1809.

⑥ 叶初升，冯贺霞. 城市是幸福的"围城"吗？——基于 CGSS 数据对中国城乡幸福悖论的一种解释［J］. 中国人口·资源与环境，2014，24（6）：16-21.

⑦ 祝瑜晗，吕光明. 城镇化进程中人口流动的主观福利效应考察［J］. 统计研究，2020，37（10）：115-128.

为此，许多学者考察了户籍身份转换（农转非）对农村移民幸福感变化的影响，并且都发现户籍身份的变化确实能显著提升"农转非"群体的主观幸福感水平①，实现了户籍身份转换的农村移民的幸福感要显著高于未实现户籍身份转换的农村移民②，就提高幅度而言，获得城市户籍的农村移民比未获得城市户籍的农村移民主观幸福感高出大约3%③。

社会融合对主观幸福感的影响不多见，少量的研究表明社会融合对幸福感产生积极的影响。例如，季永宝等人对山东省流动人口进行调查发现，在排除了个体特征和地区差异因素后，包含经济融合、文化融合、社会适应、结构融合和身份认同五个维度的社会融合指数对流动人口的幸福感有显著的正向作用④。这说明在我国经济社会转型期，流动人口的幸福感是受社会融合因素影响的，流动人口幸福感随社会融合程度的加深而提高。李树苗等人进一步指出心理融合和文化融合程度的提高有利于农民工心理健康状况的提升⑤。

然而，现有研究对于幸福感度量只是单一指标，主观幸福感是一个内涵极其丰富的概念，应该包含多方面的内容。本研究在社会融合和幸福感两个概念的测量上均采用复合指标，这使研究相比现有研究更加系统、全面。

二、主观幸福感测量及水平

（一）主观幸福感测量

相关文献中"幸福"一词多被用作主观幸福的同义词，且有意避免使用"幸福"这个词，因为它的流行含义多种多样。例如，幸福可能指的是幸福的全部体验，当前的快乐感觉，或随着时间的推移对许多积极影响的体验，等等。幸福是一个涉及社会、心理、伦理等多个学科的概念，不同学科从不同

---

① 付小鹏，许岩，梁平. 市民化让农业转移人口更幸福吗？[J]. 人口与经济，2019（6）：28-41.
② 温兴祥，郑凯. 户籍身份转换如何影响农村移民的主观福利——基于CLDS微观数据的实证研究[J]. 财经研究，2019，45（5）：58-71.
③ 吕炜，杨沫，王岩. 市民化的福利效应分析——基于农业转移人口生活满意度视角[J]. 经济科学，2017（4）：22-34.
④ 季永宝，高敬云，杨俊. 流动人口的社会融合程度对其幸福感的影响——以山东省为例[J]. 城市问题，2016（7）：95-103.
⑤ 李树苗，悦中山. 融入还是融合：农民工的社会融合研究[J]. 复旦公共行政评论，2012（2）：21-42.

视角对幸福进行建构分析。Veenhoven[①] 将主观幸福感定义为个体以一种有利的方式判断其生活整体质量的程度。换句话说，主观幸福感是指一个人有多喜欢他或她目前的生活。Andrews 和 Withey[②] 将主观幸福感定义为"一种认知评价和某种程度的积极或消极感受，即情感"。Stone 和 Mackie[③] 认为主观幸福感"指的是人们如何体验和评价自己的生活以及生活中的特定领域和活动"。主观幸福感可能既有稳定的成分，也有可变的成分。一个人对正在发生的生活事件的评价会改变，因此他的享乐水平也会改变。但与此同时，一个人的情绪可能会回到一个由他的性情和生活环境决定的平均基线。因此，虽然即时情绪可能不断变化，但一个人的长期主观幸福感可能具有相当大的稳定性[④]。因而西方学者一般主张主观幸福感是可以测量的，且这种测量结果具有稳定性。故而在学术研究领域，"主观幸福感"概念比"幸福"的使用更加广泛。生活满意度是指一个人对自己生活的一种有意识的整体判断，因此生活满意度具有长期稳定性，可以作为主观幸福感的替代[⑤]。与此同时，生活满意度可以分解为对不同领域的满意度，如工作、收入、住房、社会环境等，这些领域还可以进一步细分。

一般来说，主观幸福感的测量可以分为三个主要的需要独立测量和解释的类别，即生活评价、积极情绪和消极情绪。生活评价主要是生活满意度评价，Krueger 等人对情绪和生活满意度的评估显示了大致相同的重测可靠性，但其可能决定因素的结构不同，生活环境（如收入）与生活满意度的关系比与情绪的关系更密切，生活满意度能更多地反映个人生活广泛和持续的环境，

① VEENHOVEN R. VEENHOVEN, R. Conditions of Happiness ［M］. Dordrecht：Springer，1984.
② ANDREW F M, WITHEY S B. Social Indicators of Well-Being：America's Perception of Life Quality ［M］. New York：Plenum，1976.
③ STONE A A, MACKIE C, STATISTICS C O N, et al. Panel on Measuring Subjective Well-Being in a Policy - Relevant Framework；Committee on National Statistics；Division on Behavioral and Social Sciences and Education；National Research Council. Subjective Well-Being：Measuring Happiness, Suffering, and Other Dimensions of Experience ［J］. National Academies Press (US)，2013.
④ DIENER E. Assessing Subjective Well - Being：Progress and Opportunities ［J］. Social Indicators Research，1994，31 (2)：103-157.
⑤ DIENER E. Assessing Subjective Well - Being：Progress and Opportunities ［J］. Social Indicators Research，1994，31 (2)：103-157.

而情绪则相对不稳定①。因此，本研究采用生活满意度作为主观福利的代理指标。在调查问卷中，对农业转移人口的衡量是通过询问被访问者对目前工作、收入、健康、住房、子女教育、社会交往、生活环境和公共服务这八个方面的满意度来实现的，要求被访问者根据自身情况，从"很不满意"到"很满意"在 1~5 的刻度内进行打分，对这八项满意度取平均值作为农业转移人口的综合幸福感指标（表7-3）。

表 7-3 贵州省农业转移人口主观福利水平测量指标体系

项目	非常不满意 = 1	比较不满意 = 2	一般 = 3	比较满意 = 4	非常满意 = 5
本地工作	1	2	3	4	5
个人收入	1	2	3	4	5
身心健康	1	2	3	4	5
本地住房	1	2	3	4	5
子女教育	1	2	3	4	5
社会交往	1	2	3	4	5
生活环境	1	2	3	4	5
公共服务	1	2	3	4	5

（二）主观幸福感水平

1. 主观幸福感总体水平

基于前面构建的主观幸福感指标体系，利用贵州省农业转移人口调查数据，采用简单算术平均法，构建农业转移人口主观幸福感，并标准化转换到 1~100 的得分，得分越高，主观幸福感越高。

图 7-1 是贵州省农业转移人口主观幸福感综合指数及 8 个维度的指数情况。贵州农业转移人口主观幸福感综合指数得分为 64.14 分。按照满意度的 5 级标准，处在"一般"与"比较满意"之间，说明贵州省农业转移人口主观幸福感仍有较大的提升空间。从主观满意度构成的各方面来看，农业转移人口满意度最高的是对自己身心健康的评价，得分接近 70 分；其次是公共服务、

① KRUEGER A B, SCHKADE D A. The reliability of subjective well-being measures [J]. Journal of public economics, 2008, 92 (8-9): 1833-1845.

生活环境、社会交往、子女教育和本地工作，对这几项的评价得分均在 65 分左右；评价较低的是个人收入和本地住房，尤其是个人收入，只有 58.75 分，其满意程度低于"一般"水平，成为主观幸福体验的短板。我们在前文农业转移人口特征分析时就发现，贵州省农业转移人口收入水平集中在 2001~5000 元，这一收入段的比例高达 77.6%，且还有 13.3% 的农业转移人口个人收入在 2000 元以下，个人收入能够超过 5000 元者的不到 10% 的比例。说明贵州省农业转移人口个人收入普遍不高，这拉低了他们对收入满意度的评价；住房性质也不容乐观，仍有 35.2% 的农业转移人口是自己租房居住，有 28.% 的农业转移人口是单位或者雇主提供住房，有能力购买商品房的也就 10.0% 左右，能够购买到当地经济适用房的只有 5.1%。因此，贵州省农业转移人口对本地住房满意度评价也不高。

从农业转移人口主观幸福感与社会融合水平的比较来看，这二者的内涵不同，指标构成也不同，数值上是不能直接比较的，但是通过标准化转化为 0~100 后，二者得分可以进行对比。就得分而言，农业转移人口主观幸福感为 64.14 分，而社会融合水平得分 61.94 分，农业转移人口主观幸福感比社会融合程度高。这说明农业转移人口对流入地的主观评价要好于实际的状况，具有积极的城市融合心态。

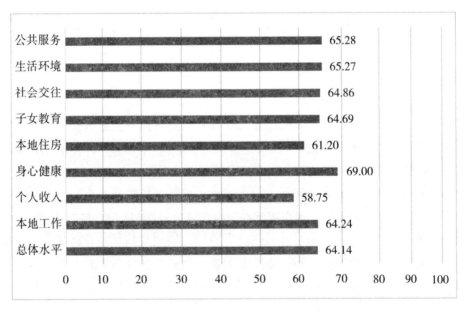

图 7-1 贵州省农业转移人口主观幸福感总体及各维度水平（标准分：100）

2. 不同群体主观幸福感差异

（1）不同个体特征的主观幸福感差异

农业转移人口主观幸福感内部同样存在异质性，通过参数检验发现，不同个体特征的农业转移人口主观幸福感存在显著性差异（$p<0.05$）。从性别来看，女性的平均主观幸福感得分为 66.23 分，比男性的高出近 4 分。进一步分析发现，两性对主观幸福感评价存在差异，主要体现在对住房情况的评价差异上。在住房满意度上，男性对住房满意度为 58.97 分，而女性住房的满意度为 66.47 分；在社会交往、生活环境和子女教育的评价上，男女存在显著性差异。而在工作、收入满意度评价上，二者不存在显著性差异。一般认为，职业存在性别差异，收入也就存在差异，对工作与收入的满意度评价也就存在差异。然而，我们的数据表明，两性的主观幸福感评价差异来自流入地住房、社会交往、生活环境以及子女教育，而非以往认识的职业、收入差异。这可能与贵州省农业转移人口整体职业层次较低，收入也不高有关。

从代际来看，老一代农业转移人口比新生代对幸福感评价要高。有研究认为不同代际对生活满意度的评价差异的一个重要原因是参照对象的不同。老一代的参照对象是自己的过去或农村群体，而新一代的参照对象是城市周围的人。参照群体不同，评价的结果就会有差异，毕竟与市民相比，农业转移人口在各方面都还存在不少的差距。当然，新生代普遍受教育程度更高，享受与城镇居民相同的福利待遇，其权利、公平意识开始提升，更加希望"同工同酬，同城同待遇"，而这种需求一时难以满足，自然对自身主观幸福感评价降低。

从教育程度来看，教育程度越高主观幸福感评价越高。数据显示，农业转移人口受教育程度从初级到中级再到高级，主观幸福感呈梯度提升，每提高一个层级，对幸福感的评价提高近 3 分。这是因为更高的教育水平意味着更高的人力资本、更好的社会资本和更强的社会政策捕捉能力。访谈中发现，接受过初级教育的农业转移人口多数从事体力劳动强度较大的工作，如建筑、小作坊里的电焊、抛光等工作，这些工作大多以牺牲身体健康为代价换取货币收入，尽管在收入上并不低，而在收入以外的，如公共卫生、医疗保障、养老保险、子女教育、住房保障等方面的社会福利并没有明显的改善。

从婚姻状况来看，有配偶的农业转移人口主观幸福感的评价比没有配偶的更高一些。这可能是结婚以后人们更加沉稳持重，而不像年轻人那么好高骛远，也可能是因为已婚者能够通过家庭化迁移增强城市的归属感，进而获得来自家庭成员的陪伴与支持。

从是否拥有本地户口来看，拥有本地户口的农业转移人口主观幸福感比没有者高 6 分。说明是否拥有本地户口严重影响了农业转移人口个体在流入地对主观幸福感的看法。这是个体特征中影响主观幸福感评价差异最大的因素，是否存在其他变量的影响需进一步分析。另外，也有可能是拥有本地户口的农业转移人口对其目前的各方面状况更加积极地进行评价。

表 7-4   不同个体特征的农业转移人口主观幸福感

名称	类别	均值	标准差	t/F 检验
性别	男	62.59	0.196	0.001
	女	66.23	0.187	
代际	新一代	63.96	0.640	0.036
	老一代	64.66	0.647	
教育程度	初级	61.20	0.213	0.000
	中级	63.98	0.185	
	高级	66.98	0.173	
婚姻状况	有配偶	64.57	0.646	0.027
	无配偶	63.86	0.639	
本地户口	有	68.80	0.188	0.000
	无	62.71	0.192	

（2）不同流动特征的主观幸福感差异

表 7-5 也统计了农业转移人口在迁移特征上的主观幸福感差异。从迁移模式的视角来看，家庭化迁移的农业转移人口主观幸福感稍高于独自迁移者，在得分上二者有 2 分差距。更细致的分析发现，二者主观幸福感的差距主要体现在工作和生活环境的评价上。毕竟在以中国传统的家庭为生活核心和生命价值体现的背景下，家庭无论在客观物质支持上，还是在情感慰藉上都有很大的促进作用，能够使其对生活满意度有更高的评价。

从流动范围来看，县市内流动和省外流入的农业转移人口主观幸福感流动相差不大，而二者均明显高于省内跨市流动者。随着农民收入提高，许多农业人口也能够在县城买房，而县市内流动进入县城生活的农业转移人口并没有离开他们原来的社交圈，依然生活在熟人社会当中，因为原来的熟人现在又在县城集中，相当于他们把原来的农村社交活动从农村转移到了县城，而其收入相比在农村干农活又有了很大提升。这就使得县市内流动的农业转移人口在主观幸福感的评价上高于更远的流动者。而省外流入的农业转移人口主观幸福感的评价高于省内跨市。这可能是由于省内跨市流动者虽跨越了原来生活的熟人圈，进入了陌生社会，但却不如省外流入的农业转移人口能获得更多福利，这样他们实际和心理福利都不及预期，就会导致其对自身的福利水平评价不高。

从城镇规模来看，流入小城镇的农业转移人口主观幸福感评价高于大、中城市，城市规模提高一个层次，主观幸福感以 5 分的差距递减。这可能是因为在小城镇这样的熟人社会中，客观福利改善不仅仅可以依靠个人能力，还可以依靠亲戚朋友等各种社会关系支持。而在大、中等城市则没有小城镇那样联系紧密的社会关系。小城镇的就近就地城镇化模式更能提升农业转移人口主观幸福感。这与李强等[①]人的主张一致。当然，最终结论还需要更复杂的统计模型来检验城市规模是否对农业转移人口的福利变化具有统计显著性。

从定居意愿来看，愿意定居城镇的农业转移人口主观幸福感远高于不愿意定居者，二者差距高达 8 分，是不同类别差异最大的。这可能是愿意定居流入地的农业转移人口也愿意花更多时间和精力去改善自身及家庭的经济状况，经营自己的朋友圈以获取更多的社会支持网络，也更关心当地相关政策，因而更有可能获得当地政府和社会的帮助，进而更可能提高主观幸福感。

表 7-5　不同流动特征的农业转移人口主观幸福感

名称	类别	均值	标准差	t/F 检验
迁移模式	独自迁移	62.58	0.206	0.001
	家庭迁移	64.87	0.184	
流动范围	县市内	67.72	0.190	0.000
	省内跨市	59.38	0.192	
	省外	66.19	0.171	

① 李强，陈振华，张莹. 就近城镇化与就地城镇化 [J]. 广东社会科学，2015（1）：186-199.

名称	类别	均值	标准差	t/F 检验
城市规模	小城市	69.25	0.173	0.000
	中等城市	64.54	0.179	
	大城市	59.46	0.217	
定居意愿	愿意	67.05	0.192	0.000
	不愿意	59.03	0.183	

三、社会融合对主观幸福感的影响机制

（一）变量与方法

1. 变量操作化

（1）因变量

为了能够更为精准地把握农业转移人口的具体需求、找准工作中的不足与短板，科学、客观、全面、准确地了解农业转移人口对幸福感的评价，幸福感的测量操作化为 8 个指标，包括工作、收入、健康、住房、教育培训、社会交往、生活环境和公共服务，每个指标取值范围为 1~5 级，表示从非常不幸福到非常幸福的递增程度。主观幸福感反映的是个体对当前生活状态的稳定的主观感受和体验，可以采用李克特量表法进行测量，最后将各个指标加总成为一个综合指数，并以 100 分为标准进行转换，分值越大，社会融合水平越高。

（2）自变量

自变量为社会融合，包括政治参与、经济融合、社会互动、文化适应、心理认同和公共服务融合六个维度。采用简单算术平均数将维度指标加总成为一个综合指数，并以 100 分为标准进行转换，分值越大，社会融合水平越高。

（3）控制变量

从已有研究文献来看，个人特征和迁移特征变量通常也会对农业转移人口的主观幸福感产生重要影响，这些个人特征变量包括性别、年龄（用代际表示）、教育程度、婚姻状况、城市户口，迁移特征变量包括家庭化迁移、流动范围、城市规模、定居意愿等。最后将这些变量作为控制变量纳入定量分析模型。各变量的操作化如表 7-6。

表 7-6　各变量的操作化情况

变量维度		自变量名称	变量定义	均值	标准差
控制变量	个人特征	性别	女 = 0，男 = 1	0.57	0.495
		代际	新一代移民 = 0，老一代移民 = 1	0.21	0.410
		教育程度	初级 = 1，中级 = 2，高级 = 3	2.03	0.867
		婚姻状况	无配偶 = 0，有配偶 = 1	0.59	0.492
		城市户口	无 = 0，有 = 1	0.23	0.421
	迁移特征	迁移模式	独自迁移 = 0，家庭迁移 = 1	0.63	0.482
		流动范围	县市内 = 1，省内跨市 = 2，省外 = 3	1.63	0.675
		城市规模	小城市 = 1，中等城市 = 2，大城市 = 3	2.06	0.725
		定居意愿	不愿意 = 0，愿意 = 1	0.64	0.481
		流动时间	连续型变量	3.30	1.757
自变量	社会融合	政治参与	标准化数值 0~1	0.5636	0.142
		经济融合	标准化数值 0~1	0.4964	0.172
		社会互动	标准化数值 0~1	0.6152	0.135
		文化适应	标准化数值 0~1	0.7234	0.159
		心理认同	标准化数值 0~1	0.6958	0.158
		公共服务融合	标准化数值 0~1	0.6267	0.157

2. 研究方法

因变量包括工作、收入、健康、住房、教育培训、社会交往、生活环境和公共服务 8 个指标，每个指标均采用 5 级制衡量其程度，并通过简单算术平均法将 8 个指标得分进行加总，再按 100 分制为标准化进行转换，以表示农业转移主观幸福感。由于因变量为数值型变量，适用于多元线性回归模型，模型表达式如下：

$$Y_H = a_0 + a_1 X_i + a_2 Z_i + \varepsilon$$

Y_H 表示主观幸福感，是本研究的被解释变量；X_i 表示社会融合水平，是核心解释变量；Z_i 表示个体特征变量和迁移特征变量，属于控制变量；a_0 为常数，a_1、a_2 为待估参数，ε 为模型误差项。

主观幸福感是农业转移人口在流入地的主观体验，是社会个体根据其生活质量所做的整体评价与感受，可能受到很多因素的影响。众多影响因素中，也可能存在虚假相关的情况，这些因素可能是通过其他因素起作用的。为此，我们建立了三个多元线性回归模型，探索贵州农业转移人口的个人特征、迁移特征和社会融合水平三组自变量对其主观幸福感的影响。

（二）多元线性回归结果与讨论

表7-7是贵州省农业转移人口多元回归模型分析结果。我们采用三组自变量逐步进入模型的方法来观察模型统计结果的变化情况。在模型1中，我们仅放入个人特征变量，模型显著性为0.1%，调整 R^2 为0.036，表明模型具有统计意义，但自变量的解释能力较弱，仅能解释因变量幸福感变异的8.2%。说明幸福感在不同个人特征上的差异较小。在模型2中，我们加入迁移特征变量，模型的显著性仍然保持在0.1%水平，调整 R^2 到0.087，模型的解释能力得到进一步加强。这说明迁移特征变量对幸福感产生了显著的影响。在模型3中，加入主变量——社会融合水平变量之后，模型显著性还是0.1%水平，调整 R^2 到0.280，模型解释能力得到很大加强，这表明社会融合变量确实对幸福感产生了重要影响，市民化水平能够解释主观福利水平变化的47.2%。从模型1到模型3，德宾沃森值分别为1.446、1.556和1.645，符合独立性。

模型1是农业转移人口个体特征与主观幸福感的关系模型。回归结果显示，性别、年龄（代际）、婚姻、户口类型等个体属性对农业转移人口主观幸福感产生显著影响。

在模型1中五个不同个体特征中，是否拥有城镇户籍变量对幸福感的影响程度最大，拥有城镇户籍的农业转移人口比没有城镇户籍的农业转移人口的主观幸福感高5.5%，且在0.1%水平下显著。这一结果与杨东亮[1]和吕炜[2]等人的研究结果是一致的。可能的原因是拥有城镇户口的农业转移人口更容易获得社区的公共服务资源，并且城市融入意愿更强，心态更加积极主动，

---

[1] 杨东亮，陈思思. 北京地区流动人口幸福感的影响因素研究 [J]. 人口学刊，2015，37（5）：63-72.

[2] 吕炜，杨沫，王岩. 市民化的福利效应分析——基于农业转移人口生活满意度视角 [J]. 经济科学，2017（4）：22-34.

社会资源也更容易获得。还可能是拥有城镇户口的农业转移人口具有更高的教育程度、人力资本水平，因而拥有较高的经济收入和社会地位。

其他个人特征变量包括性别、年龄（代际）、教育程度、婚姻状况等都对其生活满意度产生不同程度的影响。男性农业转移人口主观幸福感低于女性，可能是因为男性农业转移人口承担着更大的经济责任和家庭责任，也可能是女性比男性更容易得到工作、生活上的满足；年龄（代际）对农业转移人口的影响是正向的，老一代农业转移人口更容易满足，主观幸福感要高一些；受教育程度与主观幸福感存在正向相关，更好的教育水平意味着更好的人力资本，劳动回报价值更大，生活、工作更容易得到满足，幸福感的评价更好；已婚的农业转移人口主观幸福感高于未婚的流动人口，可能是因为已婚者能够通过家庭化迁移增强城市的归属感，同时又能获得来自家庭成员的陪伴与支持，而未婚的流动人口在流动过程中面临着更多生活方面的不确定性因素，导致其主观幸福感明显低于已婚流动人口。

模型 2 在模型 1 的基础上加入了流动特征变量。在流动特征方面，结果显示，家庭化迁移模式确实提升了农业转移人口的主观幸福感，家庭化迁移比独自迁移的主观幸福感高 1.4%，会明显提高流动人口的主观幸福感，说明与家庭成员共同在流入地生活，能消除异乡的孤独感，从而提升主观幸福感，这与上述有配偶的主观幸福感强于独自迁移的结论是吻合的；流动时长与农业转移人口主观幸福感呈正相关关系，流动时长每增加一年，农业转移人口主观幸福感提高 0.013 个单位。在流入地驻留时间较长的农业转移人口逐渐地适应城市环境，也不断积累了社会资本，这有助于提升其主观幸福感；城市规模在 0.1% 水平下显著影响主观幸福感的评价。农业转移人口的幸福感随城市规模的增大而降低。城市级别提高一个层次，幸福感降低 4.8%；流动范围变量的系数虽为负值但不显著；定居意愿变量对主观幸福感产生了显著的正向影响，愿意定居的农业转移人口主观幸福感比不愿意定居的高 6.4%。

我们还注意到，加入迁移特征变量之后，个人特征变量中的年龄（代际）变量、婚姻状况变量对主观幸福感的影响不再具有统计显著性，而性别变量、教育程度变量和是否城镇户口变量虽然仍有显著性，但其影响力度明显减弱了。这几个变量的影响减弱不仅体现在显著性上还体现在回归系数上。教育层次的提升，其幸福感提升的幅度从 2.7% 降到 2.4%。户口对主观幸福感的影响较为特殊，当剔除定居意愿后，户口变量的影响程度提升了，这就说明户籍变量可能有部分是通过定居意愿变量来影响主观幸福感的，也可以说定居意愿变量对户籍变量产生冲击和干扰。户口是不是仅作为身份标签的一个符号不具备影响个体幸福的感受能力，需要进一步验证。

模型 3 在模型 2 的基础上加入了社会融合六个维度变量。回归结果显示，社会融合六个维度对幸福感的影响可以分为三个层次：第一个层次是经济融合和公共服务融合两个变量对主观幸福感的影响。这两个变量在 0.1% 水平下对幸福感产生显著影响，经济融合和公共服务融合两个变量每提升一个单位水平，主观幸福感提高分别为 24.6% 和 24.4%。第二层次是政治参与和社会互动。这两个变量在 1% 水平下对幸福感产生显著影响，政治参与和社会互动两个变量每提升一个单位水平，主观幸福感提高分别为 13.2% 和 12.5%。第三层次是心理认同和文化适应。这两个变量在 5% 水平下对幸福感产生显著影响，心理认同和文化适应两个变量每提升一个单位水平，主观幸福感提高分别为 9.5% 和 7.4%。这说明现阶段社会融合各个维度均对主观幸福感产生正向影响，各方面水平的提升均有助于农业转移人口主观幸福感的提高，但是当前经济融合和公共服务融合的"客观获得"对农业转移人口幸福感更加重要。农业转移人口逐步融入所在城市生活的过程中，其社会网络会逐渐建立起来，这会提升其城市社会资本，有助于提高他们的幸福感。尽管目前心理认同和文化适应变量对幸福感影响相对较小，但随着社会融合水平的提高，其产生的作用将会进一步增强。这给我们的政策启示是既要提高农业转移人口的经济收入，也要通过多种途径促使流动人口在心理层面融入流入地的生活。

与此同时，我们发现纳入核心解释变量——社会融合水平变量以后，教育程度变量、定居意愿变量、迁移模式变量、是否城镇户籍和流入时间变量的影响不再具有显著性，说明这些变量是通过社会融合水平变量发生作用的。社会融合水平作为功能性变量对主观福利水平产生实质性影响，而个体和迁移特征变量仅作为标识性变量，某些标识变量可能仅具有区分作用，而不具有实质性影响。当功能性变量纳入模型之后，某些标识性变量就只有分类识别的作用了。遗憾的是，目前研究从这个视角进行探索的文献并不多，可这种方法有助于发现农业转移人口的真正诉求，精准提供实质性帮助，比如加强城市政策支持、消除歧视、改善居住环境等，有利于提高农业转移人口的主观幸福感。

我们还注意到，性别变量依然对主观幸福感产生显著性影响，尽管影响强度有所减弱，这说明性别因素导致的主观幸福感差异具有较高的独立性，很难通过其他因素消除。这种差异可能是女性对城市福利、收入的期望低于男性，生活压力低于男性，而又比男性更容易满足。当然，也有可能女性更为乐观，换句话说，男女之间主观幸福感的差异很可能是由于自身的性格差异。城市规模对幸福感的影响也仍然存在。在城市管理方面，政府应当发挥宏观调控作用，通过政策、财政等支持手段提高中小城市基本公共服务供给水平并创造更多就业机会，增加中小城市吸引力，引导农业转移人口在不同区位、不同规模和不同发展水平的城市间有序流动和合理分布，避免农业转移人口过多涌入大城市，导致公共资源竞争和社会排斥效应加剧而削弱主观幸福感的评价。

社会融合对主观幸福感产生影响的政策启示：①在当前社会发展阶段，社会融合对农业转移人口幸福感产生了积极影响，社会融合程度的加深可以显著地提高流动人口获得幸福的概率，并且在1%的水平上显著。农业转移人口的幸福感会随着政治参与、经济融合、公共服务融合、社会互动、文化适应和心理认同六个方面的融合程度的依次加深而提高。②不同特征农业转移人口的主观幸福感确实存在差异。但是，这种差异可以通过不断提升农业转移人口的社会融合来实现"人人都幸福"。③由于一些个人特征因素和迁移特征因素无法通过收入和福利变量替代，那么在城市化进程中针对不同人群实施差异化政策，充分考虑不同人群的特殊诉求，可能是提高农业转移人口主观幸福感的有效途径。

表7-7 社会融合水平对幸福感的影响分析结果（N=1146）

变量类别	变量名称	模型1	模型2	模型3
个人特征变量	性别（女性）	−0.033**	−0.028*	−0.029*
	代际（新一代）	0.023*	0.013	0.000
	有无配偶（无配偶）	0.017*	0.009	0.005
	教育程度	0.027***	0.024**	0.002
	是否城镇户籍（否）	0.055***	0.036*	0.009
迁移特征变量	迁移模式	0.014*	−0.015	
	城市规模		−0.048***	−0.019*
	流动范围		−0.003	0.028
	定居意愿		0.064***	0.010
	流动时间		0.013*	0.007

续表

变量类别	变量名称	模型1	模型2	模型3
社会融合水平变量	政治参与			0.132**
	经济融合			0.246***
	社会互动			0.125**
	文化适应			0.074*
	心理认同			0.095*
	公共服务融合			0.244***
	常数	0.589	0.633	0.098
	调整 R^2	0.036	0.087	0.280
	F	9.932	13.750	31.133
	sig.	0.000	0.000	0.000

注："*"表示在 0.05 水平上显著，"**"表示在 0.01 水平上显著，"***"表示 0.001 水平上显著。

第八章

主要问题与对策建议

农业转移人口社会融合水平及其后果直接牵涉亿万家庭的切身利益，反映了移民人口在经济、社会、文化和心理等层面融入流入地城市的程度，是一个极为复杂的动态过程。从前面章节的分析发现，现阶段贵州省农业转移人口社会融合存在融合水平总体不高、不同维度之间差异明显、空间发展不平衡以及制度性因素影响仍较大等问题。本章就其中主要问题与挑战进行剖析，并借鉴已有成果针对存在的问题提出促进贵州省农业转移人口社会融合的对策建议，以供参考。

第一节 存在的问题与挑战

贵州省委、省政府高度重视农业转移人口社会融合，农业转移人口社会融合水平不断提升。近年来，贵州坚持实施全面放开城镇落户的户口迁移政策，推动在城镇稳定就业的农民工及其随迁家属在城镇应落尽落。同时，推进实施居住证制度，加快落实以居住证为主要依据的农业转移人口公共服务同等待遇政策。宏观上来说，一方面，农业转移人口社会融合不断推进。据贵州省"十四五"新型城镇化发展规划，"十三五"时期，贵州省农业转移人口实现城镇落户386.19万人，办理居住证210.54万张。另一方面，城镇基本公共服务能力不断提升。城镇教育、医疗卫生、养老等基本公共服务供给能力进一步增强，2020年九年义务教育巩固率达95%，义务教育阶段进城务工人员随迁子女在公办学校就读的比例达到83.28%。每千常住人口医疗卫生机构床位数7.14张。基本养老保险参保人数达2587万人。城市社区综合服务设施覆盖率达100%。但在这些成绩背后不可忽视的是存在城镇经济不强，省内市场主体特别是企业数量较少，吸纳就业能力不足；城镇功能不完善，城市市政基础设施仍存在不少短板，城镇教育、医疗、养老、托育等公共服务供给不足，城市治理水平有待提升等问题，农业转移人口真正融入城市仍有不小的距离。

一、社会融合水平存在的问题

（一）社会融合水平总体较低，有待进一步提高

贵州省农业转移人口社会融合得分为 61.94 分，以中间值 50 分，按照 0~100 为范围的标准，贵州省农业转移人口社会融合水平刚过 60 分线，仍有较大提升空间。本次对贵州省农业转移人口社会融合水平的测量结果，与同类研究比较，社会融合综合得分并不算低。但从数值来看，处在快速发展期，未来还有很大的发展空间。从调查数据发现，拉低贵州农业转移人口社会融合水平的关键性指标主要表现在：一是政治参与度低，主动参与居委会选举评优工作、社区民主管理工作和基层组织活动等的比例均不高，仅在三成左右，尤其是参与基层组织活动的比例才 20.6%。农业转移人口从农村到城镇，职业身份发生了转变，生活空间也发生了变迁，必然需要城市政治参与取代农村政治参与，这是农业转移人口融入城市、扎根城市的根本保障。但是，农业转移人口虽然在城市长期工作和生活，却很少参与到城市的公共事务管理之中，难以表达自身真实意见和相关诉求，还有些人远离权力机构与中心，导致话语权缺失，成为"典型的政治参与贫困者或政治权利边缘化的人群"①。究其原因，受到主客观双重因素的影响与制约，既有制度壁垒的制约，也有自身的主观参与动力不足、政治参与技巧与原则缺乏等因素。二是农业转移人口享有的保障性住房房源较少，有效供应不足。本次调查样本中只有 5.3% 的农业转移人口享受到经济适用房，也只有 5.5% 的农业转移人口获得公租房。调研中我们也发现，近年来不断增加的保障房主要面向户籍居民，农业转移人口仅能申请公共租赁房及少数限价商品房。同时，在公共租赁住房配租方面，城市居民在申请配租住房时的优势仍较为明显，可供农业转移人口申请的公共租赁住房房源较少，农业转移人口的保障性住房需求很难得到满足。

（二）融合维度之间差距明显，经济融合是短板

从贵州农业转移人口六个维度的得分来看，不同维度之间差异明显，呈现出文化适应>心理认同>公共服务融合>社会互动>政治参与>经济融合的特

---

① 郑杏，欧庭宇. 优化新生代农民工政治参与的策略选择 [J]. 领导科学，2017（2）：58-61.

点。文化适应得分最高，为 72.34 分，经济融合得分最低，二者差距高达 22.7 分，经济融合成为明显的短板。不同维度的社会融合水平发展不平衡，出现了明显的三个梯度。位序社会融合水平较好的是文化适应和心理认同两个维度，社会融合水平均超过了 70 分。最后是政治参与和经济融合。数据显示，农业转移人口政治参与度低，参与选举、民主管理和基层组织活动的比例仅为 31.0%、24.9% 和 20.6%。究其原因，我们调研中发现，主要是政治参与渠道不畅通、农业转移人口参与选举成本较高等致使农业转移人口进入城市生活权力空壳化现象较为严重。因此，应进一步深化改革，健全农业转移人口参与政治的制度体系。经济融合得分仅为 49.64 分，拉低了农业转移人口的整体市民化水平。主要原因有三：一是收入水平低。有超过一半的农业转移人口收入低于当地城镇居民，而高于当地城镇居民的仅有 7.3%。二是就业层次低。农业转移人口职业分布主要集中在商业服务、生产运输设备操作等行业，这些行业所需的专业技能相对较低，多为低层次工作。其中，从事住宿、餐饮服务或者自主经营的就有 58.2%，而从事专业技术的却只有 7.1%。三是就业稳定性不高。认为"比较不稳定"和"非常不稳定"的比例合计为 34.7%，认为"非常稳定"和"比较稳定"的合计不到三成。这与农业转移人口自身人力资本水平不高有关，也有农业转移人口脱离农村社区原有社会关系，在城镇社区又难以建立新的社会关系，社会资本积累不足等因素。从社会融合影响因素回归方程的结果来看，更为重要的是，现行的城乡二元制度和政策障碍强化了农业转移人口在职业地位和收入上的劣势，导致了农业转移人口与城镇居民的经济地位差距，造成了经济地位维度的社会融合水平较低。因此，消除城乡身份差别导致的职业歧视与收入差距，促进农业转移人口与城市市民同工同酬、同城同待遇，保障其经济利益，有助于农业转移人口融入城市社会。

（三）社会融合空间发展不平衡，省会城市融合程度偏低

从城市规模来看，小城市的社会融合水平（66.14 分）高于中等城市（63.06 分），而中等城市的社会融合水平又高于大城市（56.96 分），居住的城市规模越大，社会融合水平越低。流入城市的确为农业转移人口的社会经济地位提升创造了更大的发展和期望空间，但是大城市生活成本的迅速上涨和市区对普通劳动力的政策排斥，也势必会成为农业转移人口社会适应和文化适应的市民化障碍。从不同维度来比较，大城市的农业转移人口社会融合六个维度的融合得分都比中小城市低，其中经济维度得分仅为 45.98 分，其他各维度都不同程度低于中小城市；相应的，中等城市的社会融合不同维度

水平也低于小城市。随着贵州经济的发展，越来越多的农业转移人口涌向省会城市，导致省会城市的资源需求和空间需求增大，而城市承载力有限，人地关系矛盾加剧将影响农业转移人口的社会融合。省会城市高昂的住房支出对农业转移人口的社会融合可能产生负面影响，尤其是对年轻的、收入较低、学历较低的农业转移人口的影响更大。这一结论支持就近就地城镇化的观点，也部分支持建设小城市有利于吸纳农业转移人口的观点，但同时也应该充分考虑农业转移人口的定居意愿、就业机会及其他因素。

（四）制度性障碍仍然存在，削弱社会融合及维度水平的提升

从第五章社会融合水平差异的讨论中，通过 t 检验发现，是否拥有本地城镇户口的农业转移人口社会融合水平存在显著性差异。是否拥有当地户口的社会融合水平差距达到 7 分，户口类型是不同个体社会经济特征社会融合水平差异最大的因素。从第六章社会融合影响机制，分层线性模型的回归结果可进一步发现，制度性因素主要包括是否拥有本地户口和流入地社会政策支持，其对农业转移人口的社会融合水平产生了显著性影响，与没有当地户口的农业转移人口相比，拥有当地户口的农业转移人口社会融合水平要高7.2%，其影响强度超过其他因素。这说明当前的户籍制度改革不彻底，阻碍农业转移人口在城市社会融合的制度性障碍仍然存在，城—乡"传统二元"体制的格局没有完全被打破。城市政策仍然偏向城镇户籍人口，因而导致拥有城镇户籍的农业转移人口获得更多政策支持，而没有城镇户籍的农业转移人口难以获得城市相关政策支持。我国户籍制度作为一种载体性制度，是城乡"二元"体制形成的根源。由于户籍的制度区隔效应，没有获得本地城镇户口的农业转移人口面临着社会保障缺位、子女义务教育尤其是优质教育资源缺失等问题，不能享受与当地人同等的待遇。同时，长期的户籍制度也造成农业转移人口与当地人在心理上和行动上的隔离和对立，不利于相互之间的交往和融合。自 2014 年国家户籍制度改革方案颁布以来，全国 30 个省、自治区、直辖市均取消了农村户籍与城镇户籍的区分。贵州也取消了农村户籍和城镇户籍，但户籍制度作为城市公共福利体制的载体性制度的性质没变，不同类型的城市政府会根据自身利益对入户条件进行设定，做出对自己最有利的选择，这成为挡在农业转移人口城市融入的第一道门槛。为此，进一步深化户籍制度改革，赋予农业转移人口合法的城市社会身份，推进基本公共服务供给实现均等化；赋予农业转移人口平等的社会保障权，防范和化解社会风险等宏观政策制度改革，是破解农业转移人口社会融合瓶颈的关键措施。

（五）自身融入能力不强，制约社会融合进程

社会融合影响因素的回归结果显示，人力资本和社会资本也是影响贵州省农业转移人口社会融合水平的重要因素。人力资本越高，社会资本越多，社会融合水平就越高，即融入城镇社会的程度越深或越接近原有城镇居民。人力资本不高主要体现在：一是受教育程度偏低。初中及以下教育程度占到接近四成的比例，说明仍有较大一部分才完成义务教育。二是职业技能较差。自评职业技能水平为"比较好"和"非常好"的比例合计仅为39.4%，说明农业转移人口人力资本不高。社会资本不足主要体现在：一是获得社会支持少。有14.4%的农业转移人口表示没有获得来自家庭成员、亲戚朋友或社区邻里的任何帮助，处于孤立无援的状态。二是非正式社会支持匮乏。农业转移人口在城市的社会交往出现了"内卷化"，即仅跟同乡交往，跟城市社区居民互动较少，且经常更换居住地址，难以培养人际信任。此外，虽然家庭化迁移已成趋势，但单身迁移比例仍超过三成，家庭成员之间的相互支持仍然较少。为此，通过教育培训提高农业转移人口的人力资本，通过社区建设、企业、非营利组织等培育贵州省农业转移人口社会资本，是提高他们社会融合水平的有效途径。

二、社会融合过程产生的问题

（一）社会融合程度不高，落户意愿动力不足

本次调查，贵州农业转移人口愿意落户城镇的比例仅为43.7%，也就是说尚有超过一半的农业转移人口不愿意落户或者对落户还持不确定态度。已有研究发现，流入地的经济状况和心理认同程度等因素会显著影响流动人口落户意愿[①]。本研究在社会融合对落户意愿影响机制的探讨中也发现，政治、经济、社会、文化、心理和公共服务方面的社会融合水平对落户意愿有正向促进作用，尤其是心理认同和公共服务方面的社会融合，对农业转移人口的落户意愿影响很大，两个维度的社会融合水平每提高1个单位，落户意愿的发生比可能增加2倍以上。但是，目前的社会融合水平抑制了农业转移人口城镇落户意愿的提升，落户意愿动力不足。落户意愿，主要涉及的是农业转移人口身份的转移，身份认同的影响十分显著，大多数是在定居意愿的基础上形成认同，并产生落户的打算。本研究也发现，目前贵州农业转移人口愿

---

① 刘涛，陈思创，曹广忠. 流动人口的居留和落户意愿及其影响因素 [J]. 中国人口科学，
2019（3）：80-91，127-128.

意定居的比例为 63.7%，恰好高出愿意落户比重 20 个百分点。原因在于影响定居意愿与落户意愿的关键性因素不同，预期经济收入是影响流动人口居留意愿的重要因素①，而户籍所附加的公共服务和福利是流动人口在流入地落户的主要原因②。因此，农业转移人口在进行居留决策时主要考虑其在流入地的经济收入预期，而落户决策则与其对流入地的公共服务诉求密切相关。然而，目前贵州农业转移人口公共服务供给及均等化水平还比较低。我们测量的结果公共服务方面的社会融合水平刚过 60 分线，这就说明了目前农业转移人口在户籍迁移决策上徘徊，落户意愿远低于定居意愿。

（二）社会融合及维度现状水平，限制主观幸福感的提升

从第七章的社会融合对主观幸福感的影响机制模型来看，社会融合水平的六个维度的变量均对主观幸福感产生正向显著性影响。本研究中，社会融合水平的六个维度包含政治参与、经济融合、社会互动、文化适应、心理认同和公共服务融合。其中，经济融合和公共服务融合对主观幸福感的影响程度很大，经济融合每提高 1 个单位，主观幸福感提升 24.6%；公共服务融合每提高 1 个单位，主观幸福感提升 24.4%。然而，经济融合水平却最低，仅为 49.64 分，公共服务融合得分也不高，导致农业转移人口对主观幸福感评价不高。农业转移人口的社会融合进程，也就是农业转移人口在政治、经济、社会、文化、心理和公共服务方面不断与城镇居民趋同的过程，趋同性越高，融合程度越好。这个问题看起来很复杂，实际上影响农业转移人口主观幸福感评价的主要是经济融合和公共服务融合。经济融合是农业转移人口与流入地市场共同选择的结果，核心是农业转移人口拥有稳定的就业与住房，以及合理的收入。而公共服务的提升需要不断推进公共服务供给水平，覆盖全部常住人口。长期以来，国家将更多的公共财政、公共资源投向城市居民。城市居民享有的教育、医疗、就业、养老等社会福利水平高于农村居民，也高于在城镇就业和生活的农业转移人口，这些社会福利往往黏附在户籍上。由此，农业转移人口只要转换户籍身份，或者通过户籍改革消除城乡户籍差异，淡化城市与农村、本地与外地之间的户口待遇差别，就能享受各种市民权利和福利，就能够提升社会融合水平。但是，社会融合水平还受到政策制度、人力资本和社会资本的影响（见第六章）。因此，对策建议应该针对以下方

---

① 刘于琪，刘晔，李志刚. 中国城市新移民的定居意愿及其影响机制 [J]. 地理科学，2014，34（7）：780-787.

② 张翼. 农民工"进城落户"意愿与中国近期城镇化道路的选择 [J]. 中国人口科学，2011（2）：14-26，111.

面，下文将进行具体阐述。

第二节 对策与建议

"江山就是人民，人民就是江山。"① 必须坚持在发展中保障和改善民生，鼓励共同奋斗，创造美好生活，不断实现人民对美好生活的向往。促进农民工在迁入地的社会融合，推进新型城镇化，是发展中保障和改善民生的一项重要工作。

习近平总书记高度重视城镇化工作，在中央城镇化工作会议和中央城市工作会议上对推进新型城镇化作出全面部署。2015 年，习近平总书记视察贵州时对贵州新型城镇化作出重要指示，为贵州指明了前进方向，提供了根本遵循。2021 年 2 月 3 日至 5 日，习近平总书记再次亲临贵州视察并发表重要讲话，要求贵州坚持以高质量发展统揽全局，在新时代西部大开发上闯新路，在乡村振兴上开新局，在实施数字经济战略上抢新机，在生态文明建设上出新绩。近年来，贵州省委、省政府认真贯彻落实习近平总书记和中央决策部署，大力实施城镇化带动主战略，有力推动了城镇化快速发展，农业转移人口社会融合取得历史性成就，为新征程推进中国式现代化的贵州实践创造了有利条件。

但同时，也要清醒看到，一方面，贵州省发展不平衡不充分问题仍然突出，经济发展水平、工业化和城镇化水平、基础设施和基本公共服务水平等仍存在短板弱项。另一方面，农业转移人口社会融合的长期性、复杂性。农业转移人口社会融合问题归根结底是农村人口在城镇生成与发展的问题，核心是平等公民权。要解决这一问题，首先就要解决这一群体如何在城镇中生成的问题，必然需要健全完善融合机制；其次是发展问题，农业转移人口在城镇发展与城镇化的宏观布局等问题密切相关。因此，推动农业转移人口的社会融合，涉及多主体、多部门，仅凭一个城市自身力量难以解决好，要从系统的视角采取综合性措施，尤其是农业转移人口更为集中的大城市，单纯依靠流入地政府在户籍制度、社会保障等方面的改革创新，显然还不能有效解决农业转移人口的社会融合问题，需要更高层次的体制机制改革以及中央政府的统筹协调。

---

① 习近平. 在党史学习教育动员大会上的讲话［J］. 求是，2021（7）：4-17.

现有研究成果围绕农业转移人口外部"赋权""赋能"与自身"增能"提出不少对策建议①。赋权就是指赋予农业转移人口完整的市民权利，让他们公平享受城市基本公共服务和社会福利。赋权一般指帮助农业转移人口顺利市民化的外部助力，包括社区、企业、非政府组织等各种社会团体提供的各种帮助。而增能是指农业转移人口提升自我的素质和能力，增强职业竞争力和城市适应能力，从而更好地推进自身的市民化进程。外部赋权强调宏观政策制度的公平性，关注农业转移人口市民化和享有城镇福利的机会公平问题。自身增能着眼于通过教育培训途径提升自我竞争力，从而提高农业转移人口的市民化意愿和能力。针对本研究发现的问题，下面从畅通融入渠道、强化保障和提升融入能力等方面提出促进贵州省农业转移人口社会融合的建议。

一、进一步畅通农业转移人口融入城市渠道

（一）持续完善农业转移人口落户政策

农业转移人口城镇落户有效提升社会融合水平。拥有本地城镇户口能够使社会融合水平提升 7.2%，这表明拥有本地城镇户口有助于社会融合水平的提升。而没有获得本地户籍的农业转移人口更易被"屏蔽"在与户籍制度挂钩的各种社会福利之外，需要面对职业困境、公共服务差距等问题。因此，现阶段应持续完善农业转移人口落户政策。

一要全面取消落户限制政策，确保外地与本地农业转移人口进城落户标准统一，及时落实合法稳定住所（含租赁）落户及配偶等直系亲属随迁政策。

二要坚持尊重意愿、存量优先的原则，推动在城镇稳定就业和生活的农业转移人口举家进城落户，并与城镇居民享有同等权利、履行同等义务。户籍制度改革的中心任务是取消城乡户口身份划分和户口迁移的行政限制，实行一元化的公民身份制，但重心应该是考虑农业转移人口进城落户的政策调整和步骤安排②，将农业转移人口纳入城镇福利体系，而不是剥离城镇户口上的福利安排。而要想让农业转移人口享有与城镇居民同等的待遇，首先要解决社会身份问题③，农业转移人口一旦解决城市社会身份问题，那么享受与本

---

① 汪琼枝. 发展权利平等：农业转移人口市民化的价值基础 [J]. 山东农业大学学报（社会科学版），2018，20（2）：64-68，173.

② 魏义方，顾严. 农业转移人口市民化：为何地方政府不积极——基于农民工落户城镇的成本收益分析 [J]. 宏观经济研究，2017（8）：109-120.

③ 张军涛，马宁宁. 农业转移人口市民化的政策工具功效与优化路径 [J]. 学术交流，2018（7）：108-115.

地市民同等的社会福利问题自然会迎刃而解。

三要依法保障进城落户农民的农村土地承包权、宅基地使用权、集体收益分配权,健全市场化退出机制,不得以退出"三权"权益作为农民进城落户的条件。

(二)顺应数字化,逐步推行电子居住证制度

贵州省农业转移人口城镇定居意愿尚有 26.5% 的比例表示"不确定",所占比重不少。此类人群在长期居留的基础上,他们的经济状况越好、生活成本越低,对流入城市心理认同程度就会提高,他们是可能成为未来流入地城镇人口的"潜在因子"或者发展对象。因此,针对暂不愿意落户的,对合法稳定就业、合法稳定住所、连续居留达到条件者要及时、便捷办理居住证。为了更好地保障农业转移人口享受基本公共服务等合法权益,便利其申领贵州省居住证,要做好以下几方面。

一是在全省逐步推行电子居住证。有条件的城市试点施行电子居住证网上申领、核发、签注,使用全流程数字化变革,方便有意愿且符合条件的农业转移人口全部持有居住证。

二是要逐步推广居住证互认转换制度。为进一步提高行政资源的利用率,减轻流动人员的负担,应逐步推行一定范围内居住证互认转换制度,无须再次审核。这也是以人为中心的体现。

三是完善以居住证为载体的城镇基本公共服务提供机制。流入地有序提升居住证的"含金量",让居住证不仅是管理的依据,更是服务的"凭证"。逐步推进居住证与身份证功能衔接,逐步拓宽居住证持有人可享有的基本公共服务范围,提高服务标准,并探索紧缺优质公共服务梯度供给制度,使农业转移人口城镇归属感不断增强。

(三)积极引导农业转移人口向大中小城市合理集聚

社会融合影响回归结果表明,不同城市规模对社会融合产生显著影响,居住的城市规模越大,社会融合水平越低。小城市的社会融合水平为 66.14 分,而中等城市的社会融合水平下降到 63.06 分,再到大城市的社会融合水平只有 56.96 分。农业转移人口的社会融合水平空间不平衡。这是因为,流入城市的确为农业转移人口的社会经济地位提升创造了更大的发展和期望空间,但是大城市生活成本的迅速上涨和市区对普通劳动力的政策排斥,成为农业转移人口社会适应和文化适应的市民化障碍。随着城市人口规模扩张和流动人口的大量涌入,大城市面临的资源需求和空间需求也在增大,而城市承载力有限,人地关系矛盾加剧将影响农业转移人口的社会融合。因此,建

议以中心城市和城市群为主体构建大中小城市和小城镇协调发展格局，合理控制大城市的人口数量，运用政策激励部分农业转移人口向中小城镇转移，这有利于缩小区域之间城镇化水平差异过大。其策略是重点依托黔中城市群和贵阳—贵安—安顺、遵义两个都市圈，充分发挥核心辐射引领作用，强化人口集聚及承载能力，建设省域范围的人口城镇化主要载体。有效发挥市（州）中心城市区域带动作用，形成区域内人口城镇化的重要载体。积极发挥县城对于城乡融合发展的关键纽带作用，吸引周边农业人口置业就业，促进农业人口就近就地转移。

二、进一步强化农业转移人口公共服务保障

（一）优化就业创业服务

社会融合影响因素回归结果发现，就业政策对社会融合影响的回归系数为正，且在0.1置信水平下显著。就业政策每增加一个单位，社会融合水平提高2.5%。表明就业政策支持变量对农业转移人口社会融合水平有较强的促进作用。然而，当前贵州省农业转移人口就业结构性矛盾较为突出，农业转移人口学历虽得到较大的提升，但就业技能不能适应现代产业发展的变化，收入偏低。数据显示，农业转移人口月收入水平在2000元及以下的尚有13.3%的比例，而超过5000元的却不到10%的比例。无固定就业单位人员较多，尚有25.9%的农业转移人口未订立劳动合同，就业稳定性不高，劳动权益的保障还需进一步加强。因此，当前应围绕更充分就业，优化就业创业服务。

一是通过实施就业公共服务质量工程，提高基本公共就业服务均等化水平。健全公共服务体系，着力打造覆盖全民、贯穿全程、辐射全域、便捷高效的全方位就业公共服务，提升劳动力市场匹配效率。就业公共服务应围绕职业介绍、职业辅导、职业培训等切合农业转移人口需求的多项内容，促进用人单位和劳动者有效对接，实现更加充分、更高质量就业。

二是制定农业转移人口精准就业帮扶解决方案，推广重点群体帮扶，通过政策宣传、入户走访、岗位推送等方式，为农业转移人口中的就业困难人员提供就业创业服务，合理利用城镇公益性岗位，多措并举帮扶就业困难人员多渠道就业。

三是加大对就业困难人员灵活就业的支持力度，对符合条件的灵活就业人员，应及时按规定纳入最低生活保障、临时救助范围，健全兜底保障。

四是破除各种不合理限制，建立促进多渠道灵活就业的机制。支持多渠

道灵活就业和新就业形态发展，符合条件的农业转移人口与城镇户籍人口同等享受灵活就业政策及创业补贴、创业担保贷款等扶持政策。

（二）加大住房保障力度

住房政策支持变量没有对社会融合产生显著性影响，可能的原因在于近些年我国农村住房保障改革力度较大，使得城镇住房保障吸引力减弱，最终导致是否得到城镇住房保障支持变量没有对农业转移人口的社会融合水平产生显著性影响。但是，现行贵州省农业转移人口租住私房比重最大（30.1%），购买商品房比例只有4.4%，购置保障性住房和政府提供公租房的比例仅为5%左右。针对农业转移人口城镇住房稳定性住房保障力不足问题，应做好以下几方面。

一是以人口多、房价高的城市为重点，完善以公租房、保障性租赁住房和共有产权住房为主体的住房保障体系。农业转移人口在城镇有可支付的稳定住房，能增强他们在流入地城市的归属感，有利于提升其城市融入意愿。

二是加快发展保障性租赁住房，依法落实保障性租赁住房在土地、财税、金融、项目审批等方面的支持政策，优化审批流程和环节，引导多主体投资、多渠道供给，有效解决农业转移人口住房困难问题。

三是积极培育发展住房租赁市场，采取租赁补贴、住房公积金支持租赁提取等措施，支持通过市场化方式满足农业转移人口城市住房需求。

（三）保障随迁子女受教育权利

受教育程度对社会融合水平产生显著的正向促进作用，尤其是中等以上学历水平。然而，目前仍有36.2%的农业转移人口只有初中及以下教育程度，人力资本不高制约了其社会融合的发展。农业转移人口随迁子女是未来城市发展中的重要人力资本，其对城市社会的融入，不仅关系他们自身的生活质量及全面发展，更事关我国未来城市劳动力市场的发展大局，对我国新型城镇化高质量发展能产生至关重要的影响。农业转移人口父辈对随迁子女的低教育期望缺乏抑制作用，而对其高教育期望又缺乏激励作用，因而更多地将自身教育背景的"劣势"传递给了随迁子女[1]。本次调查显示，有子女在义务教育阶段的农业转移人口家庭中，有62.0%比例的家庭把女子带到身边读书，还有38.0%的家庭把子女留在流出地就学。农业转移人口家庭中随迁子

---

[1]　候玉娜，张鼎权，范栖银. 代际传递与社会融入视角下农民工随迁子女的教育期望研究——基于"中国教育追踪调查"初中生数据的实证分析 [J]. 教育发展研究，2020，40（6）：17-25.

女在流入地就读公立学校的要多一些，占 55.6%，而就读于私立学校的为 44.4%。说明农业转移人口家庭中尚存不少留守儿童，其随迁子女教育难以保障。因此，流入地政府应首先保障农业转移人口随迁子女的教育权利，具体应做好以下几方面。

一是将农业转移人口随迁子女纳入其义务教育保障范围，按常住人口规模配置教育资源，保障随迁子女公平受教育权利。

二是加大公办学校学位供给力度，增强居住证持有人随迁子女进入公办学校就读保障能力，持续提高随迁子女在公办学校就读比例。公办学校学位不足的地区，鼓励通过政府购买服务方式安排随迁子女在依法成立的民办义务教育学校就读。

三是逐步将农业转移人口随迁子女纳入流入地中等职业教育、普通高中教育、普惠性学前教育保障范围。完善随迁子女在流入地参加升学考试政策，探索建立以流入地学籍和连续受教育年限为依据的中高考报考制度。

（四）扩大社会保障覆盖面

基本的社会保障是农业转移人口规避社会风险的重要保护机制。从本次调查来看，农业转移人口参加养老保险的比例为 63.2%，在参保人口中有 30.5% 是在户籍地参保；参加医疗保险的比例为 80.3%，在参保人口中有 42.9% 是在户籍地参保。医疗养老参保覆盖率需要提升，且有一半左右并不是在流入地参保，这是农业转移人口流动性所致。与农业转移人口就业关系密切的失业保险和工伤保险的参保比例分别为 41.4% 和 48.2%，这可能与农业转移人口中有三成左右是临时性就业有关。但不管怎么说，城镇社会保障制度对农业转移人口的保护较为有限。我国农业转移人口社会保障不足，主要源于城乡分割和区域分割的社会保障制度设计。而且，长期以来，除了与单位体制相关联的职业福利，我国实行的是补救型福利政策。因此，有条件的地区社会保障制度今后的改革方向应该是：构建基于公民权的、更具包容性的福利体系，取代过去基于地域和职业身份的制度安排。不分城乡、不论职业、不考虑外地和本地，只要具有中国的公民身份就可以获得国家统一提供的基本社会保障。这个基本保障要适应人口流动的现实需求，要能够在全省范围内不同区域转移接续，具体操作如下。

一是鼓励符合条件的农业转移人口参加职工基本养老保险和职工基本医疗保险，放开灵活就业人员在就业地参加职工基本医疗保险的户籍限制，使养老保险、医疗保险关系跨区域转移接续更便利。

二是完善新就业形态劳动者职业伤害保障机制，落实新就业形态劳动者单险种参加工伤保险政策，引导用人单位为劳动者缴纳工伤保险，努力实现工伤保险应保尽保。将符合条件的农业转移人口纳入社会救助覆盖范围，分层分类实施社会救助。

三是加强失业保险与社会救助政策衔接，为农业转移人口困难群体的基本生活提供兜底保障。

三、进一步提升农业转移人口全面融入城市能力

（一）提高农业转移人口职业技能水平

随着科学技术的发展，一些行业的信息化、自动化转型对中低端劳动力形成挤出效应，大批中低等技能农业转移人口城市就业受到影响。不少农业转移人口所积累的劳动技能和人力资本在技术升级中快速贬值，职业发展上升路径遭遇瓶颈[①]。本次调查显示，农业转移人口职业技能自评为"非常好"和"比较好"的比例分别为 30.7% 和 9.7%，二者合计仅占四成。由此可见，贵州省农业转移人口的职业技能水平普遍偏低，这影响其城市融入能力。访谈中也发现，各地政府、用人单位经常举办各类培训，但大多是引导性或短期使用技能培训，"有效供给不足"和"需求不旺"问题较为普遍[②]，不少受访者对培训表示"没用""耽搁时间"。针对农业转移人口需要提供更有针对性、更有效的职业培训，让其迅速适应工作环境，增加收入，提升融入能力，具体应从以下几方面实施。

在培训内容上，结合贵州优势产业，面向贵州十二个农业特色优势产业、十大工业产业、服务业创新发展十大工程等产业领域，培养培训"黔匠"人才；

在资源利用上，统筹发挥企业、职业院校、技工学校等作用，强化农业转移人口职业技能培训和职业教育，提高其城市稳定就业能力；

在培训方式上，强化企业主体作用，支持吸纳农民工较多的企业开展岗前培训、新型学徒制培训和岗位技能提升培训，培养适应产业转型升级的新型产业工人。同时，加强职业教育培训与就业信息化结合。完善农业转移人口就业创业培训政策，通过流入地政府购买服务或提供补贴的形式，鼓励企业、社会和个人进行专门的职业培训，提高农业转移人口就业和社会适应的能力。

（二）引导城镇居民积极接纳农业转移人口

农业转移人口心理认同以及获得流入地城镇居民的积极接纳也是农业转

---

① 崔岩，黄永亮. 就业技能与职业分化——农民工就业质量的差异及其社会后果 [J]. 社会学研究，2023，38（5）：112-133，228-229.

② 李湘萍. 富平模式：农民工培训的制度创新 [J]. 教育发展研究，2005（12）：81-84.

移人口顺利融入城市的重要因素。本次调查数据显示，农业转移人口中自认为本地人的比例为 44.9%，而这些人中有 73.5% 为本县市内流动。进一步计算发现，只有 2% 的跨省流动人员认为自己是本地人。可见，农业转移人口对所居住的城镇的自我心理认同是非常低的。回答本地人态度"不友好"和"不好判断"的比例为 35.5%，"曾经遭受本地人歧视"的比例为 31.2%，表明有相当一部分农业转移人口仍受到歧视，没有被城市居民积极接纳。为了改变城市居民对农业转移人口的刻板印象，建议做好以下几方面。

一是加强宣传教育，增强农业转移人口的法律意识，使他们树立正确的法治观念，避免少数人员仅凭自己原有的规范观念和道德标准活动而做出一些越轨行为。同时，畅通寻求法制及机构保护救济的途径，使农业转移人口在权益受到侵犯时能够得到及时有效的保障。

二是营造多元文化，培养具有包容性增长理念的文化氛围。同时，加强农业转移人口融入城市收益的正面宣传。加强农业转移人口市民化的成本收益测算研究，通过传统的报刊、宣讲、培训等方式以及新媒体等途径，展示农业转移人口为流入地创造的价值，让地方政府和城市居民看到吸纳农业转移人口进城常住和落户的好处。通过媒体的正面宣传，把农业转移人口及其家庭真实的生活、工作状态客观地反映给市民，使市民理解农业转移人口各种问题产生的缘由、他们的处境和生活背景，形成正向沟通和理解，进而使城市居民真正从观念上接纳、包容农业转移人口，不断减少甚至消除社会歧视。

三是建立家庭贡献程度的奖励机制。通过客观指标评定农业转移人口对流入地城市的贡献，并奖励为城市或社区建设做出重要贡献的农业转移家庭。评定指标应包括无犯罪记录、依法纳税、个人信用状况良好、体面的居住条件、较高的文化素养、投资能力或自我负担能力等[①]。这些指标是对农业转移人口的社会经济参与能力和对城市的贡献进行的评价。等级评定的目的在于引导农业转移人口的发展方向，使其不断努力成为合格新市民。

（三）增强农业转移人口融入城市的经济能力

农业转移人口全面融入城市不仅需要解决他们在城镇的就业和生活问题，而且需要盘活他们农村现存土地、房屋等资产，这是他们进入城市之前的固定资产。盘活农业转移人口农村资产既可以增加他们融入城市的资本，又可以解除其后顾之忧。当然，解决农业转移人口从农村集体退出的问题，并不

---

① 王道勇. 农民工市民化：新型矛盾与政策调适［J］. 广西师范大学学报（哲学社会科学版），2015，51（5）：83-89.

是要断绝以往的农村关系和利益来源，而是通过将农村资产合法出售、出租或置换的方式，增加他们融入城市的资本和资源，以便增强他们融入城市的能力。与此同时，农村资产转化也是提高农业转移人口城市生活福利的重要方面。因此，我们建议做好以下两方面。

一是建立土地交易中心，运用市场机制解决农村土地的退让问题。稳妥推进农村土地征收、集体经营性建设用地入市和农村宅基地制度改革，允许就地入市或异地调整入市，促进土地交易流转与规模化利用。允许在城市安家落户的农业转移人口通过交易中心挂牌转让土地的承包权。倘若转让双方来自相同的村集体，只需要土地转入方与村集体重新签订承包合同，同时出让方与村集体解除承包合同。如果土地受让人来自不同的村集体，除了必须与出让人所在的村集体签订土地承包合同，还应当使之成为该集体的新成员，与原有的集体成员享有同等的权利和义务①。

二是探索农村房屋抵押贷款新模式，盘活农村住房资产。过去的 10 年，农业转移人口利用打工赚来的钱在农村老家修建房屋，投资均高达几十万，但除了春节回去或者有事回老家，平时很少在家居住，因此出现大量房屋空置现象。目前除了一些具有特色的民族村庄可以经营民宿，大量农村房屋空置，难以盘活。对于劳动、资本和技术等流动性要素而言，消除制度壁垒是要素跨区域流动的前提；对于土地、房屋等不可流动要素而言，明确权利、允许交易则是资源再配置的前提②。

（四）帮助农业转移人口获取本地化社会资本

农业转移人口由农村到城市，基于血缘和地缘的原有社会关系网络已打破，失去了其过去长期依靠的社会支持网络，抵御社会风险的能力自然降低。一般而言，多数农业转移人口在城市有两个重要的活动场所，一是工作场所，二是生活场所，而通过社区构建社会支持网络系统和积累社会资本，形成有效的本地化社会资本，有助于提升他们全面融入城市能力。本研究表明，社会资本尤其是是否获得社区支持的社会资本变量，对农业转移人口社会融合具有显著性影响。由社区形成农业转移人口在城市的社会网络本地化，能够有效弥补离开农村所带来的社会资本的缺失，这无疑对促进农业转移人口的城市融入具有积极意义，具体应从以下三方面入手。

---

① 谭崇台，马绵远. 农民工市民化：历史、难点与对策［J］. 江西财经大学学报，2016（3）：72-80，132.

② 李兰冰，高雪莲，黄玖立. "十四五"时期中国新型城镇化发展重大问题展望［J］. 管理世界，2020，36（11）：7-22.

　　一是把农业转移人口纳入城市社区管理。社区通过开展的各项活动来让农业转移人口融入城市主流文化，增加他们与城市居民的互动，增进他们与城市居民的信任。农业转移人口可以通过社区这个平台参与社会活动，参加社区管理和决策，享受社区提供的公共服务，构建城市社会关系，形成城市社区意识，进而实现不同群体、不同民族在城市社区的和谐共处。同时，通过与市民更多的互动，农业转移人口不仅可以分享更新的信息，还可以发现更为有效的城市资源，捕捉更多的发展机遇，从而突破自身原有社会关系瓶颈，积累更多社会资本[1]。

　　二是提高农业转移人口的组织化程度。推进农业转移人口相关组织规范化。发展、畅通其权益表达渠道。推动社群组织向农业转移人口群体覆盖，保障农业转移人口依法维护自己合法权益[2]。2011年出台的《民政部关于促进农民工融入城市社区的意见》指出，符合一定条件的农民工可以参加流入地社区居民委员会的选举，但是现实中农民工在城市的民主参与权利长期被边缘化，没有真正享有公民的基本民主权利。因此，要扩大农业转移人口社会参与范围，加强他们的知情权、参与权和决策权。对于劳动仲裁、社会福利发放、社会救助的实施等，应当考虑以一定的方式让农业转移人口代表和其民间组织参加讨论或者听证。探索建立农业转移人口组织领导的职业化，组织领导实行任期制，明确规范其权利义务，并在农业转移人口、政府、企业、工会之间建立一个畅通的沟通协调机制，形成多元参与的制度平台。

　　三是扶助面向服务农业转移人口的各种社会团体。各种社团、非政府组织、非营利机构、专业团队等作为一种新的资源和社会力量，是农业转移人口顺利融入城市的重要社会支持，对帮助农业转移人口解决在城市工作和生活遇到的实际困难有一定的实质性作用。政府应该扶助，扩大其服务的覆盖空间和力度，在保护农业转移人口的合法权益、促进农业转移人口的城市融入、提升农业转移人口的社会福利等方面，最大限度地发挥其社会功能。建立农业转移人口市民化的社会工作介入机制。通过专业化的服务来帮助农业转移人口度过心理与生理上的危机期，以及缓冲社会经济不稳定对农业转移人口生活带来的压力。这种社会工作机制的范围应该包括就业、社交等多个方面，应由财政支持实现非营利的管理模式，以减轻农业转移人口的经济负

---

① 王桂新，罗恩立. 上海市外来农民工社会融合现状调查研究 [J]. 华东理工大学学报（社会科学版），2007（3）：97-104.

② 杨宜勇，魏义方. 农民工融入城市社会的政策机制研究 [J]. 人民论坛·学术前沿，2017（3）：70-81，95.

担。同时，应该针对农业转移人口在城市可能遭受到的社会歧视与社会排斥给予帮助。

（五）鼓励农业转移人口举家迁移

农业转移人口家庭化迁移是当今与未来我国人口迁移的主要趋势。本次调查显示，农业转移人口家庭化迁移比例为63.7%，几乎占样本的2/3，未来家庭化迁移还会进一步增强。回归结果表明，家庭化迁移增进家庭质量，有利于生活幸福感的提升，而且能够促进农业转移人口社会融合，对推进我国"以人为核心"的新型城镇化也具有重要意义。我国崇尚家庭本位，家庭在人们的生活中有至高无上的地位，同时家庭甚至家族对于其成员也给予巨大的支持，其中包括福利方面的支持。经济丰裕、家庭和睦、成员平安、家业兴旺被人们视为有福分，也是人们追求的状态，是人们福利的重要组成部分①。因此，需要从政策制度上对农业转移人口的家庭化迁移提供必要的帮助。事实上，早在2016年《国务院关于实施支持农业转移人口市民化若干财政政策的通知》就提出建立中央和省级财政农业转移人口市民化奖励机制，调动地方政府推动农业转移人口市民化的积极性，有序推动有能力在城镇稳定就业和生活的农业转移人口举家进城落户。为实现农业转移人口的社会融合与福利提升，应大力支持和推进农业转移人口家庭化迁移，促进迁移家庭在城市生活的完整性，重点将对家庭化迁移的支持作为完善迁移政策的重要因素。

在保障农业转移人口基本社会福利的基础上，从政策层面降低其家庭化迁移成本，缩小流动家庭与本地家庭的制度性差距，帮助流动人口充分发挥家庭功能，实现家庭化迁移，支持农业转移人口及其子女在城市的融合与发展②。

在政策支持操作上，一方面要区分不同迁移家庭的类型。夫妻未育家庭、夫妻与未成年子女家庭和成年子女与父母家庭三类家庭在举家迁移到流入地城市面临的困难及诉求存在较大的差异，要加以区分。另一方面要分类支持，精准施策。对于夫妻未育家庭，经济融合是最重要因素，因为这类家庭的家庭化迁移更多出于经济理性考虑。因此，一旦夫妻双方在城市有体面的工作以及与本地人具有同等的经济地位，他们更容易选择在城市永久定居。对于夫妻与未成年子女家庭，家庭化迁移更多考虑未婚子女的教育、生活照料和社会保障，让这类家庭在城市看到希望，有助于提高这类家庭的城市定居意

---

① 王思斌．我国适度普惠型社会福利制度的建构［J］．北京大学学报（哲学社会科学版），2009，46（3）：58-65.

② 周春山，赖舒琳，袁宇君．珠三角流动人口家庭化迁移特征及影响因素研究——基于家庭生命周期视角［J］．人文地理，2020，35（3）：29-36，75.

愿。因此，在政策上要坚持尊重意愿、存量优先的原则，推动在城镇稳定就业和生活的农业转移人口举家进城落户，并与城镇居民享有同等权利、履行同等义务，同时要减轻这类家庭城市生活负担。对于成年子女与父母家庭，如果未婚者的父母尚不需要子女照顾，那子女的生活、工作选择等就会保持独立性，但随着未婚者逐渐组成新的家庭，原家庭逐渐萎缩，按照代际迁移规律，将父母带到身边的可能性不是很大，"空巢老人"现象、中老年人身心健康问题等将逐步显现，因此考虑的重点不应是促进家庭化迁移，而应是重视对老年人的身心关怀。

"民，乃城之本也，人心往之，城必兴焉"。人民是城市建设的出发点和落脚点，安居乐业是人民幸福的底色与基石。新型城镇化是以人为核心的城镇化，促进有能力在城镇稳定就业生活的农业转移人口全面融入城市，是新型城镇化的重要任务。党的十八大以来，我国已累计实现 1.3 亿农业转移人口和其他常住人口在城镇落户。持续推进农业转移人口城镇融入工作，既要持续完善城镇落户政策，畅通城市融入渠道，让他们"进得来"；也要完善公共服务配套政策，强化公共服务保障，让他们"留得住"；还要提升劳动素质与就业技能，增强全面融入城市能力，让他们"有发展"。只要适应生活空间的转移、职业状态的转换，实现户籍身份的转化、生活方式的转变，农业转移人口就可以真正全面融入新环境、开启新生活。

参考文献

一、中文文献

（一）专著

［1］国务院发展研究中心课题组.中国新型城镇化道路、模式和政策［M］.北京：中国发展出版社，2014.

［2］潘泽泉.农业转移人口市民化转型：理论与中国经验［M］.北京：经济科学出版社，2022.

［3］肖子华，徐水源，刘金伟.流动人口社会融合蓝皮书：中国城市流动人口社会融合评估报告NO.1［M］.北京：社会科学文献出版社，2018.

［4］肖子华，徐水源.人口流动与社会融合：理论、指标与方法［M］.北京：社会科学文献出版社，2018.

［5］徐水源.社会融合：新时代中国流动人口发展之路［M］.北京：人民出版社，2019.

［6］张善余.人口地理学概论［M］.上海：华东师范大学出版社，2004.

（二）期刊

［1］蔡昉.中国经济改革效应分析：劳动力重新配置的视角［J］.经济研究，2017，52（7）.

［2］陈斌开，林毅夫.重工业优先发展战略、城市化和城乡工资差距［J］.南开经济研究，2010（1）.

［3］陈飞，苏章杰.城市规模的工资溢价：来源与经济机制［J］.管理世界，2021，37（1）.

［4］陈庚，李茂，陈永进.流动人口政治疏离对差序政府信任的影响［J］.社会科学前沿，2021，10（3）.

［5］陈明星，黄莘绒，黄耿志，等.新型城镇化与非正规就业：规模、

格局及社会融合 [J]. 地理科学进展, 2021, 40 (1).

[6] 陈思创, 曹广忠, 刘涛. 中国农业转移人口的户籍迁移家庭化决策 [J]. 地理研究, 2022, 41 (5).

[7] 程名望, 乔茜, 潘烜. 农民工市民化指标体系及市民化程度测度: 以上海市农民工为例 [J]. 农业现代化研究, 2017, 38 (3).

[8] 褚荣伟, 熊易寒, 邹怡. 农民工社会认同的决定因素研究: 基于上海的实证分析 [J]. 社会, 2014, 34 (4).

[9] 崔岩, 黄永亮. 就业技能与职业分化: 农民工就业质量的差异及其社会后果 [J]. 社会学研究, 2023, 38 (5).

[10] 邓大松, 胡宏伟. 流动、剥夺、排斥与融合: 社会融合与保障权获得 [J]. 中国人口科学, 2007 (6).

[11] 邓玮. 话语赋权: 新生代农民工城市融入的新路径 [J]. 中国行政管理, 2016 (3).

[12] 邓秀华. 长沙、广州两市农民工政治参与问卷调查分析 [J]. 政治学研究, 2009 (2).

[13] 段成荣, 邱玉鼎, 黄凡, 等. 从 657 万到 3.76 亿: 四论中国人口迁移转变 [J]. 人口研究, 2022, 46 (6).

[14] 冯婧. 隐性因子对农民工归属感影响的实证研究 [J]. 农业经济问题, 2016, 37 (1).

[15] 付小鹏, 许岩, 梁平. 市民化让农业转移人口更幸福吗? [J]. 人口与经济, 2019 (6).

[16] 嘎日达, 黄匡时. 西方社会融合概念探析及其启发 [J]. 国外社会科学, 2009 (2).

[17] 辜胜阻, 李睿, 曹誉波. 中国农民工市民化的二维路径选择: 以户籍改革为视角 [J]. 中国人口科学, 2014 (5).

[18] 古恒宇, 刘子亮, 沈体雁. 中国省际流动人口户籍迁移意愿的空间格局及影响机制分析 [J]. 地理科学, 2019, 39 (11).

[19] 郭忠华, 谢涵冰. 农民如何变成新市民?: 基于农民市民化研究的文献评估 [J]. 探索与争鸣, 2017 (9).

[20] 何军. 代际差异视角下农民工城市融入的影响因素分析: 基于分位数回归方法 [J]. 中国农村经济, 2011 (6).

[21] 何军. 江苏省农民工城市融入程度的代际差异研究 [J]. 农业经济问题, 2012, 33 (1).

［22］侯亚杰，姚红.流动人口身份认同的模式与差异：基于潜类别分析的方法［J］.人口研究，2016，40（2）.

［23］侯玉娜，张鼎权，范栖银.代际传递与社会融入视角下农民工随迁子女的教育期望研究：基于"中国教育追踪调查"初中生数据的实证分析［J］.教育发展研究，2020，40（6）.

［24］黄慧，阮文彪，孙博睿.农民工市民化研究进展［J］.世界农业，2017（3）.

［25］黄小兵，黄静波.消费行为与农民工社会融合［J］.华南农业大学学报（社会科学版），2015，14（2）.

［26］黄祖辉，钱文荣，毛迎春.进城农民在城镇生活的稳定性及市民化意愿［J］.中国人口科学，2004（2）.

［27］李永宝，高敬云，杨俊.流动人口的社会融合程度对其幸福感的影响：以山东省为例［J］.城市问题，2016（7）.

［28］江立华.改革开放四十年来的人口流动与农业转移人口市民化［J］.社会发展研究，2018，5（2）.

［29］解安，林进龙.新型城镇化：十年总结与远景展望［J］河北学刊，2023，43（1）.

［30］李飞，钟涨宝.城市化进程中失地农民的社会适应研究：基于江苏省扬州市两个失地农民社区的调查［J］.青年研究，2010（2）.

［31］李国平，孙铁山，刘浩.新型城镇化发展中的农业转移人口市民化相关研究及其展望［J］.人口与发展，2016，22（3）.

［32］李红娟，杨菊华.少数民族流动人口融入意愿的族群差异［J］.民族论坛，2016（11）.

［33］李敏，刘采妮，白争辉，等.平台经济发展与"保就业和稳就业"：基于就业弹性与劳动过程的分析［J］.中国人力资源开发，2020，37（7）.

［34］李培林，田丰.中国农民工社会融入的代际比较［J］.社会，2012，32（5）.

［35］李平，朱国军，季永宝.转型期异质性流动人口的社会融合影响因素研究：来自山东省流动人口调研数据的经验证据［J］.东岳论丛，2015，36（1）.

［36］李强，唐壮.城市农民工与城市中的非正规就业［J］.社会学研究，2002（6）.

［37］李强，龙文进.农民工留城与返乡意愿的影响因素分析［J］.中国农村经济，2009（2）.

[38] 李荣彬, 喻贞. 禀赋特征、生活满意度与流动人口社会融合: 基于不同地区、城市规模的比较分析 [J]. 城市规划, 2018, 42 (8).

[39] 李荣彬, 袁城. 社会变迁视角下流动人口身份认同的实证研究: 基于全国流动人口动态监测调查数据 [J]. 人口与发展, 2013, 19 (6).

[40] 李瑞, 刘超. 流动范围与农民工定居意愿: 基于流出地的视角 [J]. 农业技术经济, 2019 (8).

[41] 李树苗, 任义科, 靳小怡, 等. 中国农民工的社会融合及其影响因素研究: 基于社会支持网络的分析 [J]. 人口与经济, 2008 (2).

[42] 李树苗, 悦中山. 融入还是融合: 农民工的社会融合研究 [J]. 复旦公共行政评论, 2012 (2).

[43] 李伟梁. 论少数民族流动人口的城市融入 [J]. 黑龙江民族丛刊, 2010 (2).

[44] 李永友, 徐楠. 个体特征、制度性因素与失地农民市民化: 基于浙江省富阳等地调查数据的实证考察 [J]. 管理世界, 2011 (1).

[45] 李振刚, 南方. 城市文化资本与新生代农民工心理融合 [J]. 浙江社会科学, 2013 (10).

[46] 李志刚, 梁奇, 林赛南. 转型期中国大城市流动人口的身份认同、特征与机制 [J]. 地理科学, 2020, 40 (1).

[47] 林娣. 新生代农民工市民化的人力资本困境 [J]. 东北师大学报 (哲学社会科学版), 2014, (2).

[48] 林坤, 林李月, 朱宇, 等. 中国流动人口落户意愿及其变化: 基于高、低技能流动人口的比较研究 [J]. 地域研究与开发, 2021, 40 (3).

[49] 林李月, 朱宇, 柯文前, 等. 基本公共服务对不同规模城市流动人口居留意愿的影响效应 [J]. 地理学报, 2019, 74 (4).

[50] 林李月, 朱宇. 中国城市流动人口户籍迁移意愿的空间格局及影响因素: 基于2012年全国流动人口动态监测调查数据 [J]. 地理学报, 2016, 71 (10).

[51] 刘秉镰, 孙鹏博. 新发展格局下中国城市高质量发展的重大问题展望 [J] 西安交通大学学报 (社会科学版), 2021, 41 (3).

[52] 刘传江. 新生代农民工的特点、挑战与市民化 [J]. 人口研究, 2010, 34 (2).

[53] 刘建娥. 乡—城移民 (农民工) 社会融入的实证研究: 基于五大城市的调查 [J]. 人口研究, 2010, 34 (4).

[54] 刘涛，陈思创，曹广忠．流动人口的居留和落户意愿及其影响因素 [J]．中国人口科学，2019（3）．

[55] 刘涛，韦长传，仝德．人力资本、社会支持与流动人口社会融入：以北京市为例 [J]．人口与发展，2020，26（2）．

[56] 刘于琪，刘晔，李志刚．中国城市新移民的定居意愿及其影响机制 [J]．地理科学，2014，34（7）．

[57] 陆淑珍．珠三角非户籍人口的职业与社会融合实证分析 [J]．南方人口，2012，27（2）．

[58] 陆益龙．户口还起作用吗：户籍制度与社会分层和流动 [J]．中国社会科学，2008（1）．

[59] 吕庆春，徐彦．制度供给滞后与排斥状态下的农民工市民化及社会风险 [J]．社会科学辑刊，2015（4）．

[60] 吕炜，高飞．城镇化、市民化与城乡收入差距：双重二元结构下市民化措施的比较与选择 [J]．财贸经济，2013（12）．

[61] 吕炜，杨沫，王岩．市民化的福利效应分析：基于农业转移人口生活满意度视角 [J]．经济科学，2017（4）．

[62] 马伟华．社会支持网构建：少数民族流动人口城市融入的实现路径分析 [J]．西南民族大学学报（人文社科版），2018，39（2）．

[63] 马西恒，童星．敦睦他者：城市新移民的社会融合之路：对上海市Y 社区的个案考察 [J]．学海，2008（2）．

[64] 聂伟，万鸯鸯．文化适应对少数民族农民工城镇落户意愿的影响：基于全国流动人口动态监测数据的分析 [J]．湖南农业大学学报（社会科学版），2018，19（1）．

[65] 牛丽宇．新生代农民工心理问题及干预对策 [J]．中国人力资源开发，2011（2）．

[66] 牛喜霞，谢建社．农村流动人口的阶层化与城市融入问题探讨 [J]．浙江学刊，2007（6）．

[67] 齐红倩，席旭文．分类市民化：破解农业转移人口市民化困境的关键 [J]．经济学家，2016（6）．

[68] 钱雪亚，宋文娟．城市基本公共服务面向农民工开放度测量研究 [J]．统计研究，2020，37（3）．

[69] 钱正荣．流动人口的社会融合问题研究 [J]．湖北社会科学，2010（2）．

[70] 秦永超. 城市流动人口社会融入的法律社会学思考 [J]. 甘肃政法学院学报, 2013 (3).

[71] 邱红, 周文剑. 流动人口的落户意愿及影响因素分析 [J]. 人口学刊, 2019, 41 (5).

[72] 任远, 乔楠. 城市流动人口社会融合的过程、测量及影响因素 [J]. 人口研究, 2010, 34 (2).

[73] 任远, 陶力. 本地化的社会资本与促进流动人口的社会融合 [J]. 人口研究, 2012, 36 (5).

[74] 任远, 邬民乐. 城市流动人口的社会融合: 文献述评 [J]. 人口研究, 2006 (3).

[75] 申兵. 我国农民工市民化的内涵、难点及对策 [J]. 中国软科学, 2011 (2).

[76] 盛亦男. 流动人口居留意愿的梯度变动与影响机制 [J]. 中国人口·资源与环境, 2017, 27 (1).

[77] 石宏伟, 孙万玉. 新生代农民工社会保障制度建设的现状与对策 [J]. 湖北农业科学, 2014, 53 (14).

[78] 石智雷, 施念. 农民工的社会保障与城市融入分析 [J]. 人口与发展, 2014, 20 (2).

[79] 石智雷, 朱明宝. 农民工的就业稳定性与社会融合分析 [J]. 中南财经政法大学学报, 2014 (3).

[80] 史桂芬, 沈淘淘. 新型城镇化背景下农业转移人口社会融合路径 [J]. 东北师大学报 (哲学社会科学版), 2021, (3).

[81] 史毅. 户籍制度与家庭团聚——流动人口流入地的身份认同 [J]. 青年研究, 2016 (6).

[82] 宋月萍, 陶椰. 融入与接纳: 互动视角下的流动人口社会融合实证研究 [J]. 人口研究, 2012, 36 (3).

[83] 苏红键. 中国流动人口城市落户意愿及其影响因素研究 [J]. 中国人口科学, 2020 (6).

[84] 谭崇台, 马绵远. 农民工市民化: 历史、难点与对策 [J]. 江西财经大学学报, 2016 (3).

[85] 唐宗力. 农民进城务工的新趋势与落户意愿的新变化: 来自安徽农村地区的调查 [J]. 中国人口科学, 2015 (5).

[86] 田凯. 关于农民工的城市适应性的调查分析与思考 [J]. 社会科学

研究，1995（5）.

［87］田明. 地方因素对流动人口城市融入的影响研究［J］. 地理科学，2017，37（7）.

［88］童星，马西恒. "敦睦他者"与"化整为零"：城市新移民的社区融合［J］. 社会科学研究，2008（1）.

［89］童雪敏，晋洪涛，史清华. 农民工城市融入：人力资本和社会资本视角的实证研究［J］. 经济经纬，2012（5）.

［90］万思齐，秦波，唐杰. 流动人口的职业培训与城市融入：基于中国农村居民综合调查的分析［J］. 城市发展研究，2020，27（12）.

［91］汪明峰，程红，宁越敏. 上海城中村外来人口的社会融合及其影响因素［J］. 地理学报，2015，70（8）.

［92］汪琼枝. 发展权利平等：农业转移人口市民化的价值基础［J］. 山东农业大学学报（社会科学版），2018，20（2）.

［93］王春超，张呈磊. 子女随迁与农民工的城市融入感［J］. 社会学研究，2017，32（2）.

［94］王春光. 对新生代农民工城市融合问题的认识［J］. 人口研究，2010，34（2）.

［95］王春光. 外来农村流动人口本地化的体制性困境［J］. 学海，2017（2）.

［96］王道勇. 农民工市民化：新型矛盾与政策调适［J］. 广西师范大学学报（哲学社会科学版），2015，51（5）.

［97］王桂新，罗恩立. 上海市外来农民工社会融合现状调查研究［J］. 华东理工大学学报（社会科学版），2007（3）.

［98］王桂新. 中国人口流动与城镇化新动向的考察：基于第七次人口普查公布数据的初步解读［J］. 人口与经济，2021，（5）.

［99］王桂新. 中国省际人口迁移变化特征：基于第七次全国人口普查数据的分析［J］. 中国人口科学，2022（3）.

［100］王明学，冉云梅，刘闯. 新生代农民工社会融入问题分析［J］. 中国青年研究，2012（1）.

［101］王珊娜，赵明霏. 劳动合同对农民工城市融入的影响：基于农民工个体调查数据的实证分析［J］. 调研世界，2022（5）.

［102］王思斌. 我国适度普惠型社会福利制度的建构［J］. 北京大学学报（哲学社会科学版），2009，46（3）.

[103] 王曦, 陈中飞. 中国城镇化水平的决定因素: 基于国际经验 [J]. 世界经济, 2015, 38 (6).

[104] 王玉峰. 新生代农民工市民化的现实困境与政策分析 [J]. 江淮论坛, 2015 (2).

[105] 王震. 农民工城市社会融入的测度及影响因素: 兼与城镇流动人口的比较 [J]. 劳动经济研究, 2015, 3 (2).

[106] 魏崇红, 史科蕾. 推进农民工市民化的具体路径 [J]. 人民论坛, 2020 (2).

[107] 魏后凯, 苏红键. 中国农业转移人口市民化进程研究 [J]. 中国人口科学, 2013 (5).

[108] 魏义方, 顾严. 农业转移人口市民化: 为何地方政府不积极: 基于农民工落户城镇的成本收益分析 [J]. 宏观经济研究, 2017 (8).

[109] 温兴祥, 郑凯. 户籍身份转换如何影响农村移民的主观福利: 基于 CLDS 微观数据的实证研究 [J]. 财经研究, 2019, 45 (5).

[110] 文军. 农民市民化: 从农民到市民的角色转型 [J]. 华东师范大学学报 (哲学社会科学版), 2004 (3).

[111] 吴贾, 姚先国, 张俊森. 城乡户籍歧视是否趋于止步: 来自改革进程中的经验证据: 1989—2011 [J]. 经济研究, 2015, 50 (11).

[112] 吴瑞君. 关于流动人口涵义的探索 [J]. 人口与经济, 1990 (3).

[113] 吴先华. 农业转移人口市民化优先次序与标准体系 [J]. 山东师范大学学报 (自然科学版), 2018, 33 (4).

[114] 吴晓林. 社会整合理论的起源与发展: 国外研究的考察 [J]. 国外理论动态, 2013 (2).

[115] 习近平. 在党史学习教育动员大会上的讲话 [J]. 新长征, 2021 (5).

[116] 夏伦, 沈寒蕾. 流动人口真的融入社会了吗?: 基于结构方程模型的流动人口社会融入研究 [J]. 人口与发展, 2022, 28 (2).

[117] 夏怡然, 苏锦红, 黄伟. 流动人口向哪里集聚?: 流入地城市特征及其变动趋势 [J]. 人口与经济, 2015 (3).

[118] 肖子华, 徐水源, 刘金伟. 中国城市流动人口社会融合评估: 以 50 个主要人口流入地城市为对象 [J]. 人口研究, 2019, 43 (5).

[119] 谢桂华. 中国流动人口的人力资本回报与社会融合 [J]. 中国社会科学, 2012 (4).

[120] 邢祖哥, 黄耿志, 薛德升. 中国城市流动人口社会融合的空间格

局与影响机制［J］. 地理学报，2022，77（10）.

［121］熊景维，钟涨宝. 农民工家庭化迁移中的社会理性［J］. 中国农村观察，2016（4）.

［122］徐建丽. 建构与选择：新生代农民工的话语权［J］. 中国劳动关系学院学报，2012，26（6）.

［123］杨东亮，陈思思. 北京地区流动人口幸福感的影响因素研究［J］. 人口学刊，2015，37（5）.

［124］杨凤. 城市农民工社会排斥问题研究［J］. 华东理工大学学报（社会科学版），2014，29（2）.

［125］杨菊华. 中国流动人口的社会融入研究［J］. 中国社会科学，2015（2）.

［126］杨菊华，张娇娇. 人力资本与流动人口的社会融入［J］. 人口研究，2016，40（4）.

［127］杨菊华. 从隔离、选择融入到融合：流动人口社会融入问题的理论思考［J］. 人口研究，2009，33（1）.

［128］杨菊华. 中国流动人口的社会融入研究［J］. 中国社会科学，2015（2）.

［129］杨菊华. 流动人口（再）市民化：理论、现实与反思［J］. 吉林大学社会科学学报，2019，59（2）.

［130］杨菊华. 流动人口在流入地社会融入的指标体系：基于社会融入理论的进一步研究［J］. 人口与经济，2010（2）.

［131］杨菊华. 农业转移人口市民化的维度建构与模式探讨［J］. 江苏行政学院学报，2018（4）.

［132］杨菊华. 社会排斥与青年乡—城流动人口经济融入的三重弱势［J］. 人口研究，2012，36（5）.

［133］杨菊华. 市场化改革与劳动力市场参与的性别差异：20年变迁的视角［J］. 人口与经济，2020（5）.

［134］杨菊华. 以强大的正式社会支持形塑流动人口的归属感［J］. 人民论坛，2020（2）.

［135］杨菊华. 中国流动人口的社会融入研究［J］. 中国社会科学，2015（2）.

［136］杨秀石. 经济开放中的城市流动人口［J］. 人口学刊，1985（6）.

［137］杨宜勇，魏义方. 农民工融入城市社会的政策机制研究［J］. 人

民论坛·学术前沿, 2017 (3).

　　[138] 杨正喜, 唐鸣. 论新时期农民利益表达机制的构建 [J]. 政治学研究, 2006 (2).

　　[139] 叶初升, 冯贺霞. 城市是幸福的"围城"吗?: 基于 CGSS 数据对中国城乡幸福悖论的一种解释 [J]. 中国人口·资源与环境, 2014, 24 (6).

　　[140] 叶静怡, 王琼. 进城务工人员福利水平的一个评价: 基于 Sen 的可行能力理论 [J]. 经济学 (季刊), 2014, 13 (4).

　　[141] 叶裕民, 张理政, 孙玥, 等. 破解城中村更新和新市民住房"孪生难题"的联动机制研究: 以广州市为例 [J]. 中国人民大学学报, 2020, 34 (2).

　　[142] 余思新. 农民工市民化层次性解读及其现实启示 [J]. 西北农林科技大学学报 (社会科学版), 2014, 14 (1).

　　[143] 余运江, 高向东, 郭庆. 新生代乡—城流动人口社会融合研究: 基于上海的调查分析 [J]. 人口与经济, 2012 (1).

　　[144] 余运江, 孙斌栋, 孙旭. 基于 ESDA 的城市外来人口社会融合水平空间差异研究: 以上海为例 [J]. 人文地理, 2014, 29 (2).

　　[145] 悦中山, 李树茁, 费尔德曼. 农民工社会融合的概念建构与实证分析 [J]. 当代经济科学, 2012, 34 (1).

　　[146] 张开志, 高正斌, 张莉娜, 等. "候鸟式"流动亦或"永久"迁移?: 基于社会融入视角的公共服务可及性与人口流迁选择 [J]. 经济与管理研究, 2020, 41 (7).

　　[147] 张文宏, 雷开春. 城市新移民社会融合的结构、现状与影响因素分析 [J]. 社会学研究, 2008 (5).

　　[148] 张文宏, 周思伽. 迁移融合, 还是本土融合: 农民工社会融合的二重性分析 [J]. 湖南师范大学社会科学学报, 2013, 42 (5).

　　[149] 张翼. 农民工"进城落户"意愿与中国近期城镇化道路的选择 [J]. 中国人口科学, 2011 (2).

　　[150] 张永梅, 何晨晓, 桂浩然. 农民工社会融合: 基于地区、民族和历时性的比较 [J]. 南方人口, 2019, 34 (3).

　　[151] 郑功成, 黄黎若莲. 中国农民工问题: 理论判断与政策思路 [J]. 中国人民大学学报, 2006 (6).

　　[152] 郑建君. 中国公民美好生活感知的测量与现状: 兼论获得感、安全感与幸福感的关系 [J]. 政治学研究, 2021 (6).

[153] 钟晓敏，童幼雏．农业转移人口市民化成本分析：基于浙江省数据的估算 [J]．财经论丛，2019（12）．

[154] 周春山，赖舒琳，袁宇君．珠三角流动人口家庭化迁移特征及影响因素研究：基于家庭生命周期视角 [J]．人文地理，2020，35（3）．

[155] 周皓，刘文博．流动人口的流入地选择机制 [J]．人口研究，2022，46（1）．

[156] 周皓．流动人口社会融合的测量及理论思考 [J]．人口研究，2012，36（3）．

[157] 周密，张广胜，黄利．人力资本、社会资本与市民化抑制 [J]．中国人口·资源与环境，2012，22（7）．

[158] 朱宏伟，杨云云．广东少数民族流动人口社会支持研究 [J]．广西民族研究，2011（3）．

[159] 朱力．论农民工阶层的城市适应 [J]．江海学刊，2002（6）．

[160] 朱雅玲，李英东．城乡福利差异对农民工市民化影响实证 [J]．西安交通大学学报（社会科学版），2016，36（1）．

[161] 祝瑜晗，吕光明．城镇化进程中人口流动的主观福利效应考察 [J]．统计研究，2020，37（10）．

[162] 祝仲坤，郑裕璇，陈淑龙，等．公共卫生服务均等化与流动人口城市社会融入 [J]．财政研究，2022（7）．

[163] 邹农俭．论农民的非农民化 [J]．社会科学战线，2002（1）．

（三）电子资源

[1] 2020 年农民工监测调查报告 [R/OL]．国家统计局，2021-04-30.

[2] 2021 年农民工监测调查报告 [R/OL]．国家统计局，2022-04-29.

[3] 2022 年农民工监测调查报告 [R/OL]．国家统计局，2023-04-29.

[4] 中华人民共和国国民经济和社会发展第十四个五年规划和 2035 年远景目标纲要 [R/OL]．中华人民共和国中央人民政府，2021-03-13.

[5] 习近平：健全城乡发展一体化体制机制 让广大农民共享改革发展成果 [EB/OL]．中华人民共和国中央人民政府，2015-05-01.

[6] 国家发展改革委关于印发"十四五"新型城镇化实施方案的通知：发改规划〔2022〕960 号 [A/OL]．中华人民共和国中央人民政府，2022-06-21.

[7] 国家发展改革委关于印发《2021 年新型城镇化和城乡融合发展重点任务》的通知发改规划〔2021〕493 号 [A/OL]．中华人民共和国中央人民

政府，2021-04-08.

　　［8］国家发展改革委关于印发《2022年新型城镇化和城乡融合发展重点任务》的通知发改规划〔2022〕371号［A/OL］．中华人民共和国中央人民政府，2022-03-10.

　　［9］省发展改革委关于印发《贵州省"十四五"新型城镇化发展规划》的通知：黔发改城镇〔2022〕22号［A/OL］．贵州省人民政府，2022-08-29.

二、外文文献

（一）专著

　　［1］VEENHOVEN R. Conditions of Happiness［M］. Dordrecht：Springer，1984.

　　［2］ERSANILLI E，KOOPMANS R. Rewarding Integration? Citizenship Regulations and the Socio-Cultural Integration of Immigrants in the Netherlands，France and Germany［M］//Migration and Citizenship Attribution. London：Routledge，2013.

　　［3］DURKHEIM E. Suicide：A Study in Sociology［M］. London：Routledge，2005.

　　［4］BORJASG J. Immigration Economics［M］. Cambridge：Harvard University Press，2014.

　　［5］BECKER G S. Human Capital：A Theoretical and Empirical Analysis，with Special Reference to Education［M］. Chicago：University of Chicago Press，2009.

　　［6］BAUBOCKR. Migration and citizenship：Legal Status，Rights and Political Participation［M］. Amsterdam：Amsterdam University Press，2006.

　　［7］BROCHMANG. European Integration and Immigration from Third Countries［M］. Scandinavia：Scandinavian University Press，1995.

　　［8］HUDDLESTONT，NIESSENN J，TJADEN J D. Using EU Indicators of Immigrant Integration［M］. Luxembourg：European Commission，2013.

　　［9］HUNTINGTONS P. Who are we?：The Challenges to America's National Identity［M］. New York：Simon and Schuster，2004.

　　［10］MUYSKENJ，CORVERS F，ZIESEMER T. Immigration Can Alleviate the Aging Problem［M］. 2011.

　　［11］PARKR E，BURGESS E W. Introduction to the Science of Sociology［M］. Chicago：University of Chicago press，1924.

［12］ AIDA R, NEE V. Remaking the American Mainstream: Assimilation and Contemporary Immigration ［M］. Cambridge: Harvard University Press, 2009.

［13］ TREUDIEY M, GORDONM. Assimilation in American Life: The Role of Race, Religion, and National Origins ［M］. New York: Oxford University Press, 1964.

［14］ POWDTHAVEE N, DOIAN R M P. Electing Happiness: Does Happiness Affect Voting and do Elections Affect Happiness? ［M］. Republic of Singapore: Nanyang Technological University, 2008.

［15］ BLOEMRAADI. Becoming a Citizen: Incorporating Immigrants and Refugees in the United States and Canada ［M］. California: University of California Press, 2006.

［16］ ANDREWS F M, WITHRYS B. Social Indicators of Well-Being: America's Perception of Life Quality ［M］. New York: Springer, 1976.

［17］ HUDDLESTON T, NIESSEN J, TJADEN J D. Using EU Indicators of Immigrant Integration: Final Report for Directorate-General for Home Affairs ［M］. Brussels: OECD Publishing, 2013.

［18］ PORTES A. Economic Sociology and the Sociology of Immigration: A Conceptual Overview ［M］. New York: Russell Sage Foundation, 1995.

［19］ PESSAR P . The Role of Gender, Households and Social Networks in the Migration Process: An Appraisal and Review ［M］//The Handbook of International Migration: The American Experience. New York: Russell Sage Foundation, 1999.

［20］ KOOPMANSR. Does assimilation work? Sociocultural Determinants of Labour Market Participation of European Muslims ［M］//Muslims in Europe. London: Routledge, 2018.

（二）期刊

［1］ AMITK, RISS I. The Role of Social Networks in the Immigration Decision-Making Process: The Case of North American Immigration to Israel ［J］. Immigrants & Minorities, 2007, 25 (3) .

［2］ AMITK. Determinants of Life Satisfaction Among Immigrants from Western Countries and from the FSU in Israel ［J］. Social Indicators Research, 2010, 96 (3) .

［3］ ANNISTEK, TAMMARU T. Ethnic Differences in Integration Levels and Return Migration Intentions: A Study of Estonian Migrants in Finland ［J］. Demographic Research, 2014, 30 (1) .

[4] BAk K A, KARATZIAS T, ELLIOTT L, et al. The Determinants of Well-Being Among International Economic Immigrants: A Systematic Literature Review and Meta-Analysis [J]. Applied Research in Quality of Life, 2015, 10 (1) .

[5] BARTRAM D. Economic Migration and Happiness: Comparing Immigrants' and Natives' Happiness Gains from Income [J]. Social Indicators Research, 2011, 103.

[6] BERRY J W, PHINNEY J S, SAM D L, et al. Immigrant Youth: Acculturation, Identity, and Adaptation [J]. Applied Psychology, 2006, 55 (3) .

[7] CASMON N. Economic Integration of Immigrants [J]. American Journal of Economics and Sociology, 1981, 40 (2) .

[8] CHISWICK B R, MILLER P W. Immigrant Earnings: Language Skills, Linguistic Concentrations and the Business Cycle [J]. Journal of Population Economics, 2002, 15.

[9] CHISWICK B R. The Effect of Americanization on the Earnings of Foreign-Born Men [J]. Journal of Political Economy, 1978, 86 (5) .

[10] CHISWICK B R, MILLER P W. English Language Fluency Among Immigrants in the United States [J]. Research in Labor Economics, 1998, 17.

[11] Diener, Ed. Assessing Subjective Well-Being: Progress and Opportunities [J]. Social Indicators Research, 1994, 31 (2) .

[12] DIENER E. Subjective Well-Being [J]. Psychological Bulletin, 1984, 95 (3) .

[13] DUSTMANN C. The Social Assimilation of Immigrants [J]. Journal of Population Economics, 1996 , 9 (1) .

[14] DUSTMANN C. OKATENKO A. Out-Migration, Wealth Constraints, and the Quality of Local Amenities [J]. Journal of Development Economics, 2014, 110.

[15] ELLINGSEN W. Social Integration of Ethnic Groups in Europe. How can Concepts of Place and Territoriality Help Explain Processes, Policies and Problems of Socially Integrating Different Ethnic Groups in a European Context? [J]. University of Bergen Department of Geography, 2003, 1.

[16] ENTZINGER H. The Lure of Integration [J]. European Journal of International Affairs, 1990, 4.

[17] ESPINOSA K, MASSEY D. Undocumented Migration and the Quantity

and Quality of Social Capital [J]. Soziale Welt Sonderband, 1997, 12.

[18] FAVELL A. Integration Nation: The Nation State and Research on Immigrants in Western Europe [J]. Comparative Social Research, 2003, 22.

[19] FRANK K, HOU F, SCHELLENBERG G. Life Satisfaction Among Recent Immigrants in Canada: Comparisons to Source-Country and Host-Country Populations [J]. Journal of Happiness Studies, 2015, 17 (4).

[20] GREENWOOD M J, MCDOWELL J M. The Factor Market Consequences of US Immigration [J]. Journal of Economic Literature, 1986, 24 (4).

[21] GROSSMAN J B. The Substitutability of Natives and Immigrants in Production [J]. The Review of Economics and Statistics, 1982, 64 (4).

[22] GU H, LING Y, SHEN T, et al. How Does Rural Homestead Influence the Hukou Transfer Intention of Rural-Urban Migrants in China? [J]. Habitat International, 2020 (105).

[23] HAGERTY B M K, LYNCH-SAUER J, PATUSKY K L, et al. Sense of Belonging: A Vital Mental Health Concept [J]. Archives of Psychiatric Nursing, 1992, 6 (3).

[24] HATTON T J, LEIGH A. Immigrants Assimilate as Communities, Not Just as Individuals [J]. Journal of Population Economics, 2011, 24 (2).

[25] HATTON T J. The Immigrant Assimilation Puzzle in Late Nineteenth-Centuty America [J]. The Journal of Economic History. 1997, 57 (1).

[26] HENDRIKS M. The Happiness of International Migrants: A Review of Research Findings [J]. Migration Studies, 2015, 3 (3).

[27] HIRSCHMAN C. The Educational Enrollment of Immigrant Youth: A Test of the Segmented-Assimilation Hypothesis [J]. Demography, 2001, 38 (3).

[28] JENTSCH B. Migrant Integration in Rural and Urban Areas of New Settlement Countries: Thematic Introduction [J]. International Journal on Multicultural Societies, 2007, 9.

[29] JOPPKE C. The Retreat of Multiculturalism in the Liberal State: Theory and Policy [J]. The British Journal of Sociology, 2004, 55 (2).

[30] ITZIGSOHN J, GIORGULI-SAUCEDO S. Incorporation Transnationalism and Gender [J]. International Migration Review, 2005, 39 (4).

[31] DANIEL K, AMOS T. Prospect Theory: An Analysis of Decision under Risk [J]. Econometrica, 1979, 47 (2).

[32] KALLEN H M. Democracy Versus the Melting - Pot: A Study of American Nationality [J]. Theories of Ethnicity: A Classical Reader, 1996, 71.

[33] KAZEMIPUR A, NAKHAIE M R. The Economics of Attachment: Making a Case for a Relational Approach to Immigrants' Integration in Canada [J]. Journal of International Migration and Integration, 2014, 15 (4) .

[34] KEMNITZ A. Can Immigrant Employment Alleviate the Demographic Burden? [J]. The Role of Union Centralization. Economics Letters, 2008, 99 (1) .

[35] KEMNITZA. Immigration, Unemployment and Pensions [J]. Scandinavian Journal of Economics, 2003, 105 (1) .

[36] KOGAN I, SHEN J, SIEGERT M. What Makes a Satisfied Immigrant? Host−Country Characteristics and Immigrants' Life Satisfaction in Eighteen European Countries [J]. Journal of Happiness Studies, 2018, 19.

[37] KOOPMANS R. Trade−Offs Between Equality and Difference: Immigrant Integration, Multiculturalism and the Welfare State in Cross - National Perspective [J]. Journal of Ethnic and Migration Studies, 2010 , 36 (1) .

[38] KRUEGER A B, SCHKADE D A. The Reliability of Subjective Well−Being Measures [J]. Journal of Public Economics, 2008 , 92 (8-9) .

[39] LEE S K, SOBAL J, FRONGILLO E A. Comparison of Models of Acculturation the Case of Korean Americans [J]. Journal of Cross−Cultural Psychology, 2003, 34 (3) .

[40] LIU L, HUANG Y, WENHONG Z. Residential Segregation and Perceptions of Social Integration in Shanghai, China [J]. Urban Studies, 2018, 55 (7) .

[41] LIU T, WANG J. Bringing City Size in Understanding the Permanent Settlement Intention of Rural−Urban Migrants in China [J]. Population Space and Place, 2020, 26 (4) .

[42] LUTZ P. Two Logics of Policy Intervention in Immigrant Integration: An Institutionalist FRamework Based on Capabilities and Aspirations [J]. Comparative Migration Studies, 2017 , 5 (1) .

[43] MANNING A, SANCHARI R. Culture Clash or Culture Club? National Identity in Britain [J]. The Economic Journal, 2010, 120 (542) .

[44] MARTINOVIC B, TUBERGEN F V, MAAS I. A Longitudinal Study of Interethnic Contacts in Germany: Estimates from a Multilevel Growth Curve Model

[J]. Journal of Ethnic and Migration Studies, 2015, 41 (1).

[45] MOON S J, PARK C Y. Media Effects on Acculturation and Bicultural-ism: A Case Study of Korean Immigrants in Los Angeles' Koreatown [J]. Mass Communication and Society, 2007, 10 (3).

[46] MULLINS J T, WHITE C. Can Access to Health Care Mitigate the Effects of Temperature on Motality? [J]. Journal of Public Economics, 2020, 191.

[47] OISHI S. The Psychology of Residential Mobility: Implications for the Self, Social Relationships, and Well-Being [J]. Perspectives on Psychological Science, 2010, 5 (1).

[48] PAPARUSSO A. Immigrant Citizenship Status in Europe: The Role of Individual Characteristics and National Policies [J]. Genus, 2019, 75 (1).

[49] PETERS F, VINK M, SCHMEETS H. The Ecology of Immigrant Natu-ralization: A Life Course Approach in the Context of Institutional Conditions [J]. Journal of Ethnic and Migration Studies, 2015, 42 (3).

[50] PHILLIPS D. Black Minority Ethnic Concentration, Segregation and Dis-persal in Britain [J]. Urban Studies, 1998, 35 (10).

[51] PORTESA. Social Capital: The Origins and Application in Modern Soci-ology [J]. Annual Review of Sociology, 1988, 24 (1).

[52] PORTES A, CURTIS J W. Changing Flags: Naturalization and its De-terminants Among Mexican Immigrants. [J]. International Migration Review, 1987, 21 (2).

[53] QIAN J, ZHU H, LIU Y. Investigating Urban Migrants' Sense of Place Through a Multi-Scalar Perspective [J]. Journal of Environmental Psychology, 2011, 31 (2).

[54] RAZIN A, EFRAIM S. Unskilled Migration: A Burden or a Boon For the Welfare State? [J]. The Scandinavian Journal of Economics, 2000, 102 (3).

[55] REED H E, ANDRZEJEWISKI C S, WHITE M J. Men's and Women's Migration in Coastal Ghana: An Event History Analysis [J]. Demographic Research, 2010, 22.

[56] RUMBAUT R G. Assimilation and its Discontents: Between Rhetoric and Reality [J]. International Migration Review, 1997, 31 (4).

[57] SAFI M. Immigrants' Life Satisfaction in Europe: Between Assimilation and Discrimination [J]. European Sociological Review, 2010, 26 (2).

［58］SARKAR D, COLLIER TC. Does Host-Country Education Mitigate Immigrant Inefficiency? Evidence From Earnings of Australian University Graduates ［J］. Empirical Economics, 2019, 56.

［59］SARVIMäKI M. Assimilation to a Welfare State: Labor Market Performance and use of Social Benefits by Immigrants to Finland ［J］. The Scandinavian Journal of Economics, 2011, 113 (3) .

［60］SHADID W A. The Integration of Muslim Minorities in the Netherlands ［J］. International Migration Review, 1991, 25 (2) .

［61］SIMONS S E. Social Assimilation ［J］. American Journal of Sociology, 1901, 6 (6) .

［62］STECKLOV G, CARLETTO C, AZZARRI C, et al. Gender and Migration from Albania ［J］. Demography, 2010, 47 (4) .

［63］THOITS P A. Mechanisms Linking Social ties and Support to Physical and Mental Health ［J］. Journal of Health and Social Behavior, 2011, 52 (2) .

［64］TLIEBOUT C M. A Pure Theory of Local Expenditures ［J］. Journal of Political Economy, 1956, 64 (5) .

［65］WACHTER G G, FENELLA F. Settlement Intentions and Immigrant Integration: The Case of Recently Arrived EU-Immigrants in the Netherlands ［J］. International Migration, 2018, 56 (4) .

［66］WANG C, ZHANG C, NI J, et al. Family Migration in China: Do Migrant Children Affect Parental Settlement Intention? ［J］. Journal of Comparative Economics, 2019, 47 (2).

［67］WATERS M C, JIMéNEZ T R. Assessing Immigrant Assimilation: New Empirical and Theoretical Challenges ［J］. Annual Review of Sociology, 2005, 31.

［68］WRIGHT M, BLOEMRAAD I. Is there a Trade-Off Between Multiculturalism and Socio-Political Integration? Policy Regimes and Immigrant Incorporation in Comparative Perspective ［J］. Perspectives on Politics, 2012, 10 (1) .

［69］XING C B, ZHANG J F. The Preference for Larger Cities in China: Evidence from Rural-Urban Migrants ［J］. China Economic Review, 2017, 43.

［70］YANG P Q. Explaining Immigrant Naturalization ［J］. International Migration Review, 1994, 28 (3) .

［71］ZHENG S Q, SONG Z D, SUN W Z. Do Affordable Housing Programs Facilitate Migrants' Social Integration in Chinese Cities? ［J］. Cities, 2020, 96.

［72］ZHOU M, BANKSTON III C L. Social Capital and the Adaptation of the Second Generation: The Case of Vietnamese Youth in New Orleans ［J］. International Migration Review, 1994, 28 (4) .

［73］ZUBIKOVA A. Assessment of the Immigrants Integration Level in the New Member States of the EU in 2009-2018 ［J］. Journal of International Migration and Integration, 2021, 22 (2) .

（三）其他

［1］ZUBíKOVá A. Integration of immigrants in the EU_15: success or failure?: Proceedings of Economics and Finance Conferences ［C］. Prague: International Institute of Social and Economic Sciences, 2019.

［2］EASTERLIN R A. Does Empirical Growth Improve the Human Lot? Some Empirical Evidence: Nations and Households in Economic Growth Essay in Honor of Moses Abramovitz ［C］. New York: Academic Press, 1974.

［3］Panel on Measuring Subjective Well-Being in a Policy-Relevant Framework, Committee on National Statistics, Division on Behavioral and Social Sciences and Education, National Research Council. Subjective Well-Being: Measuring Happiness, Suffering, and Other Dimensions of Experience ［R］. Washington (DC): National Academies Press (US), 2013 .

［4］VINK M P. Immigrant Integration and Access to Citizenship in the European Union: The Role of Origin Countries ［R］. New York: Robert Schuman Centre for Advanced Studies (RSC), 2013.

附录　贵州省农业转移人口社会融合调查问卷

问卷编号：

您目前工作地：_____市（州）_____（区）县_____乡镇（街道）

调查时间：_____年_____月_____日

尊敬的女士/先生：

　　您好！因"贵州省农业转移人口社会融合"研究的需要，我们进行此次调查。本问卷不会涉及您的姓名和联系方式等隐私，同时我们也会对您所填写的信息实行严格保密。诚挚感谢您的合作！

【说明】①选择题请直接在答案序号上画"√"；

②非选择题请将答案填在横线上。

一、个人与家庭基本情况

1. 性别：（1）男　　（2）女

2. 出生年月：_____年_____月

3. 民族：（1）汉族　　（2）少数民族

4. 受教育程度：

（1）小学及以下　　（2）初中　　（3）高中/中专/技校　　（4）大专/高职

（5）本科及以上

5. 婚姻状况：（1）未婚　　（2）在婚　　（3）离异　　（4）丧偶

6. 您的户籍所在地：

（1）贵州省_____市（州）_____县（市、区）_____街道（乡、镇）

（2）外省：_____省（市/自治区）

7. 您现在的城市属于：

（1）小城镇　　（2）县城　　（3）市/州中心城市　　（4）省会城市

8. 身体状况：

（1）很差　　（2）比较差　　（3）一般　　（4）比较好　　（5）很好

9. 您是否已就业：（1）就业 （2）未就业（跳至 12 题）

10. 您目前从事的职业：（先填写，后选择）

   您目前具体的工作是＿＿＿＿＿＿＿＿＿＿＿＿＿＿＿＿＿

   （1）国家机关、党群组织、企事业单位负责人

   （2）专业技术人员

   （3）办事人员和有关人员

   （4）商业、服务业人员

   （5）农、林、牧、渔业生产人员

   （6）生产、运输设备操作人员及有关人员

   （7）不便分类的其他从业人员

11. 您现在就业的单位性质属于哪一类？

   （1）机关、事业单位 （2）国有企业 （3）外资企业

   （3）合资企业 （4）集体企业 （5）私人企业 （6）个体工商户

   （7）社团/民办组织 （8）其他

12. 您的职业技能水平怎么样？

   （1）非常不好 （2）比较不好 （3）一般 （4）比较好

   （5）非常好

13. 您与目前工作单位签订何种劳动合同？

   （1）有固定期限 （2）无固定期限 （3）完成一次性工作任务

   （4）试用期 （5）未签订

14. 您出来打工的目的是（多选题）：

   （1）期待改善生活状况 （2）对城市生活的向往

   （3）学技术（学习） （4）其他（请注明）

15. 您来本地工作（生活）多久？＿＿＿＿＿＿年

16. 您外出工作时间累计有多长？

   （1）不到 1 年 （2）1~2 年 （3）3~4 年 （4）5~9 年

   （5）10~14 年 （6）15~19 年 （7）20~29 年 （8）30 年及以上

17. 您是否愿意定居在这个城市？（1）愿意 （2）不愿意 （3）再说

18. 您更喜欢城市生活还是农村生活？

   （1）喜欢城市生活 （2）喜欢农村生活 （3）说不清楚

19. 您是否愿意转为本地城镇户口？

   （1）已经转了 （2）愿意转 （3）不愿意转 （4）不确定

20. 在本地跟您一起居住的家人有？

    （1）自己一个人   （2）跟配偶一起

    （3）跟配偶和孩子或老人一起

21. 您在这个城市生活中的最大困难是（多选题）：

    （1）房价高，买不了房

    （2）工资太低，钱不够用

    （3）工作任务重，没有时间玩

    （4）朋友少，休闲娱乐少

    （5）孩子上学难

    （6）看病难. 看病贵

    （7）其他（请注明）

22. 您有几个孩子？

    （1）0个（跳过23题）   （2）1个   （3）2个   （4）3个及以上

23. 您的孩子在哪里上学？（有多个子女，请回答最小子女的情况；无子女不回答）

    （1）已高中毕业或已工作   （2）工作地公办学校

    （3）工作地私立学校   （4）工作地民工学校

    （5）家乡学校   （6）失学   （7）未上学

二、社会融合情况

政治参与

24. 您平时参加本地选举吗？

    （1）参加   （2）不参加   （3）不好说

25. 您平时是否参与本地社区的管理？

    （1）参加   （2）不参加   （3）不好说

26. 您平时是否参加单位或社区的工会活动？

    （1）参加   （2）不参加   （3）不好说

经济融合

27. 您的月收入总计是多少？   _____元/月

28. 您认为您的收入与本地同行相比：

    （1）差得远   （2）有差距   （3）差不多   （4）一样的

29. 您现住房属于何种性质？

    （1）政府公租房   （2）自购商品房

（3）自购保障性住房 （4）自购小产权住房

（5）自建房 （6）单位/雇主房

（7）租住私房 （8）借住房

（9）就业场所和其他非正规居所 （10）其他

社会互动

30. 您与本地居民保持交往吗？

（1）从不 （2）很少交往 （3）较多交往 （4）密切交往

31. 您平时是否参加单位或社区举办的业余文化娱乐活动？

（1）没有机会 （2）有机会，但不愿意参加 （3）偶尔参加

（4）经常参加

32. 我感觉本地人看不起外地人。

（1）完全同意 （2）基本同意 （3）基本不同意 （4）完全不同意

文化适应

33. 您对本地方言的掌握程度：

（1）既不会讲，也听不懂 （2）不会讲，但能听懂

（3）会讲一点，能听懂 （4）完全会讲

34. 您了解当地风俗习惯吗？

（1）完全不了解 （2）了解很少 （3）比较了解 （4）完全了解

35. 您的穿着打扮跟本地人一样吗？

（1）一样 （2）不一样 （3）不好说

36. 您习惯当地的饮食吗？

（1）习惯 （2）不习惯 （3）不确定

心理认同

37. 我喜欢我现在居住的城市/地方。

（1）完全不同意 （2）不同意 （3）基本同意 （4）完全同意

38. 我关注我现在居住城市/地方的变化。

（1）完全不同意 （2）不同意 （3）基本同意 （4）完全同意

39. 我很愿意融入本地人当中，成为其中一员。

（1）完全不同意 （2）不同意 （3）基本同意 （4）完全同意

40. 我觉得本地人愿意接受我成为其中一员。

（1）完全不同意 （2）不同意 （3）基本同意 （4）完全同意

公共服务

41. 随迁子女的义务教育与本地人相比是否有差别？

    （1）差别很大   （2）差别不大   （3）差不多   （4）无从比较

42. 公共卫生和基本医疗服务与本地人相比是否有差别？

    （1）差别很大   （2）差别不大   （3）差不多   （4）无从比较

43. 社会保障与本地人相比是否有差别？

    （1）差别很大   （2）差别不大   （3）差不多   （4）无从比较

44. 职业介绍（帮助找工作）与本地人相比是否有差别？

    （1）差别很大   （2）差别不大   （3）差不多   （4）无从比较

45. 技能培训与本地人相比是否有差别？

    （1）差别很大   （2）差别不大   （3）差不多   （4）无从比较

三、社会支持

46. 您是否可以获得下列帮助？

您是否参加过本地就业培训，获得就业介绍帮助？	（1）是 （2）否 （3）不知道
您是否可以领取本地失业救济金？	（1）是 （2）否 （3）不知道
您是否可以领取本地养老保险？	（1）是 （2）否 （3）不知道
您是否可以获得本地社会救助？	（1）是 （2）否 （3）不知道
本地政府在教育政策方面是否规定外地人跟本地人平等？	（1）是 （2）否 （3）不知道
子女教育方面是否得到当地政府帮助？	（1）是 （2）否 （3）不知道
本地就医是否可以用外地医疗保险报销？	（1）是 （2）否 （3）不知道
在经济困难的情况下，本地政府是否为外地人提供医疗救助？	（1）是 （2）否 （3）不知道
是否获得当地政府的住房补贴？	（1）是 （2）否 （3）不知道
您是否可以享受本地廉租房待遇？	（1）是 （2）否 （3）不知道

续表

您是否参加过本地就业培训，获得就业介绍帮助？	（1）是　　（2）否　　（3）不知道
外地老年人是否获得坐公交、逛公园的优惠待遇？	（1）是　　（2）否　　（3）不知道
外地人是否获得使用公共设施的优惠待遇？	（1）是　　（2）否　　（3）不知道

四、社会保障

47a. 如果您参加过保险，请在下表勾选您所参加的保险类别和参加地。

参加地	保险类别					
	养老保险	医疗保险	工伤保险	失业保险	生育保险	住房公积金
没有参加						
户籍所在地						
本地						

47b. 如果您没有参加过保险，请在下表勾选或填写您没参加保险的原因。

没参保原因	保险类别					
	养老保险	医疗保险	工伤保险	失业保险	生育保险	住房公积金
不了解有此项保险						
觉得没有必要参保						
保费太高，负担不起						
转续困难						
其他（请注明）						

48. 获得帮助（多选题）

	多　选
1. 家庭成员	①职业介绍　②子女教育　③借钱借物　④生病照顾　⑤劳力支持 ⑥陪伴就医　⑦陪伴购物　⑧聊天解闷　⑨其他　　　⑩没有任何帮助
2. 亲戚	①职业介绍　②子女教育　③借钱借物　④生病照顾　⑤劳力支持 ⑥陪伴就医　⑦陪伴购物　⑧聊天解闷　⑨其他　　　⑩没有任何帮助

续表

	多 选
3. 老乡	①职业介绍　②子女教育　③借钱借物　④生病照顾　⑤劳力支持 ⑥陪伴就医　⑦陪伴购物　⑧聊天解闷　⑨其他　　　⑩没有任何帮助
4. 同学或 战友	①职业介绍　②子女教育　③借钱借物　④生病照顾　⑤劳力支持 ⑥陪伴就医　⑦陪伴购物　⑧聊天解闷　⑨其他　　　⑩没有任何帮助
5. 朋友或 同事	①职业介绍　②子女教育　③借钱借物　④生病照顾　⑤劳力支持 ⑥陪伴就医　⑦陪伴购物　⑧聊天解闷　⑨其他　　　⑩没有任何帮助
6. 社区或 邻居	①职业介绍　②子女教育　③借钱借物　④生病照顾　⑤劳力支持 ⑥陪伴就医　⑦陪伴购物　⑧聊天解闷　⑨其他　　　⑩没有任何帮助

49. 请您对当前的下列方面的满意度做出评价。

项目	满意度
工作	（1）非常不满意（2）比较不满意（3）一般（4）比较满意（5）非常满意
收入	（1）非常不满意（2）比较不满意（3）一般（4）比较满意（5）非常满意
健康	（1）非常不满意（2）比较不满意（3）一般（4）比较满意（5）非常满意
住房	（1）非常不满意（2）比较不满意（3）一般（4）比较满意（5）非常满意
子女教育	（1）非常不满意（2）比较不满意（3）一般（4）比较满意（5）非常满意
社会交往	（1）非常不满意（2）比较不满意（3）一般（4）比较满意（5）非常满意
生活环境	（1）非常不满意（2）比较不满意（3）一般（4）比较满意（5）非常满意
公共服务	（1）非常不满意（2）比较不满意（3）一般（4）比较满意（5）非常满意

50. 您对从外地来这里就业的人员及其家属能够留下来并真正融入这个地方还有些什么具体建议。

_____

_____

_____

_____

问卷到此结束，再次感谢您的配合！